劇透人性

法官跳脫藍色高牆的正義追尋

林孟皇——著

作者序

跳脫藍色高牆的正義追尋

這不是一本看電影學法律的書，而是期盼藉由書中對於許多吸睛電影、戲劇的賞析，讓人們在思辨其中蘊含的意義時，能對民主、法治與人權理念有所啟發。簡單地說，這是一本有關公民素養陶冶的著作。本書除介紹影劇劇情外，對於西方法治文明、憲政思潮及其轉變多所引介，對於東方儒教倫理、家父長思維及其創造性轉化也有所著墨；對於小說情節、戲劇對白、詩歌名著諸多借用，對於歷史典故、社會事件、個案判決也引為借鏡。

法官寫「法律人追劇文章」？這在以往的台灣法界，雖不至於被認為離經叛道，但至少不被鼓勵、讚許，被視為不務正業。縱使偶有重視社會輿情、樂於與民眾對話的情況，也總是站在專業者的角度，對於影視作品中的法律思維、訴訟程序指指點點。而我因為出身教育體系，雖然比多數法律人較早意識到「法普教育」的重要性，也關注民眾娛樂生活所展現的法律意識，但初任法官前幾年所寫的〈台灣霹靂火燒出什麼問題？〉、〈星光幫、規則與法律文化〉等文章，仍不脫俯視者的批判思維。

隨著台灣社會的民主轉型，公民意識勃興，輿論審判盛行，「藍色高牆」裡強調客觀中立的認事用法、著重邏輯論證的法言法語及輕忽淺白法普的溝通作用，已逐漸喪失其與公眾對話的機能，不僅無法因應社會對法院的需求，還產生許多不必要的誤解，致司法公信力跌落谷底。

有鑑於此，司法院於二〇一七年成立「司法與社會對話小組」，運用臉書、LINE等社群網路新傳媒推廣法治教育；翌年，更嘗試將戲劇結合司法，設置「法律戲劇諮詢平台」，替有心接觸司法題材的編劇、導演，媒介合適的司法人員，針對劇本內容提供專業諮詢，甚至進而舉辦「金馬×司法影展」。

直至此時，法界人士才真正走出高牆，以對等的地位，正視影視作品在形塑公民社會、深耕法治文化中所起的作用。而公民團體、有志之士也認知到流行文化與司法改革息息相關，近幾年來辦影展、拍法律電影／法律劇、寫小說等，俯拾皆是；許多民眾也開始藉由好的影劇、小說，重新探索人性、理性思辨公共議題。畢竟人們都愛聽故事，尤其是透過鏡頭說故事。何況觀影看劇已成為當代社會多數人生活的日常，甚至成為國際間影響力深遠的主要文化交流活動之一。

在這樣的社會背景與文化脈絡下，我應報導者文化基金會執行長何榮幸先生之邀，自二〇一九年十月起開始在網路媒體《報導者》新開闢的「法律人追劇」專欄撰寫文章。當時榮幸兄期待執筆的專業人士進行「科普式」書寫，希望藉由專欄達到「以深入淺出方式進行專業思辨」。經溝通後，我追的影劇類型並不限於法律劇／法律電影，舉凡影視作品中觸及重要的人權法治課題，都可成為寫作範圍。

由於自己是現職法官，加上《報導者》是一個相當優質的網路新傳媒，我一直慎重看待此事。不僅自始有意識地選擇不同文化國度的作品，也盡可能地不挑重複類似的題材。因而，在兩年期間所寫的十幾篇文章之中，其影劇來源超過十個國家。如果加上文章中對其他相關作品的介紹，賞析的影劇更超過三十部。唯一不變的是，解讀及探討其中涉及的法治文化意涵。因為法官的主要工作在定分止爭，在為多元民主所形成的法律，畫出一條線，一條人們從事社會生活的準繩，加上我始終保持開放的態度，並不斷地追求新知，自認就此部分的掌握，尚有獨到之處。

在寫作專欄之初，並沒有集結出書的念頭。只是，書寫每一部主題作品時，我總是花費不少時間、精力投入其中，或考察其制度的歷史源流、社會文化的演變，或佐以相類似的題材、其他專業社群的表現等。寫著，寫著，開始有朋友建議出書之事，又正逢疫情嚴峻期間出不了門，才開始謀思規畫。

雖然寫作歷程「不計成本」，大多數文章遠遠超過《報導者》要求的字數，但已發表的篇幅仍屬有限。考量到讀者已經可以從網路搜尋到這系列文章，如果要出書，自須增補、調整內容，讓人雖未必感到耳目一新，至少要別具一格，才不致愧對讀者。

正好在原來的寫作過程中，礙於網路文章屬性，割愛不少有意探討的內容。於是，我以既有文章的主題、寫作邏輯為基底，一方面深化、擴展既有的論述範圍，他方面引用蒐集來的資料作為註解，以及特別針對本書撰寫而迄未公開發表的兩篇文章。有鑑於《國民法官法》施行後，擔任國民法官已成為每一位台灣公民應盡的義務，遂特別賞析《美國犯罪故事：公眾與O．J．辛普森的對決》這部名作；另一齣則是韓劇《LAW SCHOOL》，藉以申明法律人的養成教育及其變革，以擴增探討的面向。因而在重新寫就、增補後，已超過公開發表文章篇幅的兩倍，終於有了這本書的雛形。

全書共計十八篇文章，為方便讀者閱讀，需要適度地分類。但如何歸納、怎麼配置？都有其難度。後來我想到美國公民教育中心研發的「自由社會中的法律」教材，針對不同年齡層的受教者，都是以權威、隱私、責任、正義等四個理念作為主軸，台灣的財團法人民間司法改革基金會、台北律師公會、財團法人民間公民與法治教育基金會也陸續引進並出版《民主的基礎——權威、隱私、責任、正義》這套系列教材，似乎可以這四個核心理念作為本書分類的指引。

必須說明的是，每部影劇作品都是編導、演員、剪輯、美術、音效、配樂等諸多傑出人士的心血結晶，寓意大都深遠，怎麼挖掘、探究，總覺難有止境。於是，我在每篇文章中都超出主軸探討不少議題。這說明本書所做的歸類，雖然不是隨興的偶然決定，卻也不是邏輯上的必然。

以《月薪嬌妻》這篇文章為例，本書將它安排在「正義」篇章，主要著重在文中提到夫妻間的家務分工，這攸關分配正義的思辨。但如果以文章中對日本最高裁判所判決「夫妻同姓」制合憲所為的批判性論述，也可歸類於「權威」篇章；若以文章中談及「契約結婚」、「事實上夫妻」、「傳統男人的形象」角度來看，將它歸類在「責任」篇章，亦無不可。因而，關於本書在歸類上的難處及其處理方式，還請讀者諒察。

多年前，某位司法院司法行政廳副廳長在一場我們共同參與的研討會中，提及他很羨慕我，表示我是台灣法界少數可以這麼自由自在地公開發表談話的人。按理說身為法官，除了應遵守「法官不語」，以及公正、客觀、中立等倫理誡命之外，也可以公民身分所享有的言論自由，就司法體系的興革或其他公共議題，甚至是體制內、外的不公義之事，表達關注並提筆為文。為何台灣法界有這麼多的禁忌？只因為改革會得罪人，正直誠實有時是不懂得人情世故的同義詞。

二十幾年的公職生涯，我之所以能夠始終堅持公義，除了家庭教育的影響，人生旅途中也有許多貴人做了良好示範，其中一位正是國中導師湯鳳蘭。湯老師對於包括我在內的一群鄉下小孩無私的付出、嚴厲的督促，讓我們有機會得以力爭上游的教育愛，已經《蘋果日報》以動新聞〈【師道典範】湯老師深夜紅豆湯　伴貧生苦讀終成法官將軍〉為題加以報導，我就不再贅述；但她為捍衛學生權益揭發學校陋習，竟遭校長、地方勢力整肅，乃憤而辭職，並遠走國外，則是正義始終未能獲得伸張之故。

僅以本書獻給湯鳳蘭老師，感謝她在那些年為教育、為公義所做的奉獻。

作者說明

本書影劇來源、相關訴訟及其與十二年國教的連結

一、主題電影來源國家

台灣、美國、日本、韓國、菲律賓、印度、土耳其、黎巴嫩、比利時、德國等十個國家。

二、國內相關事件或訴訟（括弧內數字是出現的章次）

軍人遭凌虐致死撫卹案（一）、民國第一大案（四）、李煥遺產報導被訴損害賠償案（六）、花蓮縣政府收買記者案（六）、殺死妻子及其委任律師案（八）、玻璃娃娃摔死案（十）、十信風暴事件（十二）、事實上夫妻訴請贍養費案（十四）、祁家威訴請同志登記結婚案（十四）、蘇炳坤特赦後再審案（十六）、邱和順訴中華民國事件（十六）、中共台灣省工作委員會叛亂案（十八）等十二件。

三、國外相關事件或訴訟（括弧內數字是出現的章次）

曾格被訴煽動誹謗罪案（三）、美國副總統被訴叛國罪案（三）、辛普森殺妻案（四）、羅德尼·金事件（四）、喬治·佛洛伊德之死案（四）、五角大廈文件

案（六）、卡洛琳公主私人照片案（六）、美國副總統與財政部長決鬥事件（八）、德雷德・斯科特訴桑福德案（十一）、普萊西訴弗格森案（十一）、布朗訴托皮卡教育局案（十一）、紐倫堡審判（十七）等十二件。

四、本書與十二年國民基本教育「社會領域」課程綱要的連結（注1）

主題	項目	本書論及相關素養的章次
公民身分認同及社群	a 公民身分	三、四
	b 權力、權利與責任	十、十二
	c 國家與認同	十四
	d 人性尊嚴與普世人權	八、九、十一、十三、十七、十八
社會生活的組織及制度	a 個人、家庭與部落	十四、十五
	b 團體、志願結社與公共生活	無
	c 規範、秩序與控制	五、十、十三、十四
	d 國家與政府	無
	e 政府的組成	二、十六
	f 法律的位階、制定與適用	一、五、十一
	g 憲法與人權保障	十一、十三、十四、十六
	h 干涉、給付行政與救濟	一
	i 犯罪與刑罰	一、二、三、四、七、十五、十六、十七
	j 民事權利的保障與限制	四、十、十二、十四
	k 兒童及少年的法律保障	九、十、十六

社會的運作、治理及參與實踐	a 民主治理	七
	b 公共意見	六、七
	c 政治參與	三、四
	d 勞動參與	十四
民主社會的理想及現實	a 公平正義	九、十一、十三、十六
	b 社會安全	無
	c 多元文化	八、十一、十三
	d 全球關連	十二、十三
	e 科技發展	一

注釋：

1 十二年國民基本教育簡稱「十二年國教」，是中華民國教育部希望延長基本教育年限，將高中、高職、五專的前三年納入及統整，並以「全人教育」、「核心素養」為發展主軸。教育部據此訂定《十二年國民基本教育課程綱要總綱》及各學習領域課程綱要，自一〇八學年度逐年實施，基本精神是倡導素養導向教學。本書探討的議題主要與社會領域有關，因此參照社會領域課程綱要中，「公民與社會」課程各主題及項目下條目、說明欄所載的學習內容，標明本書各章與之連結的學習主題、項目。必須說明的是，「公民與社會」學習內容中計有四大主題，其下有不同的學習項目，因本書與其中的經濟議題較無關連，因此這份表格並未將經濟方面的九個項目列入。至於該課程各主題及項目下條目、說明欄所載的學習內容，參閱教育部，《十二年國民基本教育課程綱要國民中小學暨普通型高級中等學校——社會領域》，二〇一八年十月，第125-152頁。

CONTENTS

CONTENTS

CONTENTS

責任是一個人去做某件事情或表現某種行爲的本分、義務，這是公民社會展現活力的基礎；唯有人人善盡責任，社會活動才會順利運行。而傳統習俗上認爲的道義責任，是否天經地義，不容違背？它與民事、刑事等法律責任有何不同？面對社會上的種族、性別等各種歧視，或是組織內的爭功諉過、濫權傾軋，又該如何自處？面對不公義之事，公民有什麼應盡的義務？

CONTENTS

正義的核心內涵是公平，可分為分配正義、匡正正義與程序正義；民主轉型後，對過去威權政府實施的違法和不正義行為所為的彌補，也可以從此角度理解。而夫妻結婚或成立「事實婚」後，家務該如何分工？如果有人犯了錯，或受到了冤屈，該經由何種正當法律程序，做出公平合理的處置？對於威權統治時期的罪惡，該如何展開調查、審判，以確保其不是政治清算？

CONTENTS

CONTENTS

第一部

權威

第一章

官僚、良知與AI危機：從《派遣女醫X》看見法官價值

日劇《派遣女醫X》講述「派遣醫生」大門未知子討厭權力、討厭拉幫結派，以她的專業及高超技術，勇於挑戰醫院的官僚文化。而醫師、法官角色看似不同，其實都需要經過長時間的養成、專業技能要求度高、專業倫理規範也強，甚至「白色巨塔」與「藍色高牆」的職場文化在許多方面是雷同的。在一般人的認知中，醫生被期許為「醫者父母心」，法官則是國家唯一可以合法剝奪人民生命、自由及財產的人，應做個有溫度的法官。又現代醫師或法官都面臨許多執業上的困境，AI人工智慧的挑戰是其一，但AI不吃飯、大數據算不出人性，醫生與法官所應具有的仁心——熱忱憐憫、富同理心，永遠是其工作價值之所在。

日劇《派遣女醫X》（ドクターX～外科醫・大門未知子～；*Doctor-X*）第六季於二〇一九年年底播映完畢後，一度傳出劇中主角大門未知子（米倉涼子飾）不再接演，害得影迷們錯愕不已，還好第七季終於在二〇二一年上映了。這部職人劇自二〇一二年推出以來，由於故事精彩、劇情有趣，又能不斷推陳出新，每季影集在日本都獲得極高的收視率，在台灣也贏得廣大觀眾的喜愛。

《派遣女醫X》講述日本因為特殊的醫院文化，衍生出「派遣醫生」這樣的工作形式。女主角大門未知子從醫學大學畢業後，在國內、外的惡劣環境行醫，練就一身精湛的開刀技術；但她的言行表現近乎不通人情，而且直言敢諫，討厭束縛、討厭權力、討厭拉幫結派，以她的專業及高超技術，勇於挑戰「白色巨塔」內的官僚文化。（注1）不像有些醫生把醫療當作權鬥、晉升的工具，她念茲在茲的就是怎樣救護生命。

大門未知子的理念是：只要患者有需要，就要動手術救治，不管是敵是友，是好人還是壞人，她從來沒有放棄過任何的患者。她行醫救人的精神，不僅完全符合傳統華人社會「仁心仁術」的真諦，也具體實踐了世界醫學學會於一九四八年所採用、被認為是現代版《希波克拉底醫師誓詞》的核心內涵：「**我將要憑我的良心和尊嚴從事醫業；病人的健康應為我的首要的顧念**」、「**我將不容許有任何宗教，國籍，種族，政見或地位的考慮介於我的職責和病人間**」。

由於大門未知子進行的都是高難度、魔術般的手術，每當有人對她的醫治方案提出質疑時，她都會斬釘截鐵地說：「我，絕不失敗。」（私、失敗しないので）這句話也因而成為經典台詞。當然，這份自信的背後，憑藉的是不斷的技能精進和手術前的萬全準備。為了患者，她什麼都肯做，即使自己生了重病，仍優先為「死敵」開刀，自己再接受診治，這種精神真令人感佩呀！

醫生、法官大不同？

由於大門未知子的表現過於突出，加上媒體常有「恐龍法官」的報導，有網路鄉民便製作了**〈醫師與法官比較表〉**。表中的舉例，主要包括：醫生看錯了不能重來，法官判錯卻可以上訴、更審；醫生賠錢時自己賠，法官賠錢算國家的；醫生要親自看病人做診斷，法官只需看第二手資料便可以做判斷；醫生不能迴避或拒絕病人，法官則可以迴避當事人等。這份比較表內容如下：

醫師	**法官**
判斷錯誤，會因過失致死坐牢	誤判死刑，也不會有事
賠錢自己賠	賠錢算國家的
看錯了不能重來	判錯可以重來，更審
看不懂也不能暫停	看不懂可以暫停，下次重來
緊急時，五分鐘內要決定	可以五個人花五年研究再決定

報告出來前就要做決定	所有報告都出來後再做決定
要親自看病人做判斷	看二手資料就可以做判斷
會被病人傳染而生病	不會被犯人傳染而生病
會當場被病人打	不會當場被犯人打
不能迴避病人，也不能拒絕	可以迴避
以判刑、高額賠償來做約束	以自省來自我約束
會說：我不是神，只能盡力救	會說：我在維護正義，替天行道

這份比較表有許多論點言之成理，而且是基於法律的明文規定。例如，醫生診療錯了，確實不能重來；而法官基於審判獨立原則，不受外界干涉，為避免可能錯判造成冤獄，乃有審級救濟制度（台灣法制原則上是三級三審，二級二審是例外）。（注2）又醫生因醫療過失遭求償時，如果是自行開業，確實得自己賠償；而法官因為是國家所任命，如被害人依再審、非常上訴或重新審理程序裁判無罪、撤銷保安處分或駁回保安處分聲請確定前，曾受羈押、收容、刑罰等拘束人身自由的執行時，只能依《刑事補償法》規定請求國家補償。

再者，醫生通常是親自診察病人，佐以病歷、X光片、電腦斷層掃描等資料診斷；法官審判時，即便是開庭直接審理，並親自驗證證人證詞、鑑定人意見與鑑定報告，以及勘驗監視器錄影光碟、證物等證據，屬性上仍算是二手資料，遑論審判實務上有不少採取的是書面審理。另外，依照現代版的《希波克拉底醫師誓詞》，只要病人有醫療照顧的需求，確實不容許醫生恣意迴避或拒絕病人；而基於司法中立、避免偏頗，如法官（將）不能作出公正的判決時（如與當事人有一定的親屬關係或恩怨），該法官須自行退出審理有關的法律程序。

必須說明的是，法官裁判拘束人民人身自由的決定錯了時，依《刑事補償法》規定，補償經費雖應由國庫負擔，但這並不意味法官沒有任何的賠償責任。如法官因故意或重大過失而違法，致生補償事件者，補償機關於補償後，應依《國家賠償法》規定，對該法官求償。

台灣司法實務上已有多起法院向承審法官求償的事例，近年台北地方法院張〇宇法官於承辦某件林姓受刑人定應執行案件時，因延滯裁定及送達，讓受刑人多執行（關）六日，且無法提早易科罰金。法院於補償林姓受刑人後，經審查會認定張法官有重大過失，決議求償比例為八成，也就是依法向張法官求償。而張法官因故離職後，因本件及其他違失事由遭監察院彈劾，懲戒法院已於二〇二一年五月間判處罰俸六個月。（注3）

法官界也有如同「白色巨塔」的「藍色高牆」

話說回來，每次看《派遣女醫X》時，我總覺得醫師與法官的職業特性蠻相近的。例如，醫生與法官都需經過長時間的養成、專業技能要求度高、專業倫理規範也強。更甚者，「白色巨塔」與「藍色高牆」的職場文化在許多方面也是雷同的。為何稱為「藍色高牆」？因為台灣法官開庭時穿著藍色法袍，「藍色高牆」正好對比身穿白袍治病醫生的「白色巨塔」，兩者都有著許多不為人知的職場潛規則與難以跨越的專業鴻溝。

以養成制度而言，台灣實施了一甲子的七年制醫學系教育制度，直至二〇一三年才改為六年制，醫學系畢業國家考試及格、不分科住院醫師兩年、住院醫師四至七年後，才能成為主治醫師，也就是歷經至少十二年的培訓才可以獨立照顧病人；而除了從學者（迄今沒有）、檢察官與律師中遴選的法官之外，一般人必須從大學法律系所畢業（至少四年）、通過國家考試、受訓與實習兩年後，才取得候補法官的任用資格，候補期間五年，期滿審查及格者，予以試署，試署期間一年，（注4）亦即必須經過至少十二年的養成歷練，才是實授（任）法官，成為憲法保障的終身職法官。（注5）

其次，除非醫師是自行開業，至少就公立醫院而言，與法院一樣是採取科層化的組織結構，兩者的官僚文化亦頗多相似。前醫師侯文詠所寫的《白色巨塔》一書，道盡了醫院因門生派系、權位競逐而生的勾心鬥角，內科、外科主任兩人甚至為了搶「權貴病人」（總統之女），不僅大打出手，甚至罔顧良心與專業，讓總統都心生：「如果連我的女兒都受到這樣的待遇，那人民該怎麼辦？」的疑慮。（注6）

《派遣女醫X》向人們展演的，則是醫院院長、主任等行政主管久未開刀，技術早已生疏，只會權鬥、耍門面功夫。醫師王浩威在導讀《白色巨塔》一書時，亦提到：

譬如同樣在醫院裡，雖然是講究客觀和科學的專業醫療人員，層層相疊的人際關係都是以巧妙的方式達到了全面監控的效果，讓身處其中的任何人，即使是不可一世的天才，也都不得不地像是遭了催眠一般失去了任何的個人自由意識。在小說裡，崇高的專業知識和偉大的濟世使命，國內醫學界最自豪的這兩項「美德」，隨著主角們在個人利益顧慮和群體的相互監控之下，逐漸扭曲變形，甚至被犧牲和遺忘。（注7）

相同之理，台灣採取的職業法官制，大多數法律人國家考試及格後，一生都從事法官工作，成為國家文官體制的一部分，一般會有晉敘、升級（等）的人性需求與職場文化。其中最重要的考評因素是裁判品質，主要由上級法院評核，則要在體制中晉升到更高的審級，很大程度取決於目前已經占據高位的法官對其工作表現滿意與否，於是官僚體系藉由詳細的行為規範（考評標準）予以查核，比起考察其是否具有創造力、想像力、行動力、靈活性或前瞻性來得簡單，自然強調遵循規則的晉升條件。而毫無疑問，就像是任何大型組織，職業法官體系也同樣充斥著「職場鬥爭」。如果認為所有的晉升都是基於能力考核，也顯得太過天真。（注8）

此外，醫師、法官各自的專業社群都是人數少，又同屬社會階層頂端的人士，各自有著綿密、交疊的人際網絡。經過司法官特考而成為法官的人（含檢察官轉任法官的人，即所謂的法界「黃埔正期生」），更因為大都是在法務部司法官學院集中培訓兩年，因而形成學長（姐）學弟（妹）的期別、倫理文化，甚至因為類似「動物領域性」的「婆婆心態」，某些法界的「黃埔正期生」還時常會對律師轉任法官的人抱持質疑的態度。（注9）由於職場的封閉性與人際網路的綿密性，雖然不像美國警察體系有所謂的「靜默的藍牆」（blue wall of silence），（注10）但家醜不外揚、醫醫相護或官官相護的情結總是存在的。

拒當恐龍，法官也要有派遣女醫精神

在一般人的認知中，醫生被期許為「醫者父母心」；而傳統華人社會也把法官視為「父母官」，要求兼任審判工作的縣太爺必須愛民如子。因為病人無論是生病或受傷，絕對是倉皇失措，只能把希望託付給醫者；如果順利克服病魔，自然會認為醫者有「視病猶親」的父母心。同樣的，進到官府的訴訟案件，不是人命重案，就是牽連甚廣的恩怨情仇，加上程序、刑罰的繁苛，人民一樣會不知所措，自然期許審判者公正廉明；當冤屈得到伸張時，更會感激青天大老爺的「恩同再造」。

在君主專制的中國社會中，州縣長官身兼行政、司法雙重職務，既是縣長又是法官，自然被期許成為「包青天」這樣「有德且賢能」的「父母官」，審判時要進行包括刑訊（求）在內一切必要的糾問；對照之下，當代法官已不再兼理行政工作，且獨立於行政、立法部門，其審判權限來自於人民的授權，自不應再有「父母官」高高在上的心態，遑論教訓當事人。因而，一位好法官反而該像大門未知子一樣，應一步一腳印，以法律及審判上的專業技能與智慧，不畏權勢、秉持良心、獨立審判，為民眾定分止爭，捍衛民主憲政。

今日台灣社會之所以屢有「恐龍法官」的批評，多數時候固然是媒體誤導、民眾誤解所致，卻也有些是法官只圖過著安逸的生活，或只依循陳規舊例斷案而罔顧人權保障（美其名是維護法的安定性，卻完全不顧個案正義，輕忽法官負有彌合法律與社會的落差，或控制檢警為合法性作為的義務），或正義魔人心態作祟，或泯滅良知迎合輿論審判所致。如果有多一些法官做到一路走來始終如一、堅持理想的黃瑞華法官所說的下列自我期許，或許台灣法界會有不同的風貌：

每一個法官都不能小看自己，不能認為自己只是社會的一顆小螺絲釘，對國家社會不能有多大貢獻。當我們瞭解司法對台灣前途有深遠的影響，就會知道「堅持公平、正義」、「司法人應有的風骨」、「司法是為人民而存在」等等信念，都不會只是空洞的口號。開庭時，自然會想到盡心盡力為當事人解決紛爭、不敢草率，也不敢不盡心盡力調查當事人請求調查的證據……當大家盡心盡力辦好每一案件時，就會從擔任一個法官的角色中，找到個人的職業尊嚴與價值，「法官」這個工作將不再是混口飯吃的職業，「法官」這個頭銜就是大家畢生的榮耀。（注11）

究其根本，或許與法官選任制度有關。論者指出：歐陸法系（台灣也是）職業化官僚與長期任職等因素，不可避免地導致專業化傾向，他們意圖要做一名職業法官，而不是做一名法律職業者。這樣的發展導致法官自行劃定一個屬於自己的領域，並發展出內部間自我認同的身分意識。在這種模式下，以適用法典為基礎的法官，較易被認為屬於特殊性質的政府官員，而反映出法官心理意識形態。同時，在法院組織階層化的架構下，法官也被分成不同層級，並且被分別置放在等級分明的層級體系中，為了加強權威性與統一性，很少能容忍不同意見，就好像所有人都被要求在同一鑼鼓上敲打出相同的聲音一般。當年輕法官的升遷取決於資深者或上司的「印象」時，如果他們希望「飛黃騰達」，則小心翼翼、自我抑制和職業上順從，將成為多數人看來有用的態度。（注12）

做個有溫度的法官，寫出有溫度的判決

其實，憲法要求法官應依據法律獨立審判，不受任何干涉，與一般公務人員應服從上級長官命令者，顯然不同，法官的人事制度自應力求平等，避免階級化。而台灣之所以形成「法官階級化」的現象，是因為採取職業化官僚組織。尤其自清末變法開始，雖然法官任用制度上要求應該經過專業考試，但由於經費的缺乏與法律人才的不足，實際上仍有不少未經考試及格者，而且不論在廉潔度或認事用法能力上均被

社會大眾所質疑。因此，在制度上雖然標榜司法獨立，但現實上司法人員素質不佳，政府乃表示應予以「循名核實，嚴切查考，以專責成」，並於一九一四年制定《司法官考績規則》，這顯然是延續傳統中國司法官僚體系內，上級官員稽核下級官員的觀念。（注13）

這種司法行政的績效、管考機制，包括：辦案期限遲延（無故逾期未進行可移送懲處）、辦案成績計算（折服率、上訴維持率）等，與年資共同成為台灣法官遷調的主要決定因素。而沿襲傳統官僚體制，將法院設計成階層化、科層管理的組織，如法官重視職業生涯的「升遷」時，不僅審判時會有了案、砍案而非定分止爭的心態，更重視法院內院長、庭長、審判長、法官各階層的分明。於是，開會、上課時名牌必須一一辨明，不可弄錯，更遑論遷調上級審服務有所謂的「升官」思維。（注14）

事實上，「審判長」並非《法院組織法》明訂的行政職務，它只是合議審判案件中的稱謂而已，依規定由庭長或合議庭成員中最資深的法官擔任，就像「陪席法官」、「受命法官」稱謂，可能隨著不同的合議庭成員而變動，並非萬年不動或久任。我在二〇一八年十二月底接任台北地方法院刑事第十庭審判長後，合議庭法官、股長、書記官等法院同仁就開始改稱我：「審判長」，這是我向來極不習慣的法院文化，我請同庭法官稱呼我為「學長」即可（因為我年資最資深，衡情論理當得起「學長」稱謂），如此才可貫徹合議審判講究一人一票、平等對待的精神。

因此，二〇一九年九月間我以〈法檯下別稱呼我為審判長〉為標題在臉書上發文，甚至多年前即表示：我國人民常把法院體系誤認為行政機關，將法官轉任庭長、院長，或地方法院法官改任高等法院、最高法院法官，視為法官的「升官」，乃是誤解現代民主法治社會的司法權功能，因為法官之所以受人尊崇，不在學歷高低、職務大小，而在於克盡自己的職責，善盡憲法所課予的義務。（注15）以我為例，目前我一方面是台北地方法院法官，同時又兼任相當於最高法院層級的懲戒法院職務法庭法官，而後者負責法官、檢察官的懲戒事宜，必須經過多元代表組成的法官遴選委員會同意才可擔任，被記者稱為「法官中的法官」，如果我因任期屆滿而解任職務法庭法官身分，難道是「貶官」或「降級」？

法官是執行法律權威的人，有權控制或影響人民的生活，我們自應好好評估一個人應該具備什麼資格才能勝任這個權威職位。（注16）為了杜絕傳統職業法官制晉敘、升級（等）所生的弊端，並避免年輕、會考試者就高坐法檯斷案的問題，立法院於制定《法官法》時，除要求應逐年減少司法官特考的人數之外，（注17）亦載明法官不能比照一般公務員法制；同時，基於「法官無大小」理念，明訂：「法官不列官等、職等」，將法官分成二十四個俸級，無論在地方法院、高等法院或最高法院服務，依照年資晉敘，都可以成為最高級數的「一級法官」，其背後的根本思維就是鼓勵專業、久任、樂在工作、全心全意地沉浸其中，而不是汲汲營營地追逐名利。

如同《派遣女醫X》中大門未知子雖然僅是個派遣女醫，卻因為她的醫術精湛，那些位高權重的內閣大臣、醫院院長或社會名流有手術需求時，最優先指定的醫師還是她，而不會是那些靠著拉幫結黨或權貴關係而晉升的主任，畢竟沒有人會拿自己的生命、身體開玩笑。

法律人從事的大都是公共服務事業，經驗來自於當事人及案件，一方面幫助他人，他方面成就自己、圓滿人生。法官該怎麼看待這份工作？備受推崇的前台灣高等法院高雄分院法官林紀元在一場演講中表示：「**做個有溫度的法官，寫出有溫度的判決**」、「**透過開庭、判決，跟社會價值對話**」、「**透過判決的論述，去表達、去溝通、去說服，並彰顯自己想要的公平正義**」等論點，精準地傳達了法官工作價值之所在。前司法院院長翁岳生亦表示：

法官是國家唯一可以合法剝奪人民生命、自由及財產的人。死刑、徒刑或無罪，操在法官的手上。法官的職位是何等的重要，何等的榮耀，得來不易。因此，法官應該作人權保障的最後一道防線，獨立審判，對人民負責，對社會負責，對歷

史負責，要對得起自己的良心，要想到人民的法律感情，不要變成法匠，尤其切忌當統治者的工具！（注18）

人工智慧VS.專業經驗，大數據算不出人性

回到劇情，現代醫師或法官都面臨許多執業上的困境，更有人倡議新興科技可以取代其工作。例如，在《派遣女醫X》第五季第五集中，將棋（又稱日本象棋）的明日之星五反田五郎與AI機器人進行對弈，當他正瀕臨敗局時，卻發生手抖、病倒的情況，隨即被送往東帝大學醫院就診。

當時，日本醫界正在推廣一款AI人工智慧的機器，希望用以輔助醫生正確的診斷病情，遂以「西方醫學之父」希波克拉底來命名。當然其背後也涉及龐大的利益，將可讓醫界財源滾滾。外科部主任鳥井高醫生平時認真研究、撰寫論文，原本質疑希波克拉底AI的診斷能力；但因為醫生俱樂部會長內神田景信及東帝大院長蛭間重勝的極力推廣，加上他對自己的判斷能力沒有信心，只好依照該AI的科學數據分析，診斷出五反田罹患的是「腦膿瘍」。

然而，久思不得其解的大門未知子在打桌球時，靈機一動，從五反田身體裡的膿

包、出國及飲食經驗，診斷出他是吃了未熟的豬肉，身體裡長了豬囊蟲。經由她手術取出後，五反田果然康復，並在下一回合的對弈時，於陷入壓倒性的落敗局面下，仍憑著經驗直覺打敗了AI機器人。

原先大肆宣揚將用希波克拉底AI醫治，以期推廣它並賺進大把鈔票的蛭間重勝，在手術後的記者會仍意圖欺騙社會大眾。當心有不甘的鳥井高質問大門未知子：「為何我跟AI都診斷不出來，妳卻可以正確診斷？」時，她回答得很乾脆：「因為AI不吃飯啊！你的研究沒做足！」

說的好！AI人工智慧不吃飯，不瞭解人的七情六慾，光靠大數據未必能做出正確的診斷，便只能是醫療輔助工具而已。而司法體系也面臨同樣的狀況，二〇一九年九月間，國立清華大學開發出AI協助家事判決預測系統，宣稱只要使用者輸入夫妻雙方有利與不利的條件，就可針對打離婚官司父母爭取孩子撫養權做預測，準確率可達九成以上；甚至有人開始倡議要用AI來擔任法官，以便提供較可預測的一致性判決。

例如，近年美國法院已廣泛運用「COMPAS」系統，這是一套由商業公司開發的AI，幫助法官評估被告的再犯風險，作為量刑的準據。COMPAS會進行大量問答調查，依據被告回答、年齡、過往犯罪紀錄與類型等各項資料，推估被告的再犯率，給出一至十的危險指數，最後由法官決定被告服刑的長短。

人類文明的進步，就是科技的不斷創新史，卻也不能忘記科技始終來自人性。我同意ＡＩ可協助處理大量資訊、節省時間、降低工作量與錯誤；建立ＡＩ判決預測系統，可以減低濫訴機會；建立量刑資訊系統，可以減少法官們在量刑上歧異的問題。但正如它運用在醫療上所生的問題一樣，演算法可能造成黑箱、偏見與誤解，因此ＡＩ僅能作為審判的輔助工具，並不能取代法官。

誠如中央研究院法律學研究所特聘研究員李建良所說：**理性、客觀幾乎是ＡＩ的最大光環，以準確一致的邏輯做判斷，不受法官個人情緒與好惡影響。但ＡＩ法官究竟是鐵面無私的包青天，或者科技暴走的新危機？許多研究證實：ＡＩ默默戴上了「有色眼鏡」**！前述COMPAS系統即被抨擊帶有種族歧視，有色人種更容易被預測為高再犯率。因為ＡＩ系統在資料學習的過程，複製了人類長年累積的性別、種族、階級偏見。即便這些偏見已長久存在，但ＡＩ可能更強化不平等，因為人們會在毫無所覺下，信任科技工具的「客觀」訊息，對陌生人打分數。（注19）

尤其審判上的定罪、量刑具有價值判斷的本質，其中難免含有情感與主觀判斷；甚至被認為是中立、客觀的法律詮釋，都可能離不開個別法官的人生經驗與感情作用。是以，既然審判面對的是活生生的人，都是有血有肉，有人生的甘苦與悲歡離合，而且背後都存在著許多與被告、被害人命運相連的個體，則這種工作只有具備人類情感的「人」才能勝任，而非純粹理智的電腦所能擔當。

法官們感同身受，不平則鳴實現了正義

以上兵蘇詠盛於二〇一〇年間遭排長郭〇志不當管教為例，他全副武裝抱著總重近十五公斤的十一把訓練用木槍一上午，最後不堪凌虐罹患急性壓力疾患跳樓身亡。他原被核定為因病死亡，蘇父努力奔走十一年後，國防部才於二〇二一年六月間重新核定，改依「因公死亡」撫卹。之所以拖了這麼久，背後涉及的其實只是一個法律適用上的爭議，承審法官審到落淚，卻沒能「翻案」，最後動用了大法官、立法委員，翻修了法律，才還了蘇詠盛家屬公道。

該案爭議源於蘇詠盛跳樓身亡後，軍事檢察官以「長官凌虐部屬」罪起訴郭〇志，國防部乃以蘇詠盛因病死亡撫卹；其後，軍事法院、台灣高等法院改判郭〇志凌虐致人於死罪確定。依照《軍人撫卹條例》規定，分作戰死亡、因公死亡、因病或意外死亡、作戰致身心障礙、因公致身心障礙、因病或意外致身心障礙等六級，家屬得請領撫卹金差異甚大。蘇父蘇滿堂乃以法院判決作為新證據，請求重新核定為因公死

亡，國防部卻仍維持原來因病死亡的認定，蘇父提起訴願，行政院認無理由而予以駁回。

蘇父不服，提起行政訴訟。台北高等行政法院法官張國勳調閱蘇詠盛跳樓前寫的遺書，發現他被凌虐壓力大到寫下絕筆信尋死，當時的無助和無奈，讓人落淚，而且依照他的研究，認定「新證據」應包括行政處分「作成後」才成立的證據，因而判決蘇父勝訴。（注20）

不料國防部上訴後，最高行政法院援用其於一九八〇年間所作成不合時宜的判決先例，認為《行政程序法》的「發現新證據」，是指於「作成行政處分業已存在，但為申請人所不知，致未經斟酌的證據」，不包括「作成處分後始發現的證據」，因而予以撤銷發回，後來法院並改判蘇父敗訴確定。（注21）

蘇父在窮盡救濟途徑後，轉向大法官聲請釋憲，可惜仍被多數大法官拒於門外。但黃虹霞等四位大法官提出質疑：為什麼「新證據」範圍這麼狹隘？為什麼刑事判決已認定蘇詠盛是被長官虐死，國防部卻無法重新認定死因？

這些疑問在不同意見書發表後，終於引發立委關注，隨後促成《行政程序法》相關條文的修正，放寬「新證據」的範圍，只要能動搖原處分正確性的證據，都算是新證據。在個案救濟部分，國防部重新邀集專家學者針對蘇詠盛案進行研議後，會議上得到一致性結論：支持國防部依法重新作成處分。歷經十一年磨難，歷史改寫，國防部重新核定蘇詠盛「因公死亡」改卹。

本案珍貴之處，誠如蘇父及律師所說：司法機關有個別判決及少數大法官願意堅信原則，勇於發聲；立法機關能傾聽民意，並積極修法；行政機關即使是普遍被認為相對保守的國防部，也能勇於更正自己見解，最終成就一個民主體制下自我修復的案例。（注22）而這個案件如果讓ＡＩ審判，依其運用大數據自動判讀的結果，絕對會遵循先例，判決蘇父敗訴。正因為有張國勳法官與黃虹霞等四位大法官的感同身受，本案才有了最終的善果。我們且看看大法官們是怎麼不平則鳴：

本件聲請人之子在服義務役期間，因軍中長官之犯罪行為，被凌虐致死。這件原因案件是洪仲丘案前一章，是不該發生之人間悲劇，是釋憲史上少有的案例，更是少數犯罪被害人相關釋憲案，怎不特別值得大法官關注？

針對行政命令違反法律保留情形，甚或司法實務見解有違憲疑義（含判例、決議、一貫見解），如果司法未能救濟之，則其改正唯賴有如前述關於《刑事訴訟法》第四二〇條二〇一五年修法之立法作為。司法人非得等著被立法者打臉嗎？要以屬立法裁量作藉口拒絕自我改正嗎？司法為民只能這樣消極地被實踐嗎？類

此情形，如何提昇人民對司法的信賴？期盼司法人……（注23）

總之，有了承審法官的真情流露、大法官們的不平之鳴，蘇詠盛案得到翻轉、法制得以健全。這告訴我們：**隨著科技昌明、社會變遷，醫生與法官在當代社會所扮演的角色，未必與過往完全相同；但應具有的仁心——熱忱憐憫、富同理心——永遠是醫生與法官的倫理誡命，也是其工作價值之所在。**而《派遣女醫X》精準地傳達了這樣的精神，我想這是它一再受到觀眾喜愛的真正原因。

注釋：

1 日本、台灣分別推出過以《白色巨塔》為名的連續劇，講述醫療體制的生態及其不為人知的黑幕，後來人們常以「白色巨塔」來形容醫院。日劇《白色巨塔》（白い巨塔）改編自日本作家山崎豐子所著同名小說；台劇《白色巨塔》則改編自台灣作家侯文詠所著同名小說。

2 這不是台灣獨有，而是普世價值。聯合國《公民與政治權利國際公約》（以下簡稱《公政公約》）第十四條第五項規定：「經判定犯罪者，有權聲請上級法院依法覆判其有罪判決及所科刑罰。」也就是說，《公政公約》保障每個人對於其所受的有罪判決，保有可以請求至少覆判一次的權利。

3 懲戒法院一〇九年度懲字第五號判決。

4 《法官法》第九條第一項規定：「具第五條第一項第一款資格經遴選者，為候補法官，候補期間五年，候補期滿審查及格者，予以試署，試署期間一年。因法官、檢察官考試及格直接分發任用為法官者，亦同。」第六項規定：「對於候補法官、試署法官，應考核其服務成績；候補、試署期滿時，應陳報司法院送請司法院人事審議委員會審查。審查及格者，予以試署、實授；不及格者，應於兩年內再予考核，報請審查，仍不及格時，停止其候補、試署並予以解職。」

5 《中華民國憲法》第八十一條規定：「法官為終身職，非受刑事或懲戒處分，或禁治產之宣告，不得免職。非依法律，不得停職、轉任或減俸。」而只有實任法官，才是憲法保障的終身職法官。必須說明的是，依《法官法》規定，法官仍有退休制度，並不是終身任職；憲法條文中的「法官為終身職」，重點其實是對法官身分的保障（亦即「非受刑事或懲戒處分，或禁治產之宣告，不得免職」），以確保審判獨立，避免法官因為判決結果不為執政者所喜愛，而恣意遭到解職。

6 參閱侯文詠，《白色巨塔》，一九九九年一月，第44-48、63-80、128-135、163-167、199-204頁。

7 參閱侯文詠，《白色巨塔》，一九九九年一月，第5-6頁。

8 參閱理察．波斯納著，李忠謙譯，《法官如何思考》，初版，二〇一〇年十月，第180-185頁。

9 參閱林孟皇，〈法官角色、法官選任與法律人倫理——從「娃娃法官」、「奶嘴法官」質疑聲浪談起〉，《轉型正義與司法改革》，二〇一五年十一月，第282-283頁。

10 「靜默的藍牆」是美國警界的一個內規，禁止警察做出對另一位員警不利的證詞，也就是要求警員必須「支持」他們的同事，即使知道他的同事在扯謊，以致於員警作偽證的情況通常很難以證實。參閱亞倫．德肖維茨著，高忠義、侯荷婷譯，《合理的懷疑：從辛普森案批判美國司法體系》，二〇〇一年一月，第81頁。

11 參閱黃瑞華，〈法官的自我期許：給司法界新血〉，司法改革雜誌第三十二期，二〇〇一年四月，第8頁。

12 參閱許政賢，〈法官選任制度之架構與評析〉，收錄於許政賢主編《從律師及其他法律專業人士中選任法官的原則與路徑—以德國、法國、日本、台灣、澳門選任法官制度為中心》課題研究報告書，二〇一五年六月，第405-407頁；羅傑．科特威爾著，結構編輯群譯，《法律社會學導論》，一九九一年六月，第269頁。

13 參閱王泰升，〈台灣司法官社群文化中的中國因素：從清末民國時代中國追溯起〉，政大法學評論第一四二期，二〇一五年九月，第14-15頁。

14 因而，有兼任審判長的法官被選送出國進修，明明並不是行政上的職位，同仁也告知美國並沒有類似的職稱時，還是要想方設法讓自己的英文履歷出現類似「審判長」的職稱。參閱林孟皇，〈期盼台灣的法院體系不再是個官場〉，自由時報，二〇一九年九月二日，A13版。

15 參閱林孟皇，〈為什麼沒有法官當選十大傑出青年？〉，《羈押魚肉》，二版，二〇一六年二月，第254頁。

16 參閱美國公民教育中心著，郭菀玲譯，〈如何選擇合適的人擔任權威職位？〉，《超級公民—權威》，二〇一九年七月，第28-34頁。

17 立法院於二〇一一年六月十四日三讀通過《法官法》，並通過三項附帶決議。其中之一為：「法官法施行屆滿十年起，依第五條第一項第一款考試進用法官佔當年度需用法官總人數之比例，應降至百分之二十以下。」

18 參閱翁岳生，《憶往述懷：我的司法人生》，二〇二一年四月，第381頁。

19 參閱李建良，〈New Brave World?—AI與法學、哲學、社會學的跨界遇合〉，人文與社會科學簡訊第二十卷第一期，二〇一八年十二月，第75-80頁。

20 參閱賴佩璇，〈法官審到落淚官司雖敗促成修法〉，聯合報，二〇二一年七月二十七日，A11版。

21 關於本案的歷次判決，分別是：台北高等行政法院一〇二年度訴字第九九五號、最高行政法院一〇二年度判字第三一九號、台北高等行政法院一〇三年度訴更一字第七三號、最高行政法院一〇四年度判字第二五二號。

22 參閱蘇滿堂、江一豪，〈蘇詠盛案照亮「依法行政」陰暗處〉，聯合報，二〇二一年七月二十八日，A13版。

23 參閱黃虹霞大法官提出，黃瑞明、詹森林、謝銘洋大法官加入，〈會台字第一二四七四號蘇滿堂聲請案不受理決議不同意見書〉，二〇二〇年三月二十日，第1-2、4頁。

第二章

從《HERO》到《鴉色刑事組》：執法者應不畏權勢、秉持良心，實現正義與人性關懷

日劇《HERO》的男主角是一名中學畢業、上班時喜愛一身便服與牛仔褲的檢察官久利生公平；日劇《鴉色刑事組》描述的則是個常為查明事件真相而親自勘驗現場的刑事庭法官入間道雄。兩部戲劇的主軸，在於說明這兩位迥異於法界菁英們的生命經驗與人格特質，得以洞悉人性、體察人生百態；再加上鍥而不捨的精神，得以求真求實。又兩者既然都可以依職權調查證據，分設檢察官、法官來探究真相，目的為何？在控訴式、「審檢辯分立」的現代刑事訴訟制度下，法官、檢察官究竟該扮演怎樣的角色？藉由兩位辦案時不畏輿論、堅持到底，大膽假設、小心求證，找到破案關鍵符碼的劇情，讓我們知道辦案除了要有法律專業的邏輯之外，更要有人性溫暖的關懷。

在一般的法庭戲中，相較於積極主動追訴犯罪或為當事人辯護的檢察官、律師角色，法官大都只是在辦公室研究案情、在法庭上聽訟且不告不理，因而在劇情鋪排與人物塑造上不僅困難且不討喜。

截至目前為止，以法官為主角的戲劇之中，我認為較為成功的是二〇一八年上映的韓劇《漢摩比拉小姐》與二〇二一年推出的日劇《鴉色刑事組》。這兩齣戲完全顛覆法庭戲的傳統，不僅劇情本身非常有趣，而且都精準地傳達了我在〈官僚、良知與AI危機：從《派遣女醫X》看見法官價值〉一文中所說好法官所應具有的仁心——熱忱憐憫、富同理心。

《鴉色刑事組》（イチケイのカラス）改編自淺見理都所創作的漫畫，故事描述入間道雄（竹野內豐飾）是個常為查明事件真相而親自進行現場驗證的刑事庭法官。在重視績效、必須迅速有效地處理案件的審判文化中，他這種不按牌理出牌、不在乎上級考評、不懂得仰承上意、與穩重的法官形象相去甚遠的行事風格，成為法界的「異類」人物。

為了處理入間道雄所屬東京地方法院第三支部第一刑事部積案的問題，（注1）最高裁判所事務總局安排了注重績效的菁英女法官坂間千鶴（黑木華飾），與駒澤義男（小日向文世飾）部長、入間道雄共同組成合議庭。雖然坂間千鶴一開始無法適應入間道雄的審判方式與斷案態度，但經由一件又一件的共同調查與審理，她慢慢理解他不受世俗偏見與職場文化束縛的特質，開展了許多有意義的審判工作，因此對他的想法也漸漸有了改變。

《鴉色刑事組》法官黑袍的象徵與失真

嚴格說來，或許是為了讓劇情活潑有趣，或許如此才可以讓入間道雄主導審判的進行，也或許想要藉此演示第一刑事部不拘一格的作風，該劇對於法官角色、法庭訴訟進行及證據調查方式，有許多明顯誤導、悖離法律規定之處。

例如，依法合議庭應由庭長或資深法官擔任審判長，自不可能由入間道雄或坂間千鶴擔任。再者，為了平反一件多年前的冤案，坂間千鶴遊說已自殺身亡的被告的妹妹向法院聲請再審，則依照法律及倫理規範，坂間千鶴、曾擔任該確定判決陪席法官的駒澤義男都應迴避該案的審判。又日本刑事訴訟採行兩造對抗制度（Adversary System）、當事人進行原則及起訴狀一本主義，（注2）檢警偵查所得的證據資料不會一併移送給法院，則不太可能如劇情中所述，由法官一再進行所謂的「依職權調查證據」……。

在台灣，會發出「啊！啊！啊！」叫聲的烏鴉是不討喜、不受歡迎的，或許因為外觀看起來整隻是黑色的，更被當成是不祥的象徵。然而，日本古籍《古記事》及《日本書紀》中記載日本首位天皇——神武天皇曾經在戰役中得到天神派來的烏鴉幫助，裡面記載這隻烏鴉有三雙腳，被稱為「八咫烏」（やあたからす），後來一直被視為「立國神獸」，《鴉色刑事組》劇情中也提到了「渡鴉的創世神話」。神話中的烏鴉，隨心所欲地創造世界，用牠的智慧，將光、水和火賜予人類，是無拘無束、獨特而自由的象徵。

日本裁判官的法袍一如歐陸許多國家一樣是黑色的，片名《鴉色刑事組》即是比喻入間道雄及其所屬第一刑事部所扮演的烏鴉般角色。也就是說，該劇以現實社會中不可能出現的「入間道雄」角色，藉由他無拘無束、不甘於當個「生產線法官」的個性，以及他所屬合議庭辦案的熱情與挖掘真相的本事，控訴日本司法體系在科層組織、升遷文化的運作下，法官們被形塑成順從、自我抑制、期盼獲得資深或上司青睞、機械性執法的文官性格，因而造成冤案、官僚殺人。因為如果像坂間千鶴來到第一刑事部一開始所從事的：法官如同生產機器一般，一切依判決先例、迅速有效地斷案，正應驗了台灣大學法律學院名譽教授黃榮堅所擔心的：

> 法律規範世界的穩定性最後依賴的是法官對個案正義思維的抉擇，而不是法律或判例文字快速的形式引用，更不應該是為了個人考評目的的插旗表態動作。如果法官心思不夠敏銳，在具體個案判決援引判例文字時無視於個案中存在的差異因素，那麼法律或判決文字所追求的正義概念在個案中轉化出來的結果其實恰好是

正義的背叛，並且所謂實務見解的一致性也只是幻影。（注3）

「異類」作風背後：高中肄業的非典型法界菁英

對於許多人而言，看到《鴉色刑事組》，很自然地會聯想到這是法官版的《HERO》。《HERO》是二〇〇一年推出的日劇，描述一名中學畢業、上班時喜愛一身便服與牛仔褲的檢察官久利生公平（木村拓哉飾），在偵查犯罪的過程中，常以他獨特的視角和洞察力進行調查，讓事實的真相大白。

《HERO》播出時引起非常熱烈的迴響，甚至影響了許多台灣的司法人員，只要提到「HERO」一詞，總代表一個令人期待、「精緻偵查」的檢察文化。多年後，電視台又陸續推出了特別篇、第二季劇集，甚至還有電影版的《HERO》。

比較《鴉色刑事組》與《HERO》，可以發現幾個共同點：身為主角的法官與檢察官都是高中未畢業，並不是一般認知中所謂的「學霸」或法界菁英；兩人的行事風格都獨樹一幟且不修邊幅，不會結黨營私，更不在乎所謂的升遷、調動；他們都富有想像力，並熱衷於探究事物的本質，查案時注重事情發生的前因後果，不受事件表象、辦案期限或社會輿論壓力所左右；兩人或愛捐「故鄉稅」收集地方名產，（注4）

或熱衷電視購物，而這種生活經驗都在相關案件中發揮了作用。

兩位男主角高中都沒畢業，卻可以擔任人人稱羨的法官、檢察官工作，這部分劇情是否失真？其實不然！依照修正前的台灣舊制，縱使不是法律系所畢業生，只要通過檢定考試，一樣可以取得司法官特考的應試資格。因而，過去有少部分法官、檢察官的學歷並不高，例如由前最高法院院長王甲乙的自傳《我的奮鬥人生：從小工友到最高法院院長》可知，他的學歷相當於入間道雄或久利生公平。

台灣舊制的檢定考試仿效自日本。日本自第二次世界大戰後，便實施法官、檢察官、律師的法曹資格一元化養成制度，也就是通過三合一的司法考試後，會在最高裁判所轄下的司法人員研修所統一修習一年，及格後再依其志願與成績應徵為法官、檢察官或律師。至於得以參加司法考試的人，目前除了修畢法科大學院（Law School）的人之外，通過司法考試預備測驗（相當於台灣舊制的檢定考試）的人一樣具有應試資格。（注5）

當然，這兩齣戲的主軸，在說明這兩位法官、檢察官迥異於法界菁英們的生命經驗與人格特質，得以洞悉人性、體察人生百態；再加上兩人無畏權勢或異樣眼光、鍥而不捨的精神，得以求真求實。這不禁讓人重新省思：刑事審判的目的為何？既然都可以依職權調查證據，分設檢察官、法官來探究真相，從司法運作成本、維護政府權威角度來看，豈有合理可言？法官、檢察官在刑事訴訟中究竟該扮演怎樣的角色？其倫理分際為何？

刑事訴訟的目的在「毋枉毋縱」、「開釋無辜，懲罰罪犯」，而為達其目的，發現實體真實（事實真相）是其要務。執法人員為了求得真相、逼取被告的口供，對犯罪嫌疑人或被告使用身體（肉）刑或變相身體刑的行為，也就是所謂的「刑求」（傳統中國法稱為「刑訊」），可說是司空見慣。也就是說，人類的刑罰史，始終就是一部與刑求相伴相隨的歷史，因此而生的屈打成招、冤抑甚至不人道，不勝枚舉。

有鑑於此，被認為是現代刑法學的奠基之作、義大利法學家切薩雷・貝卡利亞（Cesare Beccaria, 1738-1794）自承受到盧梭、孟德斯鳩的影響，於西元一七六四年出版的《論犯罪與刑罰》中，批判當時殘酷的刑罰，並反對刑求，公開倡議：

在法官判決之前，一個人是不能被稱為罪犯的。只要還不能斷定他已經侵犯了給予他公共保護的契約，社會就不能取消對他的公共保護……如果犯罪是肯定的，對他只能適用法律所規定的刑罰，而沒有必要折磨他，因為他交代與否已經無所謂了。如果犯罪是不肯定的，就不應折磨一個無辜者，因為在法律看來，他的罪行並沒有得到證實。

刑訊必然造成這樣一種奇怪的後果：無辜者處於比罪犯更壞的境地。儘管二者都受到折磨，前者卻是進退維谷：他或者承認犯罪，接受處罰，或者在屈受刑訊後被宣布無罪。但罪犯的情況則對自己有利，當他強忍痛苦而最終被無罪釋放時，他就把較重的刑罰改變成較經的刑罰。所以，無辜者只有倒楣，罪犯則能占便宜。（注6）

審檢辯分立下法官的中立、聽訟角色

人類記取對正義的渴望，容許執法者恣意擅斷使用權力所造成冤獄不斷的過往教訓，乃要求權力應該分立、制衡，並禁止「**不計代價、不問是非、不擇手段**」的探求真相，於是自十八世紀開始各國陸續有了檢察官的設置，俾以監督警察、制衡法官，讓警察、檢察官與法官在犯罪的追訴及處罰上，各自有其職權分工。

怎麼說？為了實體真實的發現，早期人類社會大都採取糾問制度，刑事程序由國家職司裁判的機關開啟並主導進行，無偵查、審判階段之分，被告僅是裁判者審訊的「客體」而已，並無所謂訴訟「當事人」概念。同時，裁判時採取「自白斷罪主義」，被告自白是法定證據，亦即非依被告自白，法官不得為有罪裁判，則為取得被告自白以結案，對其嚴刑逼供在所難免。

有鑑於此，歐陸社會自啟蒙運動後，深刻認識到刑訊對人的肉體甚至是生命可能的危害，於是廢除拷問、自白斷罪主義，並導入藉推論與綜合判斷間接證據（證人目擊被告持刀殺人，乃直接證據；證人只目擊「被告手持沾血刀子離開凶案現場」，則屬間接證據），亦可定罪的方式。因為間接證據的取得來源已經不是被告自身，而是任何與犯罪事實存有關係的人際網絡、生活領域，法官無法再負擔日益增加的工作量，遂一併引入了檢察官之制，控訴式的訴訟制度於焉形成。

對照之下，在君主專制的傳統中國社會中，州縣官身兼行政、司法雙重職務，將皇帝權威直接施加在人民身上，他當嚴而似父，慈而如母，並要教民、牧民（「牧」的本意是「牧養牲畜」，引申為「治理」）、愛民如子；民眾則把自己寄託於為民作主的清官，清官儼然是庶民利益的代表，號稱「民之父母」、「州牧」，乃是融合家長制於州縣政府的政治主體。民眾受到縣官的刑訊，還要叩頭、謝恩，因為打人者是「父母之官」，被打者是「治下子民」。(注7)

殊不知有多少人因此受冤而死！自一九〇三年開始連載、敘述江湖醫生「老殘」（其實是作者劉鶚本人，1857-1909）在遊歷所見所聞的《老殘遊記》，其中的玉賢（毓賢）和剛弼（剛毅）兩位官員（兩位都是清末支持義和團的高官），正如魯迅所說：「**清官之可恨，尤甚於贓官。**」當時台灣已經進入日治時期，但從下面小說的情節，可知當所有執法人員都知道被逮捕的于家父子遭冤枉時，玉賢卻以其自以為是的正義觀，未經審判程序，就要用站籠，(注8)將犯罪嫌疑人刑求致死：

「這邊值日頭兒……回道：『稟大人的話，今日站籠沒有空子，請大人示下。』那玉大人一聽，怒道：『胡說！我這二天記得沒有站什麼人，怎會沒有空子呢？』值日差回道：『只有十二架站籠，三天已滿。請大人查簿子看看。』

「大人一查簿子，用手在簿子上點著說：『一、二、三……沒有空，倒也不錯的。』差人又回道：『今日可否將他們先行收監？明天定有幾個死的，等站籠出了缺，將他們補上，好不好？請大人示下。』

「玉大人凝了一凝神，說道：『我最恨這些東西！若要將他們收監，豈不是又被他多活了一天去了嗎？斷乎不行！你們去把大前天站的四個放下。拉來我看。』

「……大人親自下案，用手摸了四人鼻子，說道：『是還有點游氣。』復行坐上堂去說：『每人打二千板子，看他死不死！』那知每人不消得幾十個板子，那四人就都死了。

「眾人沒法，只好將于家父子站起，卻在腳下選了三塊厚磚，讓他可以三四天不死，趕忙想法；誰知什麼法子都想到，仍是不繼！」(注9)

可惜的是，台灣歷經明、清數百年的統治，漢人的司法正義觀，總是期待像「包青天」這樣「有德且賢能」的「父母官」（實情是多數的官員都是像毓賢、剛毅這樣的酷吏，貪官更是不可勝數），從事包括刑訊在內一切必要的糾問，且不應受限於官府規定（國法），而必須是衡情酌理後斷罪。也就是說，縣太爺、督撫等帝制皇權委任的地方官，被皇帝及民眾所期待的是：具備因地制宜、洞悉人性的手腕，因為「法」並不是正義的最高判準，一位好的「父母官」應該還要參酌民間習慣或情理，於個案中尋得一個平衡各方利益的解決方式。（注10）

日本原本傳承漢唐文化，「大化革新」後訂頒的《大寶律令》（七〇一年）、《養老律令》（七一八年）都是承襲漢唐法制。明治維新時，為了廢除西方列強的領事裁判權，開始仿效歐陸法系，其中《治罪法》（一八八〇年）開啟了近代的刑事訴訟程序，一八九〇年《刑事訴訟法》與繼受德國的《裁判所構成法》（相當於台灣的《法院組織法》）同時制定公布。（注11）

其後，日本將這套西方式訴訟制度引進台灣，於一八九六年訂頒《台灣總督府法院條例》，由設置於法院內的檢察官負責偵查、起訴，法院內的判官從事審判，且程序上允許律師為被告辯護後，台灣才首度出現「審檢辯分立」的現代控訴式刑事訴訟制度。至於清國（朝），則於一九〇六年下召宣示預備立憲，並頒行《大理院審判編制法》，才建立法務行政與司法審判分離、揭示司法獨立原則、合議審判的現代法院體系，並創設中國前所未有的檢察制度。（注12）

華人社會在繼受西方式訴訟制度的同時，連帶地引進罪刑法定原則、無罪推定原則、證據裁判原則等人權正義觀。這意味刑事審判受「罪刑法定原則」拘束，什麼是犯罪？會受到何種處罰？立法者必須事前明確規定，制定「罪刑價目表」，使一般人知道犯什麼罪，會受到的處罰是什麼。而「無罪推定原則」指的是一個人在未被判決有罪之前，都被認為是無辜的，檢察官必須要舉證證明被告犯罪，達到「通常一般理性之人均不致有所懷疑」的程度，法官才可以判決被告有罪。至於「證據裁判原則」指的是法官在認定事實存在與否時，必須依照證據形成心證，不能只憑沒有證據資料支持的個人主觀直覺來斷案。

由此可知，控訴式刑事訴訟制度由檢察官擔任原告，依照偵查所得的證據資料，於紛爭個案中為國家的利益、被害人的權益追訴被告的犯罪行為，並由律師為涉嫌犯罪而成為被告的一般人民的權益辯護，再由中立的法官依法判斷被告是否有罪。在這種「審檢辯分立」的架構下，法官是不告不理，被期許基於中立、聽訟的角色從事審判，而蒐集證據、調查證據主要是檢察官的職責。

當然，「審檢辯分立」原則實出於人民對國家、對審判者的不信任，所做的審檢制衡的權力安排，不被習於東亞固有威權文化的日本統治者所喜愛，因而藉由各種殖民地法制模糊審檢之分，並弱化律師的辯護功能，在在使得進入法院的台灣人，不易感受到「審檢辯分立」的司法正義觀。（注13）

不受社會輿論影響，《HERO》直指檢察官查找真相的職責

話說回來，法官究竟應該扮演怎樣的角色，各國受其歷史文化、民風習俗等因素的影響，自有其差異性，至少英美法系與歐陸法系的思維即有不同。而基於主權在民理念，各國立法者自須調和民意、人權理念與憲政法理，妥為立法。因而，迄今為止，德國、日本與台灣等歐陸法系國家的刑事訴訟法，都有法官應依職權調查證據的規定。（注14）雖然如此，類似入間道雄所屬合議庭這麼積極地依職權調查證據，無論在日本或是台灣，都是極為例外的。

入間道雄會這麼積極地行使職權，是因為他從法庭的審判過程中，發現檢、辯所提出的證據仍不足以釐清、判斷事實真偽。何況被告縱使有罪，他／她犯罪的動機、手段、與被害人的關係等諸多事項，在在影響著被告的刑罰決定。因為量刑的對象是

「人」，即便法庭上出現的只有眼前的被告，但在被告身後還存在著許多與被告命運相連、活生生的生命個體，自應就此詳予調查，尤其當檢警草率辦案致生殘缺的拼圖時。正如知名作家、已經著書多本並以實際行動平反冤案的張娟芬所說：

司法審判就像拼圖。突出的與凹陷的小碎片，無秩序散在桌上，裡頭躲藏著一個整體的圖像。

冤案是一個拼錯了的拼圖。仔細看也許會發現接合處的圖案不連續，或者紙張不平整，不相合的兩塊硬湊在一起。會拼錯，未必因為拼圖的人不用心，更可能是因為拼圖所需的碎片，跌落在抽屜的縫隙、隱藏在地毯下緣，或者被其他拼圖的人搞丟了。（注15）

不過，如果入間道雄遇到的是《HERO》裡的久利生公平，他或許就不用這麼辛苦了！以《HERO特別篇》為例，劇情從久利生公平被調到山口縣虹浦支部刑事廳開始。虹浦鎮是個臨海、平靜的鄉村，鴨井產業集團在當地興辦百貨、超商、客運等各種事業，地方的半數居民都仰賴它維生，得以安居樂業、不致人口外移。就在此時，當地卻發生一樁外地旅客遭到殺害的命案，因為是相隔十一年才又發生凶殺事件，引起了各界關注。

警察很快地查到鴨井產業的執行董事瀧田涉嫌犯罪，但因為他平時為人和善，又常代表公司舉辦各種公益活動，當地居民都很感謝他，不相信他會殺人。久利生公平的檢察廳同僚們原本還在抱怨平時沒有可以一展長才、贏得長官關愛眼神的社會矚目案件，這時卻擔心得罪當地居民，紛紛打退堂鼓，偵訊瀧田的工作只好落到久利生公平的身上。

瀧田自始坦承犯行，表示是因細故殺了被害人，並請求檢察官盡快起訴他。當地居民因為愛戴瀧田，又擔心地方經濟受影響，都不希望他被起訴。檢察廳同事們受迫於居民的敵意，加上依照瀧田供述的犯罪情節，符合正當防衛的要件，乃主張予以緩起訴（依照台灣法制，被告所犯為最輕本刑三年以上有期徒刑以外之罪時，才可以緩起訴，殺人罪並不適用，（注16）但日本刑事訴訟法則無此限制），如此不僅在法律上站得住腳，更可以平息眾怒。

如果從前述傳統中國法的思維來看，在因地制宜並考量犯罪地的風土民情後，對瀧田緩起訴、讓他不用入監服刑的作法，確實是最佳解決方案。只是，執法人員的使命與倫理誡命，應只憑真相與法律斷案。何況久利生公平從凶刀是郵購的特製品，死者不可能搭飛機帶過來等情況，覺得瀧田的供詞有問題。在眾人議論紛紛，久利生公平甚至遭到憤怒居民毆打的情況下，他對自己負責的事情從不妥協，依然故我地持續追查、實地查核，因而發現了意想不到的線索。

久利生公平不畏輿論、堅持到底的辦案精神，感染了每一位同仁。在女檢察官泉谷凜凜子（綾瀨遙飾）前往東京瞭解被害人的身分、人際網絡後，案情總算有了突破性進展。瀧田為了保護這座城鎮和鴨井產業，一開始選擇不吐實，在久利生公平等人的熱情感染下，終於詳細交代了事情的來龍去脈，眾人才知道被害人的惡行。

最後，為了確認瀧田所述：「被害人離開時將菸蒂丟進海裡，他因為這片海洋是妻子骨灰的飄灑之處，一時失去理智才鑄成大錯」等情節是否可信，即便這些細節對於瀧田的論罪科刑未必有影響，而且大海撈針的困難度可想而知，但檢察廳的人員還是全體出動，努力去找出這枚菸蒂。

執法者應大膽假設、小心求證，找到破案的關鍵符碼

被告已經自白犯行了，檢察官為什麼還要卯足了勁查案？被害人這麼令人討厭，施以私刑不正是實現正義？只因為檢察官為追訴犯罪，自應盡最大的努力，查明事實原委，才能決定是否將一個人送上法庭受審。又「法律之前，人人平等」，不管被害

人是否令人討厭，被告的身分地位如何，任何人都沒有權限採取私刑正義，只要犯了錯，就該接受法律的制裁。

至於久利生公平為什麼可以單憑一把凶刀，找到破案的關鍵符碼？其實，任何社會事件都有其發生的前因後果，執法者自應保持開放的心態，爬梳、整理事件發生的事實脈絡，佐以日常生活的經驗（例如，久利生公平依其電視購物的經驗，得知該把凶刀是特製的，不可能如瀧田一開始所述，是由被害人帶來的），參採地方習俗或交易習慣，大膽假設、小心求證，自有機會尋得真相。

反之，如果執法者辦案時有先入為主的偏見、（注17）習慣性地去脈絡化思考，雖然可以省時省力、結案快，但偵查、審判結果的悖離事理，甚至造成冤抑，也不令人意外。由陳昭如所撰寫的《被搶劫的人生：蘇炳坤從冤枉到無罪的三十年長路》一書即可得知，人類司法史上少見經國家元首特赦後又再審改判無罪的蘇炳坤，他當年蒙冤受罪的最主要原因，就是執法人員盲目的偏見與刑求逼供。台灣高等法院在開啟再審並判定蘇炳坤無罪的判決中，即敘明：

犯罪偵查人員可以大膽假設，但應小心求證，任何與假說矛盾的資訊都應仔細檢視；尤其忌諱依賴直覺與成見，輕率地將自己的有限經驗，作為犯罪追訴的金科玉律，甚至為追求績效，動輒扭曲事實真相、尋找替罪羔羊式的「破案」、「結案」。

法官則必須自知人類的認知能力有限，保持必要的謙遜，才能減少誤判發生的機率；更應冷靜地不將有罪判決所認定的犯罪事實等同於「真相」，以致阻斷了蒙冤者平反之路。畢竟刑事司法本以落實正當法律程序、查明事實真相、滿足被害人與公眾的合理要求，為其主要任務。司法工作者唯有秉持同理心，「誠實面對案件、面對當事人」，正義才能伸張，被害人傷痛才能彌平。（注18）

定罪量刑之外，修復正義更是審判智慧的展現

在入間道雄方面，他雖然因為角色的不同，無法如同檢察官一樣指揮警察辦案；但他的審判之所以為人激賞，正是因為他的斷案風格與久利生公平有異曲同工之處。亦即，**當入間道雄的法官同僚們在績效壓力下，不願意誠實地面對案件、面對當事人，無視案情疑點或當事人證據調查的聲請，而只是機械性地過水、虛應故事地走一趟審判程序時，他卻基於對這份工作的熱愛及體認其神聖性，或是真誠地傾聽當事人聲音，或是積極主動地挖掘真相，或是充滿人性關懷地曉以大義。**

同樣是只憑真相與法律斷案，入間道雄在審理某件傷害案件時，檢察官起訴主張：被告有多次竊盜前科，在具保期間又因竊盜而遭查獲，被告挾怨報復，在河濱用石頭砸了目擊者頭部兩次，造成被害人留下記憶障礙的後遺症；被告則辯稱：被害人雖是指證我犯罪的目擊者，但她是我的小學老師，我並沒有因此懷恨在心，這次是我發現她偷竊，希望她歸還物品，才去勸阻，她卻惱羞成怒，追打並讓我跌倒在地，我為了自保，便拿石頭砸了她一下。

合議庭面臨了難題：檢察官、被告各自以其對於案件的認知視角，對於事發過程提出了自己的故事版本。而法官的主要工作，就是要明辨故事真假，驗證、判斷誰的主張或辯解較為可採。依照被告的辯解，她在因竊盜犯罪而受審的期間，為了勸阻被害人歸還贓物才施以正當防衛，這可不可能？被害人是小學老師，平時備受學生喜愛，不僅素行良好，配偶更是多次連任的市議員，被害人有可能是竊盜犯？被告堅稱只砸了一次，為何診斷證明書顯示被害人被砸兩次？

在現場沒有目擊者的情況下，如果執法者有盲目的偏見與隧道視野，(注19)執著於自己建構的故事，則以被告與被害人的身分、前科、素行來看，很自然地會採取類似檢察官的論點。而以日本被告自白犯罪的比率一向超過九成來看，被告犯後「飾詞狡辯」，惡性顯然重大。這正是許多人推論後可能的結果。不幸的是，在受困於案件壓力、擔心「案件開花」（指讓案情複雜化，無法順利結案）而不願誠實面對的情況下，不少審判者選擇的不是查明可能的案情疑點，而是傾向恩威並施，一再勸諭被告認罪，然後予以輕判。

入間道雄及其所屬合議庭當然不會這麼做，他們除了將原本分由不同法官承審的竊盜案、傷害案併案審理外，還使出了「招牌武器」——依職權調查證據。他們一方面親赴（法律上稱為「履勘」）犯罪現場，搜查河裡有無遭棄置的贓證物，他方面則傳喚被害人的丈夫到庭作證，並側面瞭解他接到被害人電話時的反應，再加上其他種種努力，終於成功解謎。

正如前述，法官在法庭上審判的只有眼前的被告，但背後與被告命運相連結的，還有許多的親友。本件最難能可貴的，就是入間道雄的合議庭除了對被告做出妥適的量刑之外，更藉由法律賦予的「說諭」權限，（注20）讓被告坦然面對自己因為獨立照顧女兒、婆婆而有輕微的憂鬱症及「偷竊癖」，並勇敢地向丈夫說出自己的苦楚，讓被告在接受療養後，一家人有機會重拾幸福的人生。這真是審判智慧的最高展現，完全符應我倡議的「刑事審判八要」的努力方向：

不只要關注細節，更要掌握全局。

不只要大膽假設，更要小心求證。
不只要探求真相，更要程序正當。
不只要罪刑相當，更要修復正義。

法官是國家唯一可以合法剝奪人民生命、自由及財產的人，從事的是神的工作。從律師轉任的入間道雄正是深刻體會到法官的職位是何等的重要、何等的榮耀，才不畏權勢、秉持良心，努力地實踐著往生後仍備受推崇的台灣法官林紀元所說的：「**在法庭內、在判決中、在社會上，除了有法律專業的邏輯之外，更要有人性溫暖的關懷。**」這意味法官透過庭審活動及判決論述，不只應尋得正義，同時應以其人性關懷，盡最大可能地得到當事人的信任。

注釋：

1 現代法院日趨龐大、法官人數眾多，且大都有民事庭、刑事庭之分，而法院合議審判是由法官三人或五人所組成，於是分設了刑事第一庭、第二庭……等。日本法院的「部」、「部長」即是台灣的「庭」、「庭長」，「刑事第一部」相當於台灣各法院的「刑一庭」。

2 「起訴狀一本主義」乃是源自日本學術界的用語，因日本刑事訴訟制度原本採行歐陸法系，但在二次世界大戰後大量採用英美法的「兩造對抗制度」，配合「訴因制度」而改採起訴狀一本主義，只是並未廢除起訴狀的「要式性」，亦即仍有起訴案件的犯罪事實。是以，起訴狀一本主義真正的內涵應該是表現在卷證移送的方式，日本《刑事訴訟法》第二五六條第六項即規定：「起訴書不應添附使法官就案件致生預斷之虞的文書或其他物品，或引用其內容。」對照之下，台灣並不採起訴狀一本主義，台灣《刑事訴訟法》第二六四條第三項規定：「起訴時，應將卷宗及證物一併送交法院。」

3 參閱黃榮堅，《靈魂不歸法律管：給現代公民的第一堂法律思辨課》，二〇一七年八月，第176-177頁。

4 日本的「故鄉稅」（ふるさと納税）制度於二〇〇八年正式上路，為財政發展史首創。故鄉稅基本設計在於，個人對指定地方政府捐贈，以其所捐贈金額作為日後繳納所得稅的扣抵；只要在規定額度內，每一元捐贈可抵減一元應繳納稅額。對於個人而言，捐贈扣抵的實際效果等同拿回了原本捐贈的金額，因此雖有捐贈之名，但連同後續稅額扣抵，實無捐贈負擔。它實際上是在不增加個人負擔下，將其所須繳納稅收的一部分，經由捐贈的形式，撥轉至故鄉（或其他指定地方政府）的機制。而地方政府為表達感謝之意，都會回贈地方特產。參閱陳國樑，〈故鄉稅非稅〉，聯合報，二〇二一年六月二十五日，A11版。

5 參閱徐婉寧，〈日本法官選任制度〉，收錄於許政賢主編《從律師及其他法律專業人士中選任法官的原則與路徑——以德國、法國、日本、台灣、澳門選任法官制度為中心》課題研究報告書，二〇一五年六月，第243-244頁。

6 參閱切薩雷·貝卡利亞著，黃風譯，《論犯罪與刑罰》，二〇一七年八月，第32、35頁。

7 參閱柏樺，《父母官：明清州縣官群像》，二〇一五年九月，第1-6頁。

8 「站籠」又稱為「立枷」，是清代刑具的一種。將犯人關在木製籠子後，籠頂的圓洞能夠卡住人犯的脖子，將整顆頭露於籠外，犯人腳下可墊好幾塊磚，抽去若干磚塊犯人身體往下一沉，便可以壓迫犯人的呼吸。抽掉所有磚頭後，犯人身體整個懸空，就會因為身體的重量，被自己活活吊死在木籠裡。

9 參閱劉鶚，〈第五回：烈婦有心殉節 鄉人無意逢殃〉，《老殘遊記》，聯經，一九八六年九月，第39-40頁。

10 參閱黃宗智，〈中國法庭調解的過去和現在〉，收錄於黃宗智、尤陳俊主編《從訴訟檔案出發：中國的法律、社會與文化》，二〇〇九年四月，第431-433頁；李啟成，〈功能視角下的傳統「法」和「司法」觀念解析——以祭田案件為例〉，法制史研究第十二期，二〇〇七年十二月，第180-192頁。

11 參閱山中永之佑著，堯嘉寧等譯，《新日本近代法論》，二〇〇八年三月，第50-52、224-229頁；大野達司、森元拓、吉永圭著，謝煜偉等譯，《近代日本法思想史入門》，二〇一九年九月，第33-34頁。

12 參閱王泰升，《台灣檢察史：制度變遷史與運作實況》，二〇〇八年一月，第1-15、1-16、1-41頁。

13 參閱王泰升，《去法院相告：日治台灣司法正義觀的轉型》，修訂版，二〇一七年十月，第157頁。

14 德國《刑事訴訟法》第二四四條第二項規定：「法院為查明真相，應依職權，將證據調查涵蓋對裁判具有重要性之所有事實及證據方法。」日本《刑事訴訟法》第二九八條第二項規定：「法院認為必要時，得依職權調查證據。」台灣《刑事訴訟法》第一六三條第二項規定：「法院為發見真實，得依職權調查證據。但於公平正義之維護或對被告之利益有重大關係事項，法院應依職權調查之。」

15 參閱張娟芬，《十三姨KTV殺人事件》，二〇一三年八月，第128頁。

16 《刑事訴訟法》第二五三條之一第一項規定：「被告所犯為死刑、無期徒刑或最輕本刑三年以上有期徒刑以外之罪，檢察官參酌刑法第五十七條所列事項及公共利益之維護，認以緩起訴為適當者，得定一年以上三年以下之緩起訴期間為緩起訴處分，其期間自緩起訴處分確定之日起算。」

17 人們都戴著「眼罩」——它的樣子根據我們有限的生活圈而定。而法官也像一般人一樣，都會依直覺做出判斷，接著就一直尋找可以支持這個判斷的資料，拋棄或是不考慮那些相同的證據。當法官在搜尋資料時，他們已經知道自己要找什麼，而且奇怪的是，他們總是可以找到，因為他們真正在做的事其實是支持一個論點，而不是發現真實。法官對於案件都會有直覺，如果這個直覺是根據數年來的經驗，會很有價值；但直覺也可能造成錯誤，我們都必須很小心地檢視我們的直覺。而心理學的研究顯示法官如果知道並且接受他們絕對無法免於偏見，便可以透過自我的監測得知會有什麼偏見影響他們的行為，因而懷疑並不是正義之敵，盲目的確信才是。參閱亞當．班福拉多著，堯嘉寧譯，《不平等的審判：心理學與神經科學告訴你，為何司法判決還是這麼不公平》，二〇一六年九月，第205-213頁。

18 台灣高等法院一〇七年再字第三號刑事判決。

19 心理學的研究指出：認知資源一旦被某件事情占據，會產生所謂的「隧道視野」（火車進入隧道後只看得見出口的光，無法看得寬廣），讓人在做決策時沒法想得全面，最後做出不利的選擇。如果沒有足夠的警覺，這種隧道視野效應自然也會反應在犯罪的偵查與審判上，因為我們很擅長說服自己相信想要相信的事，一旦我們產生了一個信念或懷疑，並且一直執著於那個信念，接下來我們碰到的所有資訊都會被我們詮釋或扭曲為符合那個信念。參閱馬克．戈西著，堯嘉寧譯，《審判的人性弱點：美國前聯邦檢察官從心理學與政治學角度解讀冤案成因》，二〇二一年二月，第305-343頁。

20 日本最高裁判所訂頒的《刑事訴訟規則》第二二一條規定：「審判長於判決宣告後，得對被告就其將來為適當之訓誡。」亦即，審判長依此規定在宣示判決後，得對被告就其將來施以適當訓誡的權力，此為台灣法制所無。

第三章

《十二陪審員》：世紀大審下，國民變法官的掙扎與決定

比利時劇集《十二陪審員》透過十二位陪審員的角度，審視涉及雙重謀殺的世紀審訊。讀者可以跟電影《十二怒漢》或其他類似影劇加以對照，就知道比利時法庭運作與好萊塢法庭戲大不相同，以及陪審員在現實生活中所遭遇的各種謊言、壓抑、妥協與心路轉折。尤其當《國民法官法》於二〇二三年一月一日開始施行，年滿二十三歲的台灣公民就有依法接受召集，走入法庭，坐上法檯，與職業法官並肩審判的義務時，更應藉由類似影劇修煉自己。如此，當可知悉人民參與審判是如何決定的，更會明瞭參與審判對大多數陪審員來說都可能是一段鮮活的經歷，有利於對抗政府濫訴，並會改變自己對自身的認知及對政治權力的認識，成為一個好公民。

自二〇二〇年以來，台灣社會最常提到的司改話題，就是已經倡議數十年、剛完成立法的人民參與審判新制。因為當《國民法官法》於二〇二三年一月一日開始運作施行，(注1)年滿二十三歲的公民就有依法接受召集，走入法庭，坐上法檯，與職業法官並肩審判的義務。這不僅將為台灣訴訟制度史寫下新的篇章，更攸關每一位公民的權利義務，難怪三讀通過後，司法院院長許宗力會在記者會中表示：「**司法地形地**

貌將要發生通盤變動，我彷彿已能聽到其發出的隆隆聲響了。」

其實，有鑑於傳統中國縣太爺同時掌理相當於現代社會的警察局長、檢察官、法官的職權，並以「包青天式」糾問審理所產生人權侵害的情況，在一百多年前清末變法之時，修訂法律大臣沈家本、伍廷芳等人即有引進陪審制、律師辯護制之議，並被納入「刑事民事訴訟法」草案的內容，（注2）卻遭兩湖總督張之洞等地方督撫反對，終遭擱置。（注3）而中華民國建立初始，有「民國第一大案」之稱的姚榮澤案，更是率先採行陪審制。

民國第一大案採行英國式陪審制

一九一一年武昌起義後，各地革命軍紛紛起義，元凶姚榮澤是江蘇省山陽縣的知縣，卻用計殘殺兩名革命軍人士。第二天，革命軍抵達山陽縣，姚榮澤被抓獲，上海都督陳其美派人將他押至上海。當時身為新政府司法總長、具有英國大律師資格的伍廷芳，為落實「司法獨立」與「文明審判」的精神，主張此案應改採西方式審判，包括公開審判、陪審制，並要求律師到庭辯護等。（注4）在與陳其美等革命黨人不斷地鬥爭下，伍廷芳終於爭取到臨時大總統孫中山的支持。

開庭前一週，公開登報通告裁判地點、日期等。一九一二年三月二十三日，該案在上海市政廳開庭，由陳貽范、蔡寅、丁榕充任裁判官，組成臨時合議庭，法庭上並有七名「通達事理、公正和平、名望素著者」組成陪審團。經過二十三、三十、三十一日三天庭審，陪審團認定姚榮澤謀殺罪成立，判處死刑，並在三週後執行。判決後，法庭「特假五分鐘，准姚犯發言」，姚榮澤稱殺死兩人是「受紳團逼迫，非出己意，哀求輕減」，陪審員「共表同情」；經承審法官認可，由陪審團集體呈請大總統「恩施輕減」。時任總統袁世凱乃依《臨時約法》規定，將姚榮澤特赦，改為監禁十年，附加罰金結案，三個月後，又被特赦出獄。（注5）

在「民國第一大案」的引領下，刑事審判應該有人民的參與，不是再自然不過嗎？實則不然！由於華人社會無此文化，又缺乏法制的支持，人民參與審判曇花一現。直到一九二九年南京國民政府制定《反革命案件陪審暫行法》，規定「反革命案件」應有國民黨黨員陪審評議，中華民國才有了陪審制。（注6）可惜該制只施行於特定政治案件，而且是「黨化司法」政策的一環，並沒有留下值得稱頌的經驗。

人民參與審判之制不曾出現在華人社會之中，在西方社會卻是源遠流長。二千多年前的古希臘、古羅馬即有陪審之制，由公民大會針對特定訴訟案件做出決斷。其中最有名的負面案例，是古希臘哲學家蘇格拉底因為「不敬神」而遭判處死刑。雅典人保留雅利安人的部落大會權力的概念，由公民大會來確認一切的立法、行政和司法權力，法庭實際上是由公民組成的人民法庭。（注7）也就是說，古代民主政體國家的運行受到了氏族社會民主遺風的影響，都是採用全體住民集體行使權力的方式，公民大會自然擔負著古代國家立法、行政與司法的職能，法庭也毫無例外地成了以直接民主與集體方式行使審判權力的公共權力機構之一。（注8）

雖然現代陪審制起源於英國，而且羅馬帝國曾於西元四十三年至四一〇年統治英國；但截至目前為止，並沒有證據證明它源自古希臘、古羅馬。而長期以來，許多人誤認是一二一五年的《大憲章》（*Magna Carta; The Great Charter*），（注9）確保了陪審團審判的實現，這種錯誤源於《大憲章》第三十九章的「同儕審判」規定。（注10）

事實上，法國諾曼公爵於一〇六六年入侵英格蘭（史稱「諾曼征服」）後，從宣誓過的本地人之處獲取當地事物訊息的工具，也就是「識別」與「確認」原則，就被引進了英格蘭，慢慢地形成了村邑代表在宣誓後對當地事物共同作證的先例。為了懲治與鎮壓犯罪，英格蘭國王於一一六四年通過《克拉倫敦憲章》（*Constitutions of Clarendon*）、一一七六年通過《北安普敦法》（*the Assize of Northamptona*），確立了以下原則：在一般的案件中，刑事訴訟應當由一個宣誓說實話的鄰人代表團對被告指控開始（取代過去由受害者或其親屬起訴的方式）；設立於一一六六年的控訴陪審團

自此時開始持續地使用，經過不斷發展，成為今日的大陪審團，刑事小陪審團、民事陪審團亦陸續發展成形。（注11）

人民參與審判，有利於對抗政府濫訴

從陪審制的歷史來看，在政治或新聞自由案件中，陪審團是最能發揮社會良知，以對抗政府的濫行起訴。（注12）**在美國獨立之前，陪審團的廢止權或者說「不」的權限，曾經是殖民地人民反抗英國殖民統治與爭取獨立的重要利器，最著名的就是「曾格案」**。約翰・彼得・曾格（John Peter Zenger）因為出版《紐約新聞周報》（*New York Weekly Journal*），於一七三五年被指控「對政府進行無恥中傷和惡毒謾罵，試圖煽動反政府情緒」，接連兩個大陪審團拒絕以煽動誹謗罪起訴他；當政府反過來透過檢察官起訴書（一種強制程序，檢察官可以藉此繞過大陪審團）起訴時，（注13）陪審團卻判決他無罪，成為捍衛新聞自由的標竿案件。（注14）

制憲代表於一七八七年九月十七日通過的《美國憲法》，已經在第三條第二項規定：「一切罪案，除彈劾案外，應以陪審團審判之……。」為何在憲法於一七八八年六月二十一日經過九個州批准生效後，隨即於一七八九年九月二十五日通過、一七九一年十二月十五日批准生效的《權利法案》中，以第五、第六及第七條修正案，再度規定陪審團相關事宜？

只因為《美國憲法》只規定聯邦案件，而且並未提到民事訴訟。再者，**每一代人在推動制度變革時，習慣於從過去汲取教訓。對於十八世紀許多受過良好教育的北美殖民地居民來說，他們在自由方面的經驗教訓來自十七世紀的英國歷史：而沒有陪審團制約的法官行徑既粗暴，又可惡，刑訊逼供、強迫自證其罪，這就是英國歷史上的「星室法庭」**（Star Chamber）**留給他們的教訓。**（注15）因而，北美十三個殖民地居民在《美國獨立宣言》的「控訴」章節中，指控英國國王：

他拒絕批准建立司法權力的法律，藉以阻撓司法公正。

他控制了法官的任期、薪金數額和支付，從而讓法官完全從屬於他個人的意志。

在許多案件中剝奪我們享有陪審團的權益；編造罪名把我們遞解到海外去受審。

於是，當美國人獨立建國之後，不僅在《美國憲法》中明定陪審制，並於《權利法案》重申斯旨，只因為他們相信陪審團的成員來自社區，並不是吃皇糧（國王的俸祿）的政府官員，唯有他們才能制止有權有勢、野心勃勃的檢察官和法官的濫權行

為；而「星室法庭」的濫權，也是《美國憲法第五條修正案》明定「不得強迫刑事罪犯自證其罪」的原始主因。（注16）

美國獨立建國後，最能彰顯陪審團審判可以防範執法者濫用職權，藉由指控政治異議者來鞏固自己權勢的，要屬亞倫·伯爾（Aaron Burr, Jr., 1756-1836）被控叛國罪一案。伯爾原本是第三任總統湯馬斯·傑弗遜（Thomas Jefferson, 1743-1826）的副總統，於一八〇五年卸任後，前往經由「路易斯安納購地案」（美國向法國購地）所新獲得的西部領土旅行，他在此期間的一些行為，被懷疑試圖將美國新購得的土地據為己有，並非法向西班牙宣戰，因而被以叛國罪起訴。（注17）

該案由當時的首席大法官約翰·馬歇爾（John Marshall, 1755-1835）承審，（注18）儘管傑弗遜總統早就公開宣稱伯爾是主犯，其罪行成立毫無疑問，並表示如果判決結果讓他不滿，他會對馬歇爾進行彈劾。但馬歇爾在提出的司法意見中，嚴格解釋叛國罪的要件，且提高其證據要求的標準，接著指示陪審團將他所說明的法律規則適用於本案事實，最後陪審團一致認定：「**根據提交給本庭的證據，起訴書所指控亞倫·伯爾的犯罪事實不能成立。因此，我們宣布被告無罪。**」（注19）

《美國獨立宣言》控訴的衝擊，加上制度推行後的不斷調整修正，陪審制日趨精進。而隨著英軍的四處征伐，陪審制普遍施行於英國殖民地，包括同屬華人社會的香港、新加坡。另外，法國在十八世紀末的大革命時期，基於對君主專制的反叛，也曾引進陪審制。其後，隨著拿破崙對歐洲大陸的征服，陪審制被以不同的形式引入其他歐陸國家，包括西班牙及葡萄牙。而藉由西班牙、葡萄牙對其殖民地的影響，陪審制又被推廣至中、南美洲的一些國家。（注20）

可惜的是，發軔於英美法系、採取當事人對抗與法官中立聽訟的陪審制，在實行糾問制（審判中是由職業法官依職權調查）與政治上專制的歐陸法系國家難以安身立命，因而逐漸被廢除或發生變異。其中德國於一九二四年改採參審制，法國於一九四一年正式確立參審制，可以看做是陪審制在歐洲大陸之旅的終結。目前，歐陸仍保留陪審團審判模式的國家，僅剩下奧地利、比利時、丹麥、挪威等少數國家。

《十二陪審員》不同於《十二怒漢》，重點圍繞陪審員的心路轉折

多數台灣民眾看慣了美國的影視作品，對於陪審團審判大都耳熟能詳。而公認最具代表性的，絕對是電影《十二怒漢》（*12 Angry Men*）。這部於一九五七年上映的九十分鐘黑白電影，內容講述一名住在貧民窟的少數族裔少年，被指控殺了他的父親，決定他命運的陪審團清一色是中產階級白人男性。在十一位陪審員皆認為男孩有罪，

僅有一位陪審員堅持無罪的情況下，經由不斷地檢視證據與彼此論辯，最後竟大逆轉，陪審團一致同意少年無罪。這部影片不僅向我們展示了法庭運作的機制，更彰顯了「**每個陪審員都會將他的個人意識帶入到陪審團的集體任務中**」。（注21）

由於是經典電影，被譽為影史上「最偉大的法庭片、辯證推理片」，不僅時常成為舞台劇的戲碼，多年前也重拍了彩色版電影，甚至有了俄羅斯版的《十二怒漢》。雖然重拍的劇情內容有所調整，但基本上都圍繞著十二人陪審團的辯證討論過程，都是藉由法庭審判，對證據提出合理懷疑，以推理、正直、公正與善良來對抗情緒和偏見。

二〇二〇年，Netflix上映了比利時的《十二陪審員》（*The Twelve*）劇集，透過十二位陪審員的角度，審視涉及雙重謀殺的世紀審訊。故事發生在比利時的根特區，身為校長的Frie，被指控相隔十六年犯下兩件凶殺案。隨著證人的陸續出庭，時間線遊走於十六年前、後的兩宗謀殺案。

兩件案子都與Frie的前夫Stefaan息息相關。Stefaan一口咬定她是個瘋女人，因為充滿佔有慾而犯下兩案：二〇〇〇年她的閨蜜Brechtje是Stefaan當時的女友，因為她暗戀Stefaan，所以殺了閨蜜；二〇一六年，她懷了孕準備生下女兒時，Stefaan因為受不了她，而和另一位女老師在一起，甚至當她生下女兒後，還打官司贏得女兒的監護權，於是 Frie 威脅「我愛不到，你們也別想得到」，然後入侵他們家，殺了自己兩歲的女兒 Roos。

這部戲一開場，就是法庭在遴選陪審員。如同許多陪審制國家一樣，需要徵召一般市民組成十二人陪審團，加上候補兩人，總共十四人，因為是《比利時憲法》明訂的公民義務，被抽到並經審核而無豁免事由的人，就有參與審判的義務。雖然一般公民大多願意每週抽兩、三天來參加，不過也有人擔心生活會被嚴重干擾，想方設法希望豁免。首集就有一位平常穿著很端莊的職業婦女，在丈夫要求下故意穿得俗艷暴露，希望能被刷掉，可惜事與願違。

什麼樣的人適合當陪審員？一般人認知中可以伸張正義的陪審員，或許都希望是看起來人格端正、事業有成的人，而不是荒唐迷糊、生活困頓之輩。事實上，陪審團的組成既然要反應社會多元價值觀，三教九流自然應該都有機會被選中。日本當年為推廣裁判員新制（由職業法官與素人法官合審合判之制，是台灣國民法官新制主要仿效的對象）上路所推出的《女法官》漫畫集中，（注22）還有遊民、地痞流氓分別被選為裁判員，而且在審判中分別發揮了關鍵作用呢！

一般常見的法庭戲，或圍繞著案情的曲折離奇，或側重於被告的陰險詭詐，或著重在檢辯雙方的舌粲蓮花，少有關注於陪審員的生活百態、心路轉折。《十二陪審員》的特殊之處，就在於它不止描繪兩宗謀殺案的故事情節，同時也聚焦於陪審員的人生際遇。藉由探索其中六位陪審員家家有本難唸的經，鋪陳他們在現實生活中所遭遇的各種謊言、陰影、壓抑或妥協。例如，有凶殺案的被害人家屬擔任陪審員，有陪審員在審判過程中涉嫌犯罪，或販售他人隱私以彌補個人的資金缺口等。整部戲場景不斷變換，多線事件交織發展。

隨著每日庭審活動的進行，陪審員一方面在法庭內聆聽雙方振振有詞卻工於心計的辯論，受害者家屬、證人雖義正辭嚴但各懷鬼胎的陳詞，開啟了自己對案情與司法體系的認識；他方面私底下的人際互動、心境變化，以及看待案情的態度與立場，也逐漸引領他們回到私生活領域做出人生的辯論與抉擇，或坦然面對罪疚而自首犯行，或認清夫妻彼此價值觀的嚴重落差而選擇離異。

與好萊塢影劇大不同的比利時法庭運作

這些犯罪情節與人心詭詐的劇情，都是人類七情六慾共通本性的展現，沒有地域之別、國籍之分，即便台灣與比利時的各項交流不是非常頻繁，觀眾對此應該也不會有任何的違和感。相較之下，對習慣於觀看好萊塢、日本或韓國法庭戲的閱聽人來說，或許會對比利時的法庭運作難以理解。

首先要說明的是，比利時是歐陸法系國家，拿破崙統治期間，陪審制被帶進比利時。由於曾受過法國統治，又是鄰國，比利時的法院體系、法律制度與法國極為相似。雖然隨著全球化浪潮的到來，各國法制會相互參照學習，法系已不再涇渭分明，但目前普遍的看法仍將之簡分為英美法系與歐陸法系。兩者對法律思維的方式不同、發現法律的方法導致對法律淵源的認識不同、法官的作用和地位不同等，在在影響法院的法庭活動與裁判思維。

比利時仍然堅持法官應依職權調查證據的傳統，卻要操作源自英美法系的陪審制，因而《十二陪審員》所呈現的法庭活動，時不時出現紛亂、失序。因為陪審制是建立在當事人進行、兩造對抗的前提下，按理證據資料的提出與調查是由檢察官、辯護人主導，法官原則上是居於中立、聽訟，只負責訴訟指揮，並避免陪審團受到誤導的角色，僅在極度例外的情況下才會依職權調查證據。

只是，該劇劇情中的證人卻是由審判長先行訊問，再由檢察官、辯護人與附帶民事訴訟代理人詰問，也就是採取「輪替詰問」而不是我們所熟知的「交互詰問」方式（詰問規則為：主詰問→反詰問→覆主詰問→覆反詰問）。（注23）此外，比利時檢察官是與職業法官一同坐在法檯上，並不像台灣將檢察官的席位放置在法檯下方，而與被告、辯護人席位等高。

由知名作家張娟芬在網路文章〈審檢不分六十年〉一文的爬梳說明可知，**當年台灣檢察官席位一如比利時的現狀，為了化解檢察官的反彈，經過數十年不斷地論辯與漸進式變動，才挪移到法檯下，讓檢察官與被告、辯護人的席位高度一樣並平行，亦即審、檢、辯（與被告）的法庭席位變成「ㄇ」字形，才有今日彰顯人權保障、當事人對等的現狀。**這也是為什麼法務部司法官學院黃睦涵檢察官於二〇一九年前往比利時參訪，詢問該國為什麼採取這樣的法庭配置時，比利時副檢察總長Vandoren會開玩笑告以：請不要將貴國的法庭配置告知我國有關當局，以免檢察官的席位被移至法庭下方。（注24）

其次，由於該案被認為是「世紀大案」，自然引起媒體與社會大眾的關注。劇情中即出現曾是凶殺案的被害人擔任陪審員，並且獲選為陪審團主席，而媒體對此大幅報導，並試圖接近陪審員，甚至公然批評特定陪審員。這種情況是否法所容許？如果是公民記者就可以？這些都是未來台灣在推動國民法官制時所可能面臨的問題。

雖然《國民法官法》已明文禁止意圖影響審判而刺探依法應予保密的事項，違反者並列為刑罰制裁對象。（注25）但洩密者一時難以發現，為了避免審判中情況的惡化，這部戲提供的指引是：審判長當庭叫記者起立，曉諭再三，並諭知所有陪審員不可以洩密，否則可能被辯護人聲請審判無效。

十二個陪審員與三個法官如何決定？

未來台灣新制上路後，影響候選國民法官參與審判意願的因素有多重，最可能的當然是擔心評議祕密事項外洩，以致人身安全受到威脅。而比利時陪審制可資借鏡之處，就是陪審團評議後投票的方式及表決票的處理。

從劇情中可知，評議時三名職業法官與陪審團是一起進入評議室，但職業法官只有在特定情況下才可參與評議。依照司法院派員前往考察所作的說明可知，二〇一六年以前，只有審判長會一起進入評議室；二〇一七年以後，包括審判長在內的三名法官都可以進入評議室，與陪審團一起評議、回答問題，但不得影響陪審團作決定。（注26）

如果陪審團的票數是六比六，結果為無罪；如果票數為八比四或以上票數則為有罪；如果票數是七比五的情況時，三名職業法官即可以參與表決，以過半數決定，亦即當其中兩名職業法官認為有罪時，結論為有罪，否則即無罪。評議結果為有罪時，進行完量刑辯論後，再由職業法官與陪審團進行量刑評議，決定刑期。而陪審團評議後，採取祕密投票的方式，開票後當場立即銷毀，如此即可避免個別陪審員的投票決定為他人所知悉。

比利時這種評議方式，可能受法國影響。在法國重罪（參審）法庭的投票規則中，每一位職業法官和參審員都會領到一份蓋著重罪法庭印戳的空白票，上面印有下列字樣：「**本著我的榮譽與良心，我的意見是……**」。職業法官與參審員在自己的票上寫上「是」或「否」，票上的內容不得讓其他人看見。每一個人把寫好的票疊好，交給審判長，由審判長投入票箱。票箱在啟封統計之後，應當立即燒燬。（注27）

由此看來，比利時的職業法官在特定情況下既然可以參與評議表決，便已經不是典型的陪審制。由於陪審制、參審制或者混合制在許多國家都有長期的實務運作經驗，則代表民意的立法者既然做了政策決定，擇定與職業法官合審合判的「國民法官新制」，讓國民法官全程參與案件審理後，就刑事案件的事實認定、法律適用與量刑，與法官一起討論，共同表決，做出決定，社會各界尤其是法律人自應捐棄成見，共同致力於推動這一對於台灣社會猶屬陌生的法律制度。

有些民眾對於這突然降臨的「重責大任」，或許感到困惑：憲法又沒有明定，而且過去一向是由職業法官裁判社會紛爭，政府為什麼改課予我去審判他人的義務？為什麼不仿效二〇二〇年七月開始施行、攸關法官與檢察官懲戒淘汰的職務法庭新制，（注28）由專家參與審判？甚至憂心：我既不具備法律專業，人格也並不比別人高尚，憑什麼去審判他人？

台灣之所以仿效多數國家的作法，引進人民參與審判制度，原因正如許宗力院長所說：**刑事審判裁斷的是「人的行為」，關照的對象是人，要對他/她的所作所為做出價值判斷，自應站在多方立場去設想，外界期許法官用全知觀點來做出決定，但實際上法官的視野畢竟有限，而有著不同背景、生活經驗的國民們加入，或許能彌補這樣的不足。**國民願意大步走入法庭、參與審判，就會產生足夠的力量，帶來多元的意見，激發思辨，打破社會與法律專業的藩籬，不只讓司法審判的決定符合公平正義，也讓法律的適用多一分人的味道。（注29）

我們且不說擔任國民法官就如同投票選舉、納稅一樣，目的是為了公共利益，屬於公民的責任，即便是為了自我成長、人生圓滿，也大有裨益。以下僅以美國華盛頓大學約翰·加斯蒂爾（John Gastil）教授等四人在歷經十年，透過選舉投票與陪審員資料庫的檢索及分析，訪談數千位陪審員的經歷，並進行調查、研究後所撰寫的《陪審團與民主：論陪審協商制度如何促進公共政治》一書來說明。

該書提到：「**調查顯示的一些最普遍的情形，如更為關注新聞媒體及更為經常地和鄰居討論一些社會熱門話題」、「陪審員會對政府和其他的公民產生更強的信任感，會認為自己在政治上更有能力且更為高尚。**」（注30）也就是說，參加陪審團對大多數陪審員來說都可能是一段鮮活的經歷，會改變他們對自身的認知及對政治權力的認識，這顯然呼應《十二陪審員》劇情中，陪審員在參與審判後重新探索人生的情節。既然如此利人利己，何樂而不為？

至於挑選不具備法律專業知識者擔任國民法官，正是立法者基於各國通例，希望將正當的國民法感情融入法院判決之中，因而刻意排除了法律人。國民法官無庸因為自己不是聖人而憂心，只需當一個「有見識、肯思考的參與者」即可，並一如兩百多年前辯護律師安德魯．漢密爾頓（Andrew Hamilton）在「曾格案」中勉勵陪審團時所說：「**用自己的眼睛去看，用自己的耳朵去聽，用你們的良知和理解，對自己同胞的生命、自由和財產做出裁決**」，就會是一個好公民。而這也是未來國民法官新制成敗的主要關鍵。

注釋：

1 《國民法官法》於二〇二〇年八月十二日制定公布，為明確規定制度運作所需細節性、技術性事項，修整法庭、購置設備、教育訓練及宣傳推廣，本法除第十至二十、三十三條自公布日施行，第五條第一項第一款自二〇二六年一月一日施行外，其餘條文自二〇二三年一月一日施行。而《國民法官法》

第五條第一項規定：「除少年刑事案件及犯毒品危害防制條例之罪之案件外，下列經檢察官提起公訴且由地方法院管轄之第一審案件應行國民參與審判：一、所犯最輕本刑為十年以上有期徒刑之罪。二、故意犯罪因而發生死亡結果者。」因而，《國民法官法》主要條文自二〇二三年一月一日開始施行後，原則上因被告「故意犯罪因而發生死亡結果者」的案件，地方法院應行國民參與審判；被告「所犯最輕本刑為十年以上有期徒刑之罪」的案件，自二〇二六年一月一日亦採行國民參與審判制。

2 該草案對於陪審制有非常詳盡的規定，舉凡陪審員的責任、陪審案件範圍、陪審員名冊、陪審員選任與迴避、陪審員的審判職能與決議形成、陪審員的紀律等，都有所明訂。其中關於適用陪審的案件類型，包括：凡公堂之上有權裁判關於監禁六個月以上，或罰金五百元以上，或徒流（指：有期徒刑或流放之刑）以上等罪之刑事案件，及數額三百元以上的民事案件，於未審以前經原告或被告呈請陪審者，應適用陪審員陪審。參閱尤志安，《晚清刑事司法改革整體性探究》，二〇一三年四月，第192-194頁。

3 沈家本對於「陪審制」及「律師制」至為重視，他在「修訂法律大臣沈家本等奏進呈訴訟法擬定先行試辦摺」中提到：「考歐美之規制，款目繁多……其中有為各國通例，而我國亟應取法者，厥有二端：一宜設陪審員也。誠以國家設立刑法，原欲保良善而警兇頑。然人情譸張為幻，司法者，人知識有限，未易周知；宜賴眾人為之聽察，真偽易明，若不肖刑官或有賄縱曲庇，任情判斷，及舞文誣陷等弊，尤宜糾察其是非。擬請嗣後各省會並通商鉅埠及會審公堂，應延訪仕紳富商民人等，造具陪審清冊，遇有應行陪審案件，依本法臨時分別試辦……。」參閱黃源盛，《中國法史導論》，二〇一二年九月，第366-368頁。

4 參閱張禮恆，《從西方到東方——伍廷芳與中國近代社會的演進》，二〇〇三年十二月，第200-222頁。

5 參閱張禮恆，《從西方到東方——伍廷芳與中國近代社會的演進》，二〇〇三年十二月，第217頁；蔡斐，〈姚榮澤案：民國司法獨立審判第一案〉，《二十世紀影響中國司法的二十大案》，二〇一三年五月，第19-31頁。

6 依據該法，《暫行反革命治罪法》施行期間，法院受理反革命案件，適用陪審制度（第一條）；陪審團由六人組成，其資格為居住法院所在地二十五歲以上的中國國民黨黨員。參閱劉恆妏，〈革命／反革命——南京國民政府時期國民黨的法律論述〉，收錄於《二〇〇八年法律思想與社會變遷》，二〇〇八年十二月，第268-269頁。

7 參閱威廉．麥克西．贊恩著，劉昕、胡凝譯，《法律的故事》，二〇〇〇年三月，第101-108頁。

8 參閱劉錫秋，《陪審制度的歷史研究》，二〇一一年四月，第52-53頁。

9 《大憲章》是英格蘭國王約翰最初於一二一五年六月十五日在溫莎附近的蘭尼米德訂立的拉丁文政治性授權文件，其主因是教宗、約翰王及封建貴族對王室的權力意見分歧，英格蘭的封建貴族挾持約翰王，約翰王被迫簽訂，接受王權受法律的限制，是邁向君主立憲的重要里程碑，被視為後來民主理念、尊重人權自由的基石。《大憲章》經過多次的廢除、重新頒佈，一二九七年的英文版本至今仍然是英格蘭、威爾斯的有效法律。《大憲章》對後世影響深遠，一六八九年英國《權利法案》、一七七六年《美國獨立宣言》、一七八九年法國《人權宣言》、一七九一年美國《權利法案》、一九四八年《世界人權宣言》都可說傳承了其法治精神。參閱盧雪峰，〈自由基石 法律至上——英國大憲章〉，收錄於劉金國主編《人類法律文化的豐碑》，二〇〇五年一月，第125-142頁。

10 《大憲章》第三十九條規定：「除經同儕依法審判，或依領地法律，任何自由人均不得被逮捕、拘禁、沒收、放逐或為其他損害等。」該條規定被認為是現代社會「罪刑法定原則」與程序正義觀念的雛形。

11 參閱威廉．夏普．麥克奇尼著，李紅海編譯，《大憲章的歷史導讀》，二〇一六年八月，第171-175頁。

12 《美國憲法第五條修正案》規定：「非經大陪審團提起公訴，人民不受死罪或其他不名譽罪之審判……。同一罪案，不得令其受兩次生命或身體上之危險，不得強迫刑事罪犯自證其罪……。」《美國憲法第六條修正案》規定：「在一切刑事訴訟中，被告應享受下列之權利：發生罪案之州或區域之公正陪審團予以迅速之公開審判，其區域當以法律先確定之……。」由此可知，為了避免執法者可能的濫用職權，藉由指控政治異議者來鞏固自己權勢的弊端，第五條修正案規定執政者要指控被告犯罪，要先贏得由二十三名正直、誠實的普通公民所組成的大陪審團的認可後，又經過第六條修正案所稱刑事審判陪審團（又稱「小陪審團」，通常由十二人組成）判定有罪，才可以將其定罪。

13 在英美法系中，由檢察官製作並提交法院，用以指控被告犯罪的書面文件，稱為information（檢察官起訴書），用以區別由大陪審團批准的起訴書（indictment）。

14 參閱理查德・克魯格著，楊靖、殷紅伶譯，《永不消逝的墨迹：美國曾格案始末》，二〇一八年十一月，第225-310頁。

15 「星室法庭」成立於一四八七年，因位於西敏宮一個屋頂有星形裝飾的大廳而得名，是英格蘭國王用以加強君主專制，箝制言論自由所創設的法庭。此法庭並無陪審團的設置，兩造也沒有一般普通法法庭所認可的權利，法庭甚至擁有刑求的權力。一六四一年七月清教徒革命前夕，由議會通過法案予以取締關閉。

16 參閱阿希爾・阿瑪爾、萊斯・亞當斯著，崔博譯，《美國權利法案公民指南》，二〇一六年十一月，第104-112頁。

17 《美國憲法》第三條第三項（對美國之叛逆罪）規定：「背叛美國，僅包括與合眾國或其州進行戰爭，或依附、幫助及慰藉合眾國之敵人。無論何人，非經該案證人二人證明或經其本人在公開法庭自首，不受叛國罪判決。」

18 馬歇爾大法官與時任的傑弗遜總統本為遠房表兄弟，同為開國元勛，但兩人的政治理念截然不同，兩人之間的爭鬥是美國歷史上最著名的黨派之爭，「馬伯里訴麥迪遜案」亦是黨派之爭下的產物。參閱詹姆斯・西蒙著，徐爽、王劍鷹譯，《打造美國——傑弗遜總統與馬歇爾大法官的角逐》，二〇〇九年一月，第120-132頁。

19 參閱羅伯特・A・弗格森著，陳虎等譯，〈叛國罪，亞倫・伯爾以及民族想像〉，收錄於邁克爾・E・泰戈、安杰拉・J・戴維斯編《審判故事》，二〇一七年六月，第39-67頁；詹姆斯・西蒙著，徐爽、王劍鷹譯，《打造美國——傑斐遜總統與馬歇爾大法官的角逐》，二〇〇九年一月，第154-182頁。

20 參閱劉錫秋，《陪審制度的歷史研究》，二〇一一年四月，第229-266頁。

21 參閱伯納德・施瓦茨著，周杰譯，〈十二怒漢〉，《民主的進程—影響美國法律的十宗最》，二〇一五年九月，第408-410頁。

22 《女法官》原名是《裁判員の女神》，作畫：かわすみひろし／原作：毛利甚八，全套書共五集，中文版由東立出版社於二〇一〇年三月出版、方郁仁譯，主要是探討日本採行裁判員制度所造成的一些問題與未來期許。

23 交互詰問是英美法兩造對抗所發展出來的法庭活動模式，唯有兩造攻防，才能徹底顯現「交互」詰問的功能。而以德國為典型的歐陸法系，法官負有澄清義務，應依職權調查證據，兼以被害人訴訟地位的提升，有諸多直接參與訴訟程序的管道，法庭呈現的往往不是「兩造」的攻防關係，而是「多方」的複雜關係，多方容易輪替詰問，而難以交互詰問。參閱林鈺雄，〈輪替詰問之法庭活動〉，《法庭詰問活動》，二〇〇〇年九月，第19-20頁。

24 參閱黃睦涵，〈法國司法制度介紹〉，公務出國報告資訊網，二〇一九年九月，未出版。

25 《國民法官法》第四十一條規定：「任何人不得意圖影響審判，而以任何方式與國民法官、備位國民法官或候選國民法官接觸、聯絡。任何人不得向現任或曾任國民法官、備位國民法官或候選國民法官之人，刺探依法應予保密之事項。」第九十六條規定：「意圖使國民法官、備位國民法官不行使其職務或為一定之行使，或意圖報復國民法官、備位國民法官之職務行使，對其本人或其配偶、八親等內血親、五親等內姻親或家長、家屬，實行犯罪者，依其所犯之罪，加重其刑至二分之一。」第九十八條規定：「除有特別規定者外，有下列情形之一者，處六月以下有期徒刑、拘役或科新臺幣八萬元以下罰金：一、無正當理由而違反第十九條第四項、第二十六條第五項或第四十條第一項不得洩漏所知悉祕密之規定。二、意圖影響審判而違反第四十一條第二項不得刺探依法應予保密事項之規定。」

26 參閱司法院，〈司法院一〇八年度荷蘭比利時考察報告〉，二〇二〇年一月，第43-44頁。

27 參閱貝爾納・布洛克著，羅結珍譯，《法國刑事訴訟法》，二〇〇九年七月，第495-507頁。

28 《法官法》第四十八條第一項、第五項分別規定：「職務法庭第一審案件之審理及裁判，以懲戒法院法官一人為審判長，與法官二人為陪席法官組成合議庭行之。但審理法官懲戒案件時，應增加參審員二人為合議庭成員。」「第一項但書之參審員，由司法院法官遴選委員會遴定學者及社會公正人士六人，提請司法院院長任命，任期三年，不得連任。其人數並得視業務需要增加之。」

29 參閱司法院，〈「國民法官法公布一週年 許宗力：多元意見帶領國家往前進步 一起開始改變」新聞稿〉，二〇二一年八月十一日。

30 參閱約翰・加斯蒂爾、佩里・迪斯、菲利普・J・維瑟、辛迪・西蒙斯著，余素青、沈潔瑩譯，《陪審團與民主：論陪審協商制度如何促進公共政治》，二〇一六年一月，第14頁。

第四章

《美國犯罪故事：公眾與O．J．辛普森的對決》：當台灣的國民法官參與社會矚目案件審判時

美國《美國犯罪故事：公衆與O．J．辛普森的對決》影集忠實地呈現了辛普森殺妻案的全部過程，包括他駕車在州際公路上躲避員警追捕、警察蒐證過程的缺失、夢幻律師團隊的籌組、檢辯雙方在法庭上的交鋒與鬥法、陪審團選任及其評決等。這可以讓我們參照學習：國民法官怎們選任？如果國民法官參與類似社會矚目案件的審判時，會遇到什麼問題？在兩造當事人對抗、檢察官負有舉證責任的訴訟制度下，如何判斷證據是否足以將被告定罪？何謂「超越合理的懷疑」？藉此瞭解尋求真相並不是刑事訴訟的唯一目的，國民法官只需要保持開放的心，用自己的眼睛去看、用自己的耳朵去聽在法庭上呈現的證據，只根據證據及法律，依照自己的良知和理解來判斷即可。

二〇二一年六月間有一則國際新聞提到：「前美式足球球星O．J．辛普森（O. J. Simpson）於一九九五年因殺妻案被控雙重謀殺，卻無罪定讞，由多位知名律師組成的夢幻辯護團隊居功厥偉，當年團隊要角之一的貝利（F. Lee Bailey）今天辭世，享壽八十七歲。」貝利何許人也？他在美國或許是一位知名律師，但如果不是因為他為辛普森殺妻案辯護，又怎麼可能成為國際間傳頌的人物？

辛普森原是美式足球運動員，被譽為美式足球職業比賽史上的最佳跑衛，後來成為影視和廣告明星。他被指控於一九九四年六月十二日犯下兩宗謀殺罪，受害人為其前妻妮可．布朗（Nicole Brown）及她的友人羅納德．高曼（Ronald Goldman）。由於被告是知名公眾人物，案發之初他又駕車在州際公路上躲避員警追捕，其過程被媒體動用超過二十架直升機追蹤並實況轉播，加上後來電視全程報導這次審判的過程，使辛普森案成了美國歷史上受公眾關注度最高的刑事案件，甚至聞名國際。

辛普森聘用了眾多知名律師為自己辯護，領軍人物是約翰尼．科克倫（Johnnie Cochran）律師，貝利及亞倫．德蕭維奇（Alan M. Dershowitz）都是律師團隊成員之一，連知名的華裔鑑識人員李昌鈺都受聘，並以法醫學專家證人身分出庭作證。加州洛杉磯郡負責在法庭追訴的助理檢察官瑪西亞．克拉克（Marcia Clark）等人自信該案證據確鑿，但是科克倫及辯護律師團說服陪審員相信DNA證據存在合理懷疑，理由包括血液證據被實驗室科學家及技術人員錯誤處理、某些證物採集時環境受到污染等，並宣稱洛杉磯警察局有其他失職行為。在經歷了長達九個月的馬拉松式審判後，辛普森最終獲判無罪。

從後來民事陪審團判決辛普森應賠償羅納德．高曼家人來看，辛普森有高度可能犯了本件謀殺罪。刑事陪審團為何判決無罪？雖然助理檢察官克里斯多福．達登（Christopher Darden，他就是犯了大錯，要求辛普森在法庭上試戴手套的人）能夠出線，與克拉克一起搭檔出庭控訴，與他的黑人身分脫離不了關係；但本案控辯雙方在庭審辯論最重要的區別之一，仍在於他們對待種族問題的方式。種族問題是本案的一個核心問題，控方卻在大多數時候選擇迴避，這樣的決定不僅不明智，且使其為之付出了代價。（注1）

當時擔任洛杉磯郡地區檢察官的吉爾・卡西迪（Gil Garcetti），（注2）於二〇一五年十一月九日應邀在台灣高等法院，以「從辛普森案談美國陪審制度及刑事交互詰問制度」為題發表演講時，指出：辛普森為避免檢警找到更多的證據（例如，後來在民事訴訟中出現的「特製鞋子」），要求獲得迅速受審的權利，檢察官太早起訴，因而種下敗因。而德蕭維奇亦表示：**律師團要求解散祕密聽審的大陪審團，改由法官進行公開預審，讓辯方可以根據法庭證據專家提供的訊息，知道檢方還沒有準備好提供組織完整的案件事實，可以及早進行蒐證，從而讓警方的偵查結果受到嚴重的質疑，同時藉由法律上的策略，讓檢方在公開預審時就被自己的錯誤鎖住，辯方正是贏在這些早期的成果上。**（注3）由檢辯雙方事後的供述，可知訴訟策略影響了最終的勝敗。

陪審制教育每個人要勇於承擔自己的責任

由於舉世矚目，該案判決後，檢察官、辯護律師、專家證人、陪審員等相關人員分別著書立說，唯一沒有出書的是日裔承審法官蘭斯．伊藤（Lance Ito）。其中，當然以德蕭維奇所撰寫的《合理的懷疑：從辛普森案批判美國司法體系》一書，最具專業性與可看性。

德蕭維奇以對美國憲法與刑法的專精而聞名，他不僅是哈佛大學法學院終身職教授，同時也是知名律師及公民自由倡導者，為拳王麥可．傑拉德．泰森（Michael Gerard Tyson）等多位政經名人辯護過，更參與辛普森案的夢幻律師團隊及對美國總統川普的彈劾。他所著《合理的懷疑》一書的重點不在辛普森案本身，而在藉由本案，對一些重大、基本的法律與社會議題提出充滿洞見的精彩分析。看他在書中娓娓道來，即便我們未身歷其境，卻依然可以深刻瞭解該案庭審時檢辯的精彩對決、用心攻防及其對世人的影響。

德蕭維奇認為辛普森殺妻案值得關注的議題，包括：審判與真相：「**發現真實——刑事審判的目的在於尋求真相嗎？**」；執法之人為了執法而犯法：「真正的警察會撒謊——為什麼警察不據實公布搜索及逮捕過程？」；證據分析與判斷：「陪審團的懷疑是否合理？」；種族、性別因素的影響評估：「種族因素的影響更甚於性別嗎？」；媒體審判：「**媒體舞台上的法庭大戲——為什麼一般大眾的觀感與陪審團的認知之間有如此大的落差？**」；金錢正義：「金錢能夠換取無罪判決嗎？」；律師角色：「檢辯雙方的角色——檢察官與律師都只專為他們的當事人辯護，而枉顧正義嗎？」

辛普森案已是幾十年前的陳年往事，現在再來撰寫有關該案的文章，目的為何？只因為台灣即將開始施行《國民法官法》新制，每一位公民都有機會以國民法官的身分坐上法檯，親身參與審判並評斷他人的是非、生死。既然很多人喜歡追劇，我希望藉由這種舉世矚目的案情，佐以影劇作品，探討並說明如果類似案件發生在台灣，國民法官會遇到什麼問題、該怎麼做。

所謂的「國民法官制度」，是由一群透過隨機抽選，符合資格且來自各行各業的六位民眾，與三位專業法官一起坐上法檯，共同審判，決定被告是否有罪、罪名及應受處罰的制度。只要年滿二十三歲、沒有消極資格的中華民國國民，原則上都有機會被抽選為國民法官，而且不得任意拒絕。本制度不同於美國陪審制，主要仿效的是日本裁判員制度，日本自二〇〇九年開始施行，迄今成效良好。如果台灣發生類似辛普森殺妻這種涉及人命的案件，自二〇二三年一月一日起原則上均須由國民法官法庭合審合判。

辛普森殺妻案由於案情轟動，早已出現在許多電影、戲劇當中。其中由小古巴．古丁（Cuba Gooding, Jr.）主演的《美國犯罪故事：公眾與O．J．辛普森的對決》（*The People v. O. J. Simpson: American Crime Story*）影集，不僅獲得影評家廣泛的讚譽，還榮獲艾美獎、金球獎等許多獎項，據說也是最忠實呈現該案事實的，本文乃以該影集的劇情來佐證說明。

陪審制與國民法官新制有許多不同，但再怎麼不同，公民坐上法檯參與審判是一樣的。**陪審制的基本認知，就是民主社會公權力的行使，應該由民眾參與並監督。既然如此，最重要的公權力司法審判，怎可完全跳脫公民參與。陪審制就是承認人民有權利也有義務參與最核心的國家權力行使。**這反映了一個美國的現實與信仰：「適用法律」這種公權力，也是民主政治的一種展現，自然應該反應一般人的價值與認知。（注4）這也是亞歷西斯．德．托克維爾（Alexis de Tocqueville, 1805-1859）在他的經典名著《民主在美國》中所指出的：

> 美國人理解的陪審團制度和普選制度一樣，是主權在民學說的直接結果，也是終極結果。陪審團制度和普選權制度是促成多數權威的兩項力量相等的工具。

陪審團制度能夠教育每個人都要勇於承擔自己的責任，並擁有男子氣概和自信，沒有這些品質，任何政治美德都無法存在。此外，它能讓每個公民懷有一種參政的心態，充分感受到管理社會的責任，並參加政府的管理。（注5）

偏見與陪審團選任：該選什麼樣的陪審團？

在制度預設上，人們認定每一位訴訟當事人都希望（國民）法官是公正無私的，法院是公平審判的，他們不希望遇到有偏見的法官。在辛普森殺妻案中，人們可以看到檢辯雙方對於陪審團選任事宜錙銖必較，甚至連檢察官也聘請了陪審團選任專家。（注6）其原因除了美國是個多元種族的國家之外，根本原因在於陪審團成員來自於普羅大眾。**而只要生而為人，我們或多或少會存有偏見，這些偏見源於我們的生活經驗。我們或許對別人的職業有偏見，或許對別人的信仰有偏見，或許對別人的政治觀點有偏見，或許對別人的相貌、穿衣方式有偏見，可以說處處充滿偏見，只是我們自己未必知道。**

此外，人們都戴著「眼罩」，我們通常都會根據直覺對於事情做出判斷，這個直覺主要取決於我們有限的生活圈與經驗。陪審團選任過程中，檢辯雙方的主要目的，在於對候選陪審員提出問題，以試圖瞭解他／她對於系爭案件的大致傾向後，再藉由提出正當理由的迴避請求及幾次拒卻（排除）權的行使，盡可能挑選對自己有利的陪審員。而本件檢、辯建構的主要「案件理論」（theory of case），（注7）一方主張辛普森是家暴的慣犯，其中一位被害人又是他的前妻，自會特別從婚姻暴力來說明辛普森的犯案動機與手段凶殘；另一方則是力稱無辜，辯稱是承辦員警因種族歧視予以誣陷及栽贓所致。因此，各自的案件理論左右了陪審員選任的目標。

依照德蕭維奇事後的解說，檢察官顯然掉進了律師團隊所預設的陷阱。當時檢察官卡西迪正準備競選連任，他會故意挑出婚姻暴力的重點以爭取女性的選票，因而挑選了對婦女受暴事件有經驗與興趣的助理檢察官克拉克主辦此案，辯方卻刻意不選擇女性擔任首席辯護律師，也不再聲請傳喚「被害婦女症候群」的權威學者出庭（儘管他們已經聘請了她）；檢方卻誤判了陪審團的意向，錯誤地假定女性陪審員會以家庭暴力的觀點，來看待這些專家證人的意見及證據，而不是從種族差異的角度或是對洛杉磯警局既有的不信任來理解及評價。（注8）

前面提到，在制度設計時，人們會預設每一位訴訟當事人都希望（國民）法官是公正無私的，但二十世紀美國最著名的律師克拉倫斯・蘇厄德・丹諾（Clarence Seward Darrow, 1857-1938）早就指出：事實上，沒有人要一位全然公平的陪審員；

至少，對律師而言是如此。檢方要的陪審員是冷靜、嚴肅、缺乏想像力的人；被告辯護律師則要機敏、伶俐、富有感情的陪審員。（注9）而辛普森殺妻案經過雙方的法庭攻防、挑選，最後選出十位女性（其中有九位是非洲裔成員）及兩位男性陪審員。

其實，選出這麼多的女性陪審員純屬意外，這麼高比例的黑人種族成員則可預期。卡西迪檢察官原本有機會選擇在洛杉磯郡的聖塔莫尼卡（Santa Monica）進行辛普森案的審判（當時洛杉磯郡共有十一個地區法院），但他卻選擇了洛杉磯市中心，這裡的陪審員資料庫有更多的黑人。雖然卡西迪堅稱將審判移往市中心進行，與陪審團的種族因素並無關連，但一般認為卡西迪當時以為有罪判決對他來說有如探囊取物，他比較喜歡由黑人主導的陪審團做成這個有罪的判決，尤其在羅德尼．金（Rodney Glen King）事件的窘況發生後，卡西迪並不希望辛普森被白人主導的陪審團判定有罪。（注10）

羅德尼．金事件為何有這麼大的影響力？二〇二〇年五月間，美國發生黑人男子佛洛伊德（George Floyd）在警方攔查過程中，被白人警官蕭文（Derek Chauvin）壓制在地，還用膝蓋抵住他的脖子，最終讓佛洛伊德氣絕身亡。這起事件的整個過程，被路人用手機拍下並上傳網路後，震驚全美，不僅在許多地方發生暴動，並引爆「黑人的命也是命」（BLM）的龐大社會運動，讓許多美國人就算冒著疫情，也要上街抗議。

其後，因為執法過當被起訴的白人警察蕭文，於二〇二一年四月間被陪審團判決謀殺與過失殺人等三項罪名，全部成立。這種看似正義得到伸張的戲碼，不僅是這次龐大社會運動壓力下的必然，更是美國建國兩百多年以來持續不斷、各式各樣的種族歧視下，尤其是警察因種族因素不當執法致大量有色人種成為槍下亡魂的慘痛教訓結果。而瞭解了佛洛伊德案的社會效應，就可以理解卡西迪為什麼這麼在乎辛普森殺妻案不久前發生的羅德尼．金事件。

話說黑人男子羅德尼．金於一九九一年三月三日，因超速被洛杉磯警方追逐，被截停後拒捕襲警，遭到警方用警棍暴力制伏。一九九二年，由白人占絕大多數的陪審團判決四名警官無罪，民情激憤，從而引發了一九九二年的洛杉磯大暴動；根據事後統計，整起事件造成各方約十億美元的財產損失，並有數十人於暴動中死亡。（注11）《美國犯罪故事：公眾與O．J．辛普森的對決》第一集一開始播映的，就是這個暴動的場景。白人警察獲判無罪後，聯邦檢察官介入，警察們以不同罪名再度被起訴，（注12）後來聯邦法院判處警長及另一名員警侵犯了羅德尼．金的公民權，並處以三十個月有期徒刑，社會動盪才告停歇。有了這個慘痛教訓，卡西迪檢察官自然不希望重蹈覆轍，因此選了一個以黑人為主的陪審團。

台灣國民法官怎麼選任？

雖然美國人從小就被教育陪審制度是主權在民的展現，也認知到接獲陪審團召集令時有遵從的義務，違反時被視為藐視法庭；但擔任陪審員確實會擾亂生活秩序，許多民眾希望免除這項義務。然而，如果遇到類似辛普森殺妻案這種眾所矚目的案件時，民眾或基於粉絲仰慕明星、球迷崇拜球星，或認為可以引發關注、藉機出名等心態，確實會有比較高的意願及興趣擔任這類案件的陪審員。劇中，眾多粉絲、球迷帶著殷切的熱情，接受召集令前來法庭，就是最好的說明。

誠如台灣高等法院文家倩法官在一場模擬法庭評論時所說，台灣的國民法官新制雖然採取由職業法官與國民法官合審合判，而且評議時採取三分之二絕對多數決，並非如陪審制的一致決，即使有一、兩位相反立場的國民法官，也不至於影響判決結果，加上評議時有職業法官在場綜理主持評議程序，讓每位國民法官都能平均發言，因此，按理檢、辯毋須在選任程序時過於探究挑選有利於己方或排除不利於己方的國民法官。不過，既然國民法官是隨案隨機選任，要讓民眾接受召集令，放下手邊工作暫時前來法院履行義務，自須有一套法定程序。

依照新制，地方法院會於每年九月一日前，將所估算次年度所需備選國民法官人數，通知管轄區域內的直轄市、縣（市）政府；該直轄市、縣（市）應於每年十月一日，自轄區內符合資格的人之中，以隨機抽選方式選出並造具「備選國民法官初選名冊」後送交法院。法院審核後，再作成「備選國民法官複選名冊」並通知名冊內的各備選國民法官。職業法官在承審依法應行國民參與審判的案件時，會自「備選國民法官複選名冊」中，隨機抽選出該案所需的「候選國民法官」，並於選任期日三十日前，以書面檢附「國民參與審判制度概要說明書」等文件，通知候選國民法官於選任程序期日到庭。也就是說，民眾在被列入「備選國民法官複選名冊」後，法院即會事先通知，給予充分時間預作準備；一旦成為個案中的候選國民法官，至少也會有三十日的準備期間。

依照目前各地方法院舉辦國民法官模擬法庭的經驗，許多法院在寄送「國民參與審判制度概要說明書」時，會一併寄發經由審檢辯共同商議、確認過的「候選國民法官調查表」，其目的不是要測驗大家的基本法學常識，再篩選出具有一定法學知識的人，而是作為審檢辯於選任程序時，詢問個別候選國民法官的背景資料，再藉由當日進一步的口頭追問，瞭解個別候選國民法官有沒有偏見或其他應予拒卻的事由。因此，**選任程序是為了選出能在本案公正、中立參與審判的國民法官，檢、辯並得以訴訟策略目的而聲請排除特定人；如果候選國民法官被裁定不選任，請記得自己並非因**

為能力有何不足之處，而是制度設計使然。

在由我擔任審判長的「台北地方法院二〇二〇年第二場次國民法官模擬法庭」中，即曾參考中央研究院進行的「社會意向調查」中有關司法議題的問卷，將包括下列提問在內共二十四個問題列入調查表中：

◆法官難免會犯錯，您認為下列哪種情況比較嚴重？

□把沒有犯法的人判成有罪。

□把有犯法的人判成無罪。

理由是：＿＿＿＿＿＿＿＿＿＿＿＿＿＿＿＿＿＿＿＿。

◆您是否認同法官在審判影響治安的重大案件時，應該接受行政機關（如總統、行政院長、法務或內政部長）的意見？

□是

□否

理由是：＿＿＿＿＿＿＿＿＿＿＿＿＿＿＿＿＿＿＿＿。

◆您是否認為只要檢察官和被告、辯護人對於事件的經過還有不同的說法，案件就還存在所謂合理的懷疑？

□非常同意。
□同意。
□不同意。
□非常不同意。
理由是：＿＿＿＿＿＿＿＿＿＿＿＿＿＿＿＿＿＿＿＿。

◆您是否認同如果法官覺得某罪的刑度太重時，不妨考慮改用較輕的罪名來作成判決，而不必管被告的行為在法律上本來應該構成什麼罪？
理由是：＿＿＿＿＿＿＿＿＿＿＿＿＿＿＿＿＿＿＿＿。

□非常同意。
□同意。
□不同意。
□非常不同意。
理由是：＿＿＿＿＿＿＿＿＿＿＿＿＿＿＿＿＿＿＿＿。

這意味如果未來你／妳有幸（或許有人有不同感受）接到類似辛普森殺妻案的候選國民法官通知（召集令）時，必須將填寫好的調查表寄回法院，再依表定的報到期日，於下列「審判流程表」中的選任程序接受審檢辯的詢問；如果被隨機抽選為正式的（備位）國民法官，在進行宣誓儀式，聆聽審判長所做的「審前說明」後，即開始進行開審陳述、調查證據、言詞辯論、終局評議等程序，再於國民法官法庭做成結論、宣示判決後，任務方告完成。

勿輕忽檢察官的舉證責任與求勝心

聆聽完證人與鑑定人的陳述、證據調查與檢辯雙方的言詞辯論後，我相信很多國民法官還是會困惑：「過去一向是由職業法官裁判社會紛爭，現在政府為什麼課予我去審判他人的義務？我既不具備法律專業，人格也未必比別人高尚，憑什麼去審判他人？」**原因在於司法是為人民而存在，人民的司法、公義的司法、多元的司法，需要國民的**

審判流程

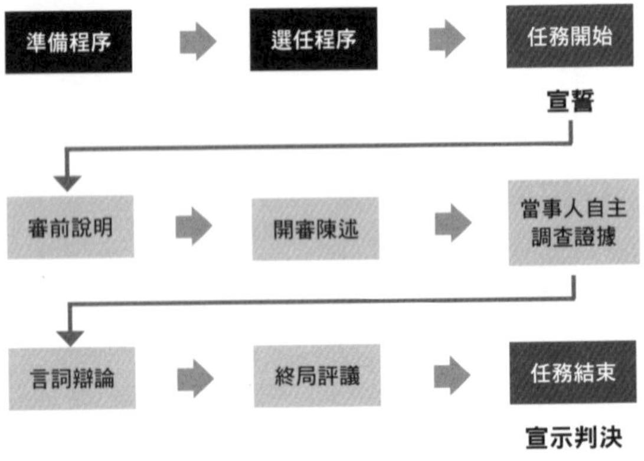

聲音來豐富裁判者的認知視角，以便盡最大的可能，作成妥適的判斷。而在判斷證人證詞的可信度或其他事情上，國民法官被期盼要以自己的一般認知及生活上的經驗來做判斷，並不要求你／妳具有法律專業。

尤其民眾應認知：現代訴訟原則上採取的是控訴式、當事人對審（抗）制度，由對立的當事人控制紛爭的範圍，並在律師的協助下負責蒐集證據，來支持其各自的主張與抗辯，最後由一被動與中立的裁判者進行裁判，以解決紛爭。而刑事訴訟是由檢察官擔任原告（台灣另有自訴制度），依照偵查所得的證據資料，追訴被告的犯罪行為，並由律師為被告的權益辯護，再由中立的法官依法判斷被告是否有罪。在這種「審檢辯分立」的架構下，法官是不告不理，被期許基於中立、聽訟的角色從事審判，蒐集證據、調查證據主要是檢察官的職責。因而，國民法官在法庭上的主要工作，就是聽審、判斷。

當代民主法治社會基於刑罰的嚴厲性，在「誤判無辜」與「開釋有罪」之間的價值取捨上，採取「無罪推定原則」，亦即在法律上被告被推定為無罪，其背後的根本思維是「**寧願縱放一百個有罪的人，也不要濫殺無辜的一人**」。因而，一個人在未被判決有罪之前，都被認為是無辜的。被告被推定無罪的狀態，一直持續到整個審判程序結束。這項推定只有在以下情況才終止：多數（國民法官法庭）法官根據全部呈現的證據，認為檢察官對於被告所犯之罪的舉證，已經超越「合理懷疑」（reasonable doubt，詳如下述）程度，最後評議決定有罪。

無罪推定表示被告不必提出證據或證明任何事情，檢察官必須要舉證證明被告犯罪。而檢察官是國家公務員，被定位為公義（益）代言人，台灣《刑事訴訟法》甚至明定檢察官應就被告有利、不利事項一律注意，許多人因而有這樣的迷思：「人被搞到要上法庭，八成自己也有點問題。」然而，在兩造當事人對抗的訴訟制度下，人性上就會想要贏得勝訴，檢察官會把他們的輸贏看作是自我價值的象徵，因此必須仰賴（勝訴）結果來支撐他們的信心。（注13）尤其如果在辛普森殺妻這類社會矚目的案件上將被告定罪，輿論勢必會塑造出所謂的「司法英雄」形象，檢察官自然勢在必得。

李昌鈺博士提到：由於辛普森案備受矚目，警方承受來自各方壓力，他們誓言一定要將辛普森定罪，因此對辯方所請的每位專家證人展開身家調查，極盡所能地找出污點，迫使他們拒絕出庭作證，或是降低其證詞的可信度；當我決定參加辯方律師團的消息傳出後，便察覺有人二十四小時跟蹤我，甚至連在台灣的同事和長官都接到來自美國檢方的電話。（注14）而德蕭維奇在他的自傳中提到辛普森案助理檢察官克拉克的下列表現，則為檢察官在訴訟上的求勝心態做了最好的註腳：

瑪莎．克拉克也許不是我認識的最有經驗的檢察官，但她絕對是最足智多謀的檢察官之一，只要於己有利，她可以無所不用其極。就在約翰尼．柯克倫做結案陳詞前，瑪莎．克拉克走到他那兒悄聲說：「當你站在陪審團前，我希望你只想著一件事：我底下什麼都沒穿。」當約翰尼．柯克倫告訴我這件事實，我還不太相信，所以我打電話給瑪莎．克拉克求證。她回答：「千真萬確。」（注15）

不論是從「審檢辯分立」的制度設計還是檢察官的求勝心使然，在在說明於審理完畢前，（國民法官法庭）法官不能僅因為被告遭到檢察官起訴，就有先入為主的觀念，認為被告是有罪的。而為了釐清、確保國民法官不至於有這樣的偏見，在由我擔任審判長的前述模擬法庭，審檢辯一致同意參考其他模擬法庭的作法，將下列兩個提問列入調查表中：

◆您是否認同檢察官、警察基於中立客觀的態度，會提出所有有利、不利被告的證據？

□是

□否

理由是：＿＿＿＿＿＿＿＿＿＿＿＿＿＿。

◆您是否認同檢察官基於中立客觀的態度，起訴主張的犯罪事實應該不會錯？

□是

□否

理由是：＿＿＿＿＿＿＿＿＿＿＿＿＿＿。

什麼是合理懷疑？判斷的標準？

美國檢察官負有舉證責任，但國民法官如何判斷證據是否足以將被告定罪？在美國的陪審制中，因為法官並不負責事實認定，也不參與評議，不僅審前會給予「法官指示」（jury instruction），辯論終結後也會給予陪審團適用於系爭案件的法律上指示；這些指示有時被視為是法官對於陪審團的「訓諭」（charge to the jury），包括起訴罪名的法律規定（例如謀殺罪的成立要件），也包含規範陪審團評估證據和案件的法律原則。（注16）又尋求真相並不是刑事訴訟的唯一目的，檢警違法取得的證據應依法加以排除，因而陪審團並非被要求就到底相不相信「辛普森幹了那件事」來投票，而是判定檢察官所提出的證據是否足以排除一切合理懷疑，而相信他確實犯下謀殺犯行。

什麼是「合理懷疑」？該理念源自基督教文化的刑事司法觀。聖經《創世紀》（9:6）：「**凡流人血的，他的血也必被人所流；因為神造人是照自己的形象造的**」、《馬太福音》（7:1）：「**你們不要論斷人，免得自己被論斷**」等禁令，加上對死刑、流血的排斥（法庭通常做出血腥懲罰，法庭即血）等觀念，孕育出正當法律程序（法官殺人時遵守法律程序才能得到救贖）、合理懷疑（原始目的是諸多道德慰藉程序之一，而不是事實判斷的標準）、司法消極性與超然性（法官不是以自己的人格而僅以「法律的僕人」行事，當正義地殺人時，是法律殺死了他，而不是你）等現代刑事訴訟理念。（注17）

在基督教傳統中，一個人如果心存懷疑卻仍判決無辜的被告有罪，他就犯有致死的罪孽；為了消除陪審員的憂懼，十八世紀便催生了「合理懷疑」規則。也就是說，神學上的「合理懷疑」一開始並不是為了解決事實方面的謎團，而是為了平息對審判責任的恐懼，是一個「道德慰藉法則」。當「合理懷疑」演變成為事實證明的法則後，它要求陪審員基於自己的公共良心，根據仁慈與法律的理性，「**當存有懷疑時，必須選擇更安全之道**」、「**當你存有懷疑時，不要行動，尤其在生命攸關的案件中**」、「**寧錯放勿錯判，寧仁慈勿正義**」。（注18）

至於在什麼樣的情況下，懷疑才算「合理」呢？美國聯邦最高法院宣稱：「試圖解釋『合理的懷疑』此一詞語，反而往往無法讓陪審員更加明白其意涵何在。」張升星法官亦表示：不同法制的司法實務曾經嘗試各種不同方法，來界定「超越合理懷疑」，但不僅美國司法實務無法提出理想的界定方式，其他國家無論是英美法系還是歐陸法系，亦復如此，足見「超越合理懷疑」的內容抽象，不易掌握，所以任何企圖建立客觀審查標準的努力，都難擺脫法學理論的缺陷，終致失敗，因此或許該捨棄定義上的爭執，直接把抽象的法學思考變成具體的行為規則，才是務實解決之道。（注19）

我在製作前述國民法官模擬法庭的「審前說明」時，參酌了各方意見，尤其是蔡志宏法官應民間司法改革基金會之邀，於二〇一四年七月二十六日假東吳大學城中校區實習法庭，舉辦一場名為「性侵疑雲」的陪審模擬審判時，針對陪審團所做的審前、評議前指示。他所製作的這份法官指示，是以加拿大司法委員會（Canadian Judicial Council）所編撰的「刑事案件法官指示範本」（Model Jury Instructions in Criminal Matters），作為範本底稿，並根據該次模擬案件的個案情形改編而成。（注20）我改了一、二十個版本後，對國民法官如此解釋：

「合理懷疑」是指基於理性與常識的懷疑，並不是任何的懷疑都是合理的。懷疑必須是理性的，而不能天馬行空；不影響基本事實認定而屬枝微末節的懷疑，也不是合理懷疑。人類有無限的想像力，凡事都有無限的可能，即必須排除許多無謂的想像力，否則處處有疑慮，永遠無法為正確的判決。心智不健全之人的幻想、基於宗教因素，或超出正常情形的異常狀況（例如，有些人迄今仍懷疑人類登陸過月球），都不得認為仍屬於合理的懷疑。你／妳應該同時瞭解，任何事情都不可能百分之百地證明到它絕對、確定地存在。

如此費心改寫並解釋，是否還是難以理解？沒錯！我最常以一九六九年美國阿波羅十一號太空船完成人類首次登陸月球的科學事件來做說明，因為登陸月球本身是一個科學事件，而且曾經有電視轉播影像或照片呈現在人們的面前，按理說是「證據確鑿」、「無庸置疑」。然而，美國在一九七六年針對該事件所作的民意調查，有百分之六的民眾不相信，認為並無登陸月球的事實；二〇〇九年的民意調查，不相信比率竟升高為百分之二十二，逼得美國太空總署（NASA）只好在慶祝登陸四十週年的日子，提供當年登陸月球的大量照片、視頻片段及無線電通訊等資料，作為反擊陰謀論的證明。這些不相信的人究竟是基於宗教因素、資訊不足還是其他因素，還有待進一步研究，但其懷疑已屬超出正常情形的異常狀況，不得認為仍屬於合理懷疑。（注21）

「合理懷疑」既然已成為事實證明的法則，是否有量化指標？這很難有標準的答案。不過，任何訴訟都有所謂舉證責任的問題，也就是當事人為了避免不利於己的認定，必須說服審判者他所主張為真實的負擔。（注22）至於當事人應證明到何種程度，美國因應不同案件類型，發展出不同的證明程度概念，這或許也是刑事陪審團判決辛普森無罪、民事陪審團卻判決辛普森應賠償被害人家屬的主要原因之一。以下即是美國法針對不同案件類型所採取的差異化證明程度：（注23）

	證明程度	適用案件範圍
毫無合理懷疑的確信（beyond the reasonable doubt，或譯為「無庸置疑」）	接近百分之百的確信（實證研究：90.28%）（注24）	刑事案件
證據明確（clear and convincing evidence）	置中標準（約 75%）	剝奪親權、驅逐出境、監禁精神病患等權利剝奪案件
優勢證據法則（preponderance of evidence）	「可能」多於「不可能」（50% 以上）	民事案件

二〇二一年在Netflix播映的韓劇《LAW SCHOOL》（關於該劇劇情，請參閱我在〈《LAW SCHOOL》：法學讓你學會思考、學會批判，並要求你只以法律與真相來斷定正義〉一文中的介紹），男主角楊宗勳教授在一場陪審案件中，以辯護律師身分對陪審員講解「什麼是合理懷疑？」時，他以一個大象圖形的拼圖來作說明：當玩家將扁平零片一片片進行拼組時，一開始看不出圖案是什麼，但隨著零片不斷地拼組，慢慢可以看出大象的輪廓，到了快完成全部零片的拼組時，縱使還有部分零片未拼組，已可「毫無合理懷疑」地判定是大象的圖案。楊教授用這種方式來詮釋「合理懷疑」，國民法官或許比較容易理解，也符合前述的量化指標。

國民法官法庭全體成員應攜手同行，一起參與、共同決定

在辛普森案中，陪審團判斷的主要關鍵，就是辯護人所稱：「辛普森之所以被起訴，是承辦員警因種族歧視而加以誣陷與栽贓」等辯詞是否有理？尤其當找到辛普森涉案證據的員警馬克．福爾曼（Mark Fuhrman）在法庭上證稱從未用過「黑鬼」（Nigger，對黑人的蔑稱）字眼形容黑人，已經被證明是謊言時，該如何評價這些員警所提出的證據資料的可信度？

就此，陪審團顯然因為福爾曼的撒謊、其他員警未經許可就闖入辛普森住處搜索及取得辛普森的血液樣本四處亂跑等問題，加上依她們過往遭到白人警察種族歧視性執法的生活經驗（一如羅德尼．金的遭遇），懷疑洛杉磯郡警察違法取證而誣陷辛普森，遂判定檢察官所提出的證據並未「超越合理懷疑」，因而判決無罪。亦即，警察因為忽視現場勘查常識、涉嫌非法搜索、攜帶血液返回犯罪現場等三大缺失，以及檢察官在起訴過程中的重大失誤，使庭呈證據不足以說服陪審團「超越合理懷疑」，因而一致做出無罪判決。（注25）

這樣的判決結果，顯然跟透過電視、報紙等新聞媒體得知相關案情的大多數民眾的心證不同，因而有「受種族主義誘發」、「美國司法史上最大的丑劇」等各種批評。然而，誠如前述兩造當事人的檢察官卡西迪、律師德蕭維奇所說的，在案件偵查之初，檢辯雙方的訴訟策略早就決定了最終的勝敗。而不管辛普森是不是犯了案，也不論陪審團是否發現了真相，或是遭辯護律師的「詭辯」給騙了，其實陪審團是藉由本案的無罪判決，傳達出明確的訊息，讓執法者知道依循往例違法取證、作偽證，並不會永遠被容忍，如此長期看來將會促進發現真相的功能。至於對辛普森脫逃法律制裁一事，民眾不必過於憤慨，因為只要各位上網搜尋，便可發現法網恢恢、疏而不漏，亦即辛普森為了償付天價的民事賠償，後來另案犯了罪，最後還是進了監牢。

台灣的國民法官在參與類似案件的審判時，由於是與三位職業法官共同參與案件的審理，一同認定事實、適用法律及量刑，壓力自然沒有陪審團來得大。再者，國民法官法庭的評議採取的是三分之二多數決決定，也就是判定被告有罪的同意票必須超過六票，而且同時要有國民法官及職業法官的同意，相較於多數美國的州採取陪審團一致決的作法，也有其合理性。所以，國民法官只需要保持開放的心、認真思考，相信正義和仁慈，用自己的眼睛去看、用自己的耳朵去聽在法庭上呈現的證據，並且只根據證據及法律，依照自己的良知和理解來判斷即可。

國民法官新制是中華民國肇建一百多年以來的訴訟制度大變革，其成功除有賴於所有法律人的共同合作之外，更須仰賴全體國民的參與。在主持國民法官模擬法庭的「審前說明」程序時，我以美國聯邦最高法院九位大法官在進入審判庭前會進行的「大法官握手禮」儀式為例，（注26）建請國民法官法庭全體同仁彼此拱手致意（基於當時的防疫考量，並不適合握手），並籲請：「**夥伴們，讓我們攜手同行，一起參與、共同決定。**」而在經過兩日的選任及審判程序，並完成終局評議與宣判後，則以下列言詞表達我的衷心感謝及對國民法官新制未來的期許：

謝謝各位的熱情、認真參與，我們已經一起完成全體國民交付的神聖任務。經過兩天的審判，我想我們已經向社會各界證明：由一般民眾來擔任國民法官，確實能夠依照榮譽、良知及法律，與職業法官攜手協力，求同存異，做出符合正義的審判。請各位繼續帶著這種煥發的精神與理性思辨的態度，參與社區、社團或其他生活領域中日常的公共事務。讓我們彼此祝福，互說一聲：珍重再見！

注釋：

1 參閱安杰拉．J．戴維斯著，陳虎等譯，〈公民訴辛普森案：種族問題和庭審辯護〉，收錄於邁克爾．E．泰戈、安杰拉．J．戴維斯編《審判故事》，二〇一七年六月，第275頁。

2 美國各州的司法部長（State Attorney General）與各地區的檢察官（District Attorney，相當於台灣各地檢署的檢察長）多半均由民選產生，且有一定任期，地區檢察官手下有相當數量的助理檢察官（deputy district attorney）承地區檢察官之命執行職務。以美國管轄區域最大的地區檢察署洛杉磯郡地區檢察署為例，其檢察官由該地人民普選產生，任期四年，手下共有一千多位助理檢察官。參閱王澤鑑主編，《英美法導論》，初版，二〇一〇年七月，第317頁。

3 參閱亞倫．德蕭維奇著，高忠義、侯荷婷譯，《合理的懷疑：從辛普森案批判美國司法體系》，二〇〇一年一月，第38-47頁。

4 參閱王澤鑑主編，《英美法導論》，初版，二〇一〇年七月，第309-310頁。

5 參閱亞歷西斯．德．托克維爾著，周明聖譯，《民主在美國》，典藏全譯本上卷，二〇一六年七月，第

328、330頁。

6 目前美國有超過六百家陪審團專家或是指導證人作準備的公司，這些審判顧問大都是社會科學家，根據現有的心理學和市場研究提出建議、蒐集資訊協助篩選陪審員，並提供宣誓作證的準備、媒體關係等服務。參閱亞當．班福拉多著，堯嘉寧譯，《不平等的審判：心理學與神經科學告訴你，為何司法判決還是這麼不公平》，二〇一六年九月，282-284頁。

7 依照《元照英美法辭典》的解釋，「案件理論」是指當事人對案件的主張。在英美法上，訴訟當事人起訴或者答辯時，均應說明其對案件的主張，並須有事實加以支持。

8 參閱亞倫．德蕭維奇著，高忠義、侯荷婷譯，《合理的懷疑：從辛普森案批判美國司法體系》，二〇〇一年一月，第151-162頁。

9 參閱克拉倫斯．蘇厄德．丹諾著，簡貞貞譯，《丹諾自傳》（*The Story of My Life*），三版，二〇一九年二月，第289頁。

10 參閱安杰拉．J．戴維斯著，陳虎等譯，〈公民訴辛普森案：種族問題和庭審辯護〉，收錄於邁克爾．E．泰戈、安杰拉．J．戴維斯編《審判故事》，二〇一七年六月，第238-239頁。

11 本案四名警察之所以獲判無罪並因而引發暴動，根本原因是陪審團在法庭上看到的現場錄影畫面，與絕大多數美國人在晚間電視新聞中看到的影像是不一樣的。因為事發當時羅德尼．金借酒裝瘋，被截停後確實有拒捕襲警的情況。但新聞媒體刊登的是已被刪剪的影像，民眾看不到他暴力襲警的畫面，只看到他遭到警方暴力制服，因而一面倒地同情他。這說明新聞媒體如果揭露的是片段的真相，並形成有罪推定的輿論審判氛圍，勢必嚴重危害法院的公正審判與社會的安寧秩序。參閱陳偉，〈新聞自由與公正審判的兩難抉擇——羅德尼．金訴洛杉磯市警察局案〉，收錄於任東來、陳偉、白雪峰著《美國憲政歷程：影響美國的二十五個司法大案》，三版，二〇一三年一月，第383-400頁。

12 《美國憲法第五條修正案》規定：「……同一罪案，不得令其受兩次生命或身體上之危險……。」依據此一重複追訴（危險）禁止原則，同一被告就同一犯罪只能被起訴或處罰一次。然而，美國法特色為聯邦有聯邦的審判權，各州有各州的審判權，彼此不互相侵犯，則當被告的單一行為同時違反州與聯邦的刑法時，州或聯邦對該名被告都有獨立的審判權，不受重複追訴禁止原則的拘束。參閱王兆鵬，〈美國刑事訴訟制度簡介〉，《刑事被告的憲法權利》，一九九九年七月，第392-393頁。

13 參閱馬克．戈西著，堯嘉寧譯，《審判的人性弱點：美國前聯邦檢察官從心理學與政治學角度解讀冤案成因》，二〇二一年二月，第150-153頁。

14 參閱李昌鈺，《化不可能為可能：李昌鈺的鑑識人生》，二〇一四年八月，第161頁。

15 參閱亞倫．德蕭維奇著，朱元慶譯，《一辯到底：我的法律人生》，二〇二〇年四月，第259頁。

16 參閱William Burnham著，林利芝譯，《英美法導論》，二〇〇一年八月，第94-95頁。

17 參閱侶化強，〈西方刑事訴訟傳統的形成——基督教對西方早期刑事訴訟的影響〉，政大法學評論第一一九期，二〇一一年三月，第63-149頁。

18 參閱James Q. Whitman著，侶化強、李偉譯，《合理懷疑的起源——刑事審判的神學根基》，二〇一二年六月，第172、266、286-328頁。

19 參閱張升星，〈公平法院的中立假象——從最高法院一〇一年度第二次刑事庭會議決議談起〉，《自鳴集——法袍下的獨白》，二〇二〇年七月，第160-161頁。

20 參閱蔡志宏，〈把法庭還給兩造、將判決交給人民——陪審制模擬審判心得紀實〉，台灣法學雜誌第二五七期，二〇一四年十月，第77-79頁。

21 參閱林孟皇，〈內線交易的重大消息成立與舉證責任——評台灣高等法院九十五年度上訴字第二七〇六號刑事判決〉，《金融犯罪與刑事審判》，二版，二〇一一年九月，第320-322頁。

22 參閱林孟皇，〈同一事件的民、刑事判決何以歧異？〉，《羈押魚肉》，二版，二〇一六年二月，第61-66頁。

23 參閱林俊宏，〈刑事舉證責任論——以美國法為借鏡〉，私立輔仁大學法律學碩士論文，二〇〇四年六月，第48-52、76-80、84-88頁。

24 美國學者對一百七十一位聯邦法官所做的實證研究，無庸置疑之量化標準的平均值為百分之九十點二八。參閱林俊宏，〈刑事舉證責任論——以美國法為借鏡〉，私立輔仁大學法律學碩士論文，二〇〇四年六月，第61頁。

25 參閱陳偉〈程序公正與「世紀審判」——橄欖球明星辛普森涉嫌殺人案〉，收錄於任東來、陳偉、白雪峰著《美國憲政歷程：影響美國的二十五個司法大案》，三版，二〇一三年一月，第403-412頁。

26 美國聯邦最高法院是全世界最具有聲譽的審判機構之一，自第八任首席大法官梅爾維爾·富勒（Melville Weston Fuller，任期：1888-1910）在任內創立傳統：九位大法官在進入審判庭前，會互相握手致意，接著才依序進入法庭就座。一百多年來，這項傳統始終被維持著。美國聯邦最高法院第一位女性大法官桑德拉·戴·奧康納（Sandra Day O'Connor，任期：1981-2006）說：「這一握提醒每位即將坐上審判官座椅的大法官，聯邦最高法院工作必須講求合作性，大法官團隊是既同事亦朋友的緊密合作團隊；我喜歡大法官們在開庭前互相握手的儀式，因為握手會讓人們感覺更加親密，而較少敵對意味。」參閱桑德拉·戴·奧康納著，陳森譯，《最後的正義：美國聯邦最高法院的歷史》，二〇一六年五月，第190頁。

第五章

《LAW SCHOOL》：法學讓你學會思考、學會批判，並要求你只以法律與真相來斷定正義

韓劇《LAW SCHOOL》是一部懸疑推理的戲劇，講述法科大學院在課堂休息期間，發生離奇死亡事件，現場學生與教授都成為嫌疑犯；在追查真凶的過程中，師生間的猜忌，學生彼此的懷疑、競爭及矛盾等，開展出為實現法律與正義而奮鬥的故事。因為發生在法科大學院，不斷出現讀書會、課堂授課、模擬法庭演練、考試壓力等學生飽受法律淬煉的場景，也讓我們見識了美式「案例式教學法」、「蘇格拉底式詰問法」的樣貌。而台灣跟韓國一樣，一九九〇年代即意識到法學教育的問題，也一直存在「司法浪人」的現象，卻一直是「說得多，做得少」。當「法律至上」的法治文化不斷地發展成熟，台灣的領導階層大都是法律人出身時，或許也該取經美、韓之制，推動法學教育的變革。

每年三、四月間，台灣各大學陸續舉辦「甄選入學」。從日治時期開始，習法者或擔任法官、檢察官、律師之人（如葉清耀、黃炎生），在台灣社會相當受尊崇，加上台灣民主轉型後，許多政經名人都出身法律系，讓法學更成為一門顯學，是許多青年學子的第一選擇。

孰料，二〇二一年四月間台灣大學法律學院舉辦的法律系招生面試現場，卻有人高舉著「塊陶啊」（諧音，意指：快逃）字牌。該字牌主人是來自七個該校法律系、法研所學生組成的「玄米律師」，他們隨後在臉書發表〈高中生，為什麼你不該讀法律系〉、〈你真的知道法律系在唸什麼嗎？〉等一系列文章，指出許多系上的優秀學生對當年的選擇悔恨不已，在人生道路上迷航。

「玄米律師」提到：**很多人即使悔恨，也逃不出法律系的迷障，只能拖著遺憾和痛苦繼續走下去，因為「國考」（指：考試院每年舉辦的司法官特考、律師高考）的存在，不會給學生太多的選擇；縱使通過其他科系所沒有、門檻超高的「國考」，也不代表前途一片光明。**他們也痛陳學校課程基本上跟如何實踐公平正義、法庭攻防沒有關係，因為法律學院教的大都是「法釋義學」，就像神職人員咬文嚼字試著摸索聖經的真意。

依照中央研究院法律學研究所研究員黃舒芃在《什麼是法釋義學？以二次戰後德國憲法釋義學的發展為借鏡》一書中的說明，法釋義學是一門探討抽象法律規範如何被解釋並適用在具體個案中的學科，不論在德國或台灣法學的發展過程中，都佔有一席之地。但由於法釋義學重視概念和體系，許多人對它留下抽象、與社會脫節、無法與時俱進等刻板印象。

法律系作為熱門科系，莘莘學子在選考之前，是否想過：平常學校課堂究竟是怎麼進行教學的？法學教育是否如「玄米律師」所說，都只是在進行法律概念與體系的演繹？由於市面上少有台灣（或其所屬歐陸法系）法學教育的影劇節目，觀眾很難一探究竟。不過，作為走過這種學習之路的法律專業人士，我可以很誠實地說：台灣的法學教育確實非常重視法釋義學，許多教授甚至到了「獨沽一味」的程度！

《謀殺入門課》展演美國法學院蘇格拉底式詰問教學法

法學教育一定要這麼重視法釋義學，不能多進行案例研討、實例演練、法庭攻防或模擬法庭嗎？二〇二一年四月間Netflix上映的韓劇《LAW SCHOOL》，讓我見識到了迥異於台灣法學教育的課堂模樣及學習場景。我們或許可以藉此認識、比較兩國法制的異同，並省思台灣法學教育未來的走向。

雖然《LAW SCHOOL》講述的是發生在韓國大學法科大學院的故事，但看了幾集後，就會令人想到美國電視影集《謀殺入門課》（*How to Get Away with Murder*）。該劇是ABC公司於二〇一四年九月二十五日起開播的美國律政電視劇，前後共製播了六季。故事講述一群滿懷抱負的法學院學生和犯罪辯護學教授安娜莉絲·基汀（Annalise Keating）被捲入一場謀殺陰謀，讓他們所有人的生活徹底改變。

安娜莉絲一角由薇拉・戴維絲（Viola Davis）飾演，她憑此劇於二〇一五年第六十七屆艾美獎上，榮獲最佳劇情類影集女主角獎，創下首位非裔美國人得到該獎項的紀錄。劇中安娜莉絲是一位成功的刑事辯護律師，同時也是在法學院授課的教授，（注1）她在法庭上和課堂中均冷酷無情，並親自挑選了幾名最優秀的學生到自己的事務所實習。結果不僅她的丈夫被謀殺、自己與學生都身陷犯罪且違反律師倫理的深淵，甚至帶領學生操弄法律與司法系統的黑暗真相，逐步挑戰這些學生的價值觀、信念與夢想初衷。

由於劇中師生彼此間爾虞我詐，又犯罪不斷（很難想像吧！），與其說這是齣律政劇，毋寧更偏向懸疑、驚悚類型。不過，藉由安娜莉絲不斷地提出真實世界的紛爭個案、教科書中的法庭案例、對學生提問等教學方式，以及學生積極爭取發言，以獲得教授青睞、取得好成績，俾以前往大型法律事務所實習等情況，在在讓我們發現了迥異於台灣法學院的課堂風貌與法庭實況。

安娜莉絲在課堂上的作法，正是典型美式的「案例式教學法」、「蘇格拉底式詰問法」（Socratic method）。學生必須在課前完成指定閱讀的案例教科書（具代表性的法院判決彙編），上課時教授不再一一解說、講授（不會進行所謂的法律概念演繹、解釋），而是直接點選學生簡述案例事實、訴訟兩造的論理及法院的判決理由，最後再根據法院的判決，衍生出新的情境題讓學生回答。

美國法學院採行蘇格拉底式詰問法，藉由啟發式的教學方式，不斷提問、追問、反問、換一個角度問，教導學生學會律師的思考模式——怎麼運用、操作案例，怎麼站在不同立場（檢察官、辯護人或其他關係人）提出主張或辯護。如此即可訓練學生歸納法律原理原則的能力，並於事實不同的案例中歸納出相同爭點，再佐以上課即時討論，鍛鍊學生法律分析思維及口語表達的能力。

讀者瞭解了美國法學院的教學方式後，對於《LAW SCHOOL》劇中檢察官出身的刑法教授楊宗勳被學生謔稱為「『楊』格拉底」，也就比較能夠心領神會。因為在第一集劇情當中，他採行的正是案例式教學法，要求學生事先閱讀指定的教材，並在對熱情十足、成績卻非常差的姜率（A）提問時，藉由不斷地追問，讓她頻頻招架不住，甚至在全年級最帥氣的學生韓俊輝試圖「英雄救美」而代答時，還予以警告，這顯然是典型的蘇格拉底式詰問法。

實際上，《LAW SCHOOL》是一部懸疑推理的戲劇，講述韓國大學法科大學院（Law School）在課堂的休息期間，發生某位教授離奇死亡事件，導致現場學生與教授都成為嫌疑犯。在追查凶手及其審判的過程中，師生間的猜忌，學生彼此的懷疑、競爭、矛盾及苦惱等，開展出為實現法律與正義而奮鬥的故事。但因為故事發生在法科大學院，劇情不斷出現入學考試、讀書會、課堂授課、模擬法庭演練、考試壓力等學生飽受法律淬煉的場景，確實可以讓我們省思台灣法學教育該何去何從。

嚴格說來，韓國法科大學院是借鏡自美國，採取了與台灣法律系所完全不同的學制、課程設計，其依據是韓國國會於二〇〇七年通過的《法學專門大學院法》。而新法施行前的韓國法學教育，如同一般大學的學制（即台灣現行制度），由四年的大學學士課程、兩年的碩士課程與三年的博士課程構成，乃典型的歐陸法系作法，教授多為學術取向，以具有博士學位者為主，而具司法實務經驗者比例相當少。

誰適合就讀法學院？如何戒除毒癮般的司法考試？

說到這裡，有必要介紹當前世界兩大法系——英美法系、歐陸法系——的分野。英美法系發軔自英國的普通法（Common Law），法學家習慣於依照具體而不是抽象地觀察事物，相信的是經驗而不是抽象概念；他們寧可在經驗的基礎上，按照每個個案正義所要求的，從一個案件到下一個案件謹慎地行進，而不是事事回頭、求助於假設性的一般概念，也不指望從一般公式化的命題演繹出判決。

反之，歐陸法繼受自羅馬法（指：羅馬共和國及羅馬帝國所制定的法律規範的總稱，以西元六世紀彙編的《查士丁尼法典》為其代表），當代並以德國法為典型。羅馬法被公認是「學者的法律」，法律具有十足的學院和理論的特性，而不是像英國的法律具有法庭和經驗主義的特性，控制歐陸法走向的是大學教師而不是法律實務家，法律必須在教科書而不是在判例彙編中發現。歐陸法系與英美法系的區別，猶如理性主義不同於經驗主義，或演繹推理不同於歸納推理一樣。

簡單地說，歐陸法的推理是自然而然地從原則到個案，英美法則是從個案到原則；歐陸法堅信大前提、小前提和結論（三段論）的邏輯推論，英美法則遵從判決先例。雖然隨著國家職能的擴張、管制立法的高度需求、國際交流的頻繁，英美法與歐陸法的傳統二分法，已不再涇渭分明，但法學教育基本上仍有極大差異。

以美國來說，大學部沒有法律系，有意研習法律的人必須在大學畢業後，通過法學院入學考試（Law School Admission Test，簡稱LSAT，旨在考查學生的邏輯分析能力），才有資格申請進入法學院（Law School）就讀，研讀三年後，獲頒Juris Doctor（以下簡稱JD，介於碩、博士之間）學位，再通過錄取率不低的律師考試（各州大約都在百分之五十以上，JD畢業生通過的比率更可能超過百分之八十），即可取得律師資格。

韓國原本與台灣、日本等東亞國家一樣，大學法學教育重視的是學術成就，並不以提供司法考試所需知識為目的。再者，由於司法國考錄取率極低（例如，台灣很少超過百分之十），連帶造成正規大學法學教育扭曲與規模龐大的補習文化；加上沒有應試次數的限制，司法考試像吸食毒品般難以戒除，故出現了一群只為通過國考而應試不斷的「司法浪人」（劇中的影印店老闆成東日，參加過十次考試）。何況只培養少數人員的法律職業養成教育，法律市場被少數人壟斷，民眾如果想得到法律服務，就必需支付龐大的律師酬金，這使得民眾不滿的聲音日益增多。（注2）

有鑑於此，從一九九五年開始，韓國一直有人認為比起德國式、以成文法典為中心的法釋義學教育，美國式、以判決先例為核心的實務法學教育更有效能。韓國政府為表明推動司法改革的決心，於一九九九年四月二十七日以「特設委員會」形式，設置直屬於總統的「司法改革促進委員會」，作為整體司改工作的專責機構。因為彼時「司法獨立」已不再是韓國司法嚴重議題，遂著重於革新問題根源的「法學教育」與「司法考試」制度，以便因應加入WTO（世界貿易組織）後，外國法律人才進入對司法制度可能帶來的衝擊。

不過，由於利害關係人對立嚴重，韓國於二〇〇七年才通過新法，二十五個依新法設立的法科大學院於二〇〇九年三月正式開學。而具有關鍵影響作用的《律師考試法》也於二〇〇七年四月獲得通過，這意味著韓國的法學教育及法律職業養成體系將發生根本性的變革。因為依照新制，韓國設置法科大學院的大學應廢止原先的法律系，不得再招收法學本科生，這與日本自二〇〇四年四月開設法科大學院，仍保留法律系的改革作法不同；而且，在新制施行過渡階段後（二〇一七年），只有完成法科大學院的畢業生，才可以參加律師考試。（注3）

另外，得以進入法科大學院就讀的學生，一如美國法制，必須通過法學性向測驗（Law Education Eligibility Test，簡稱LEET），而且為確保學生來源的多樣性，明訂取得非法學領域學士學位的學生比重必須占三分之一以上。再者，為確保教學品質，法律有師生比例的明文要求；同時，為貫徹其著重法律實務教育的走向，要求師資中五分之一以上必須是律師或者取得外國律師資格並從事相關事務領域五年以上有實務經驗者。（注4）

美、韓學生大不同：挑戰質疑VS.尷尬低頭不語

有了上述對韓國法科大學院背景的認識，對《LAW SCHOOL》劇情或許會有更深刻的認識。劇中法科大學院學生除了姜率（A）、韓俊輝之外，也有來自法律世家子女的姜率（B）、中小企業獨生子的徐智鎬、曾任職醫生的劉昇材及服裝設計系畢

業的全藝瑟；因為只要通過LEET，確認其具有邏輯推理、閱讀理解及分析推理等法學方面的性向，都有機會成為學生的一員。在教授方面，除了有憲法學者出身的副院長姜柱萬，更有檢察官出身的楊宗勳、法官出身的民法教授金恩淑、檢察長出身的大型律師事務所律師徐炳柱。

法科大學院學生選自其他系所的畢業生，因為高昂的學費，使有法學稟賦但沒有能力支付高額學費的人，無奈之下只好放棄成為司法人員或律師的理想，那麼法學教育豈不是讓權貴子弟、專技人員（如醫師、工程師、專利師等人）所獨占？法科大學院成為專注法律技藝學習、只為通過律師考試的技職教育？

法律系所改制為法科大學院，法學教育就要放棄有學習潛質與正義感的高中生之論點，一直是台灣無法完成改革的主要質疑聲音之一。就此，為解決社會弱勢等各領域中的法律扶助需求問題，韓國在改革之始，即意識到應同時培養出身貧與富階層的法律職業者，因而要求各校應設立各種獎學金與基金，劇中的姜率（A）就是靠社會弱勢獎學金而得以就讀。而《律師考試法》要求對考生是否具備律師所需要的職業倫理、法律知識等法律實務能力進行鑑定，就意味他們並未偏廢職業倫理。

由上面說明可知，《LAW SCHOOL》對於韓國法科大學院的基底有相當深刻的研究，對於社會各方勢力意圖染指校務發展（如國會議員高亨秀等權貴藉由捐贈校務發展基金，要求開除楊宗勳）、影響司法案件的進行，也都成為其中的題材。而劇中就校園法律診所的運作、模擬法庭的演練、檢警與司法記者的相互利用、就個別紛爭案件偵查與審判流程的描繪，甚至是韓國陪審法庭的採行等，也有相當獨到的解析，可說是法律資訊量破表又相當具有可看性的好劇。

這部戲劇讓我們看到韓國正在法學教育改革的路上穩健地前進。然而，制度改革不難，繼受其背後的法律與社會文化才難。這不僅涉及一國人民對於法治的看法，同時也攸關法律人從小所受文化的薰陶與學習的方式。關於台、美法律課堂上的表現差異，政治大學法學院廖元豪教授集結他留美期間所寫的札記中，提到：

> 第一個印象就是美國學生很敢問，也很敢答。雖然有時，老師點學生問問題，學生會回答得不知所云，可是他們還是很「自信」地把話講完。那種台灣課堂上常見的場景——學生低頭尷尬嬌羞地微笑不語——在這裡還沒見過呢！此外，跟台灣更不一樣的是：舉手問問題，挑戰質疑老師的人此起彼落、前仆後繼。老師也會兵來將擋，水來土掩，與學生辯論。（注5）

讀者看了《LAW SCHOOL》，就可以意會到：韓國法科大學院的課堂討論，是比較類似美國的法學院，還是台灣的現狀？

黑白律師袍子究竟有沒有我的尺寸？

另外，我們該反思的是：台灣何時開展法學教育改革呢？前面「玄米律師」等年輕學子所提出的控訴，並非無的放矢。台大法律系畢業的作家吳曉樂在接受訪談時提到：我原本一心嚮往外文系，卻因為家裡不懂法律吃過虧，在大學選填志願時聽從了母親的建言，這四年卻過得極不快樂；「法律系」這三字成了咒語，造成母女感情的裂痕。她同時指出：

第一年進去，我就後悔了。我讀得很辛苦，眾多專有名詞，眾多來自不同國度的衡量基準，完全被擋在個案之外，不得其門而入。每一次上完課，回到宿舍，我坐在椅子上，眼前一片灰暗。

我跟母親說：「這場比賽，在我奮力跑到終點時，才發現前面一片荒蕪。」母親很懊悔，不停的表示，倘若時光能倒流，她絕不干預我的決定……。大學畢業後，我做出一個決定：「我不要參與律師考試」，我對這項職業沒有歸屬感，黑

白袍子裡頭沒有我的尺寸。（注6）

吳曉樂算是知道自己的志趣所在，自始就斷絕了司法國考的「毒癮」，走自己的路，才可以在其他領域大放異彩。（注7）然而，台灣的「司法浪人」何止千百人！他們的青春歲月就葬送在年復一年的苦讀、考試、落榜……循環之中！

縱使通過人人稱羡的特考，依照我在法律職場的觀察，**台灣許多具有法律專業證照的人不僅對其工作缺乏熱情，甚至不適合這份「理性與秩序的演繹」的職業；他們只是因為會讀書、擅長考試、眾親友期待，加上學法律是一條「不歸路」（法律系的迷障），而成為法律實務工作者。**這說明讓年紀輕輕的高中畢業生就要選填法學家王伯琦所說的：「既是科學，亦是藝術」的法學來研究，尤其是法釋義學的操作，並不是很適切的。

可惜的是，台灣法律人養成教育的改革一直是「說得多，做得少」。台灣跟韓國一樣，可以說大約在一九九〇年代即意識到法學教育的問題，一九九九年全國司改會議也有關於法學院組織改造的提案。而二〇〇五年總統府人權諮詢委員會成立「台灣法律人養成制度改革委員會」，並確立了美式法學院模式的「法律人養成制度興革方案」。同年度台灣法學界也召開「全國法學教育改革會議」，並編撰「台灣法學教育改革白皮書」，美國模式雖然取得短暫勝利，卻因民意、選票的考量，二〇〇七年六月間陳水扁總統對於人權諮詢委員會的改革方向，表達保留的態度。（注8）這說明台灣歷經二、三十年的討論、研議，因各方利益難以擺平，改革阻力重重，最終一事無成。

台灣的法學教育改革該取經美、韓之制

對照之下，所謂傳統大陸法系的德國、日本、韓國等國家，在二〇〇三年後，都已陸續完成法律人養成教育的改革，且新制也已穩健上路多年。例如，德國法學教育自始即非常重視實習訓練，二〇〇三年生效施行的《法學教育改革法》更意識到在面對現代經濟生活及國際化情形，應強化法律人在「法諮詢」、「法形成」的能力，並將其教育目標從以往的培養「追尋正義的法官」（以法官角度思考），朝向英美法「以律師職業為導向」的課程內容。（注9）台灣真該感到汗顏！

其實，當代社會「法律至上」的法治國文化發展漸趨成熟，許多國家的領導階層大都是法律人出身，讓人們不得不重視法學教育的改革。以美國為例，建國迄今有半數總統是學法律出身，目前也有半數的參議員與眾議員具有同樣的法學背景，則其教

育養成方式，自然備受各界關注。而台灣民主轉型後，繼任李登輝前總統之後的3任總統也都是法律人出身（而且都連任成功），其中第一位法律人總統陳水扁任職期間，社會即有「律師性格與國家領導」的討論聲浪。

這正如哈佛大學法學教授、被美國國家法學雜誌評為「全美最具影響力的五十位女性法律人士之一」的瑪麗・安・格倫頓（Mary Ann Glendon）所說：「**一個國家在多大程度上能夠接近法治的目標取決於那些執法者是否相信法律，也依賴於他們在何種程度上約束自己去實施法律**」、「**必須注意的是，像巫師之徒一樣，眾多法官、律師、法律教育者和學者已經擺脫了他們偉大的先驅引以為榮的那些約束**」。她同時提出一些棘手的問題：

> 將來的美國人在何種程度上可以指望律師將其利益放在他們作為客戶代表和提供公共服務的目標之後？在何種程度上可以指望法官能夠抵制這樣一種誘惑：他比他的美國同胞所制定的法律更高明、更公平？在何種程度上可以指望法律教育者能夠在傳授一系列實用的解決問題的技巧的同時，培養學生正直的習慣和態度？（注10）

美國模式是各國仿效學習的對象，如果美國社會都仍持續質疑、改進其法學教育，台灣自然沒有道理停頓不前。因為法律相關工作，尤其律師業是一個高度市場取向的職業，必須隨著社會需求的變化，不斷因應調整變化其養成教育。從社會需要怎樣的法律人才角度來看，美國、韓國Law School的學生均來自不同的學科背景，這種多元組成使得其法律人較能因應社會、科技的需求及變化，加上入學前必須通過法學性向測驗，以及由智識相對成熟並較瞭解自己志趣所在的大學畢業生透過申請入學，而非高中生經由聯考（學測、指考）選填志願的方式，台灣的法學教育是否該取經美、韓之制，答案不言可喻。即便不然，至少也該參照德國法制作變革。

至於在莘莘學子方面，如何避免發生類似「玄米律師」等人的遺憾？這當然得先瞭解自己的人格潛質，避免選填了眾人稱羨卻不合自己志趣的科系。必須強調的是，由於社會的專業分工、法律的高度技術化，十八、十九世紀所強調的：「**法律的學習涵蓋對一切時代的科學、文學、歷史、思想以及美德的理解**」，或許已遙不可及；但《美國獨立宣言》主要起草人、美國第三任總統湯馬斯．傑弗遜所提：學習法律是一個開闊眼界、解放思想的過程等論點，仍精準地傳達了法學之路的精髓。

這意味法學的邏輯訓練，可以讓學生學會思考、學會批判，比別人更容易看清楚問題的本質；即便未來不走上國家考試之路，仍可以憑藉其思辨推理的能力，在其他領域大放異彩。關鍵只在於：**「你的高度決定法律的高度，所以你對法律的詮釋也是你對自己的詮釋，換句話說，這也是做人自我定位的問題。如果人的類型有快樂不快樂的問題，那麼對待法律的態度也有快樂不快樂的問題。簡單講，法律只是技術，只是工具，比這更重要的是帶著善念的靈魂。」**（注11）而這也是《LAW SCHOOL》要求法律人「只以法律與真相來斷定正義」的核心精神所在。至於永保初衷、富有人性關懷、「寧仁慈勿正義」等人生智慧，則是未來必須不斷修煉的人生功課。

注釋：

1 這是美國法學院的常態。哈佛大學法學院終身職教授亞倫．德蕭維奇（Alan M. Dershowitz）即同時是一名知名的律師，為許多政經名人辯護過。他在自傳中提到：「我一直認為法律實務讓我成為一名更有經驗的教師，因為我可以把我的出庭經歷帶到課堂；我也認為講授法律使我成為一名更成功的律師，因為我可以把我的學識帶上法庭。」參閱亞倫．德肖維茨著，朱元慶譯，《一辯到底：我的法律人生》，二〇二〇年四月，第337頁。

2 參閱崔潤哲，〈韓國的法學教育及律師資格考試改革〉，法學家二〇〇九年六期，二〇〇九年十二月，第38-39頁。

3 參閱劉得寬，〈法科大學院制與法曹教育的改革——以日本的法曹教育改革為中心〉，月旦法學雜誌第一七七期，二〇一〇年二月，第135-144頁。

4 參閱崔潤哲，〈韓國的法學教育及律師資格考試改革〉，法學家二〇〇九年六期，二〇〇九年十二月，第41-43頁。

5 參閱廖元豪，《美國法學院的10001天——廖元豪的留美札記》，二〇〇七年三月，第3頁。

6 參閱吳曉樂，〈媽媽道歉的眼淚訴說了愛〉，親子天下雜誌第六十四期，二〇一五年一月，第206-207頁。

7 吳曉樂所寫的《你的孩子不是你的孩子：被考試綁架的家庭故事》一書，共有五個故事，分別是〈媽媽的遙控器〉、〈貓的孩子〉、〈茉莉的最後一天〉、〈孔雀〉、〈必須過動〉。該書被改編成《你的孩子不是你的孩子》電視劇，劇集在播出後大受好評，每一篇故事都引發諸多討論和分析。其中的單元〈貓的孩子〉，於二〇一九年十月獲得第五十四屆金鐘獎電視電影獎。

8 參閱王泰升，〈台灣法學教育的發展與省思：一個法律社會史的分析〉，台北大學法學論叢第六十八期，二〇〇八年十二月，第26-30頁。

9 參閱柯格鐘，〈法律人之職業養成—以德國法制為借鏡（一）〉，法務通訊第二八三五期，二〇一七年一月，第3-4版；〈法律人之職業養成——以德國法制為借鏡（二）〉，法務通訊第二八三六期，二〇一七年二月，第3-4版。

10 參閱瑪麗・安・格倫頓著，沈國琴、胡鴻雁譯，《法律人統治下的國度—法律職業危機如何改變美國社會》，二〇一〇年十月，第8-10頁。

11 參閱黃榮堅，《靈魂不歸法律管：給現代公民的第一堂法律思辨課》，二〇一七年八月，第230-231頁。

第二部

隱私

第六章

直探媒體現實，《鏡子森林》的記者分際與倫理考驗

台劇《鏡子森林》是台灣第一部有關調查記者、媒體生態的職人劇，劇情以《火線新聞》報社為主軸，描述調查組高明、侯方平等人從事調查報導的故事。由於做的都是揭發惡習、擋人財路之事，記者希望秉持正義，堅持理想，寫出最真實的報導及人味情感之時，也勢必內外交迫、遭受各種威脅利誘。不過，她們在追求獨家新聞的同時，也曾犯了查證不足、核實不夠的毛病，並採取了若干狗仔跟拍、「製造」新聞事件的手法，甚至多次逾越倫理分際，而身陷險境、引來殺機。這令人省思在求真、搶獨家的競爭下，保護消息來源與確實查證的灰色地帶，以及隱私權保障與新聞自由的取捨、如何防杜記者與政商間的利益糾葛等，在在印證新聞倫理的必要性與價值所在。

二〇二〇年三月，台灣的《壹週刊》正式停刊。該雜誌自創刊以來，所採取的扒糞與狗仔隊跟拍作風，雖曾屢屢引發報導不實與侵犯隱私權的爭議；但因為來自香港，少了政治與人情的羈絆，不僅不包庇、直指腐敗核心，成為民眾樂於爆料的主要媒體，更因追蹤報導政商巨賈、影視名流的私生活，每週三出刊的獨家內幕，往往是各媒體跟進報導的新聞焦點。

《壹週刊》雖然以刊載鹹濕與辛辣口味的八卦內容著稱，二〇〇二年三月間卻以調查記者謝忠良所撰寫的〈李登輝非法挪用三十五億〉為封面故事，揭露「國安密帳」（一九九四年國安局完成法制化工作之前，有超過三十五億元的經費並未繳回國庫，也未接受立法院監督）的來龍去脈。（注1）該刊固然因此遭台灣高檢署檢察官突襲搜索，發行量卻高達三十幾萬本，創下台灣雜誌業界史上零售的新高紀錄。

在《壹週刊》其他期數刊出調查報導時，也都獲得不錯的銷售量，甚至成為各媒體引用並追蹤報導的題材，儼然扮演類似中央通訊社在台灣威權統治時期的角色，成為媒體業共同的新聞供稿機構。（注2）為何閱聽人喜歡這類調查報導？其他媒體業喜愛跟進報導？

《驚爆內幕》調查報導的價值在於揭弊

依照曾擔任二十幾年調查記者的台灣大學新聞研究所教授林照真的說明，調查報導是指記者在相關社會事件中，藉由長期跑新聞所涵養的直覺，相信其中必有失當，或是某人一定做錯了什麼事，因而主動去發掘、查證，企圖揭露隱藏在其中違反社會常規的行為；調查報導一定反官方說法，是對權力者的一種監視，要主動去發掘任何

的錯誤與失當。(注3)

由於調查報導是要去揭露某些被刻意隱瞞的事實，題材通常關連到有權者與組織。一旦披露，通常使當權者難堪，尤其政府部門掌有許多國家祕密，政府保密的需求與新聞媒體揭祕的需求間存在緊張關係，當政者會想方設法加以阻止。以美國「五角大廈文件案」為例，(注4)當年代表尼克森政府出庭、力阻文件被報導的總檢察長格里斯．沃爾德於多年後亦承認：「保密者的主要擔憂不是國家安全，而是（祕密公開後）政府的窘態」。(注5)又在「醫療人球案」中，調查記者不能只報導打瞌睡的醫生有無過失，更要去探究是否因為權貴病床不能挪移、醫改政策造成人力不足或其他因素所致。因為調查報導關心有權者是否說謊違法，並努力在媒體中揭發弊端，進而引發社會義憤，則其獲得閱聽人喜愛，自在情理之中。

各國新聞史上，因為記者的調查報導而驚爆內幕，讓政經名流認錯道歉，甚至辭職下台的事例，不在少數，如美國尼克森總統即因《華盛頓郵報》報導他涉犯「水門案」而請辭。由於這類報導往往懸疑緊張、衝突不斷，常成為影視節目的題材，其中電影《驚爆內幕》（*The Insider*）改編自美國歷史上司法和解金額最高的菸草訴訟案的真實故事，是迄今為止我最喜愛的電影之一。

這部電影劇情講述CBC的六十分鐘新聞製作人柏格曼（艾爾．帕西諾飾）為了調查真相，遊說在知名菸草公司擔任資深研究員的傑佛瑞（羅素・克洛飾）公開菸草大公司故意在香菸中強化某些致人上癮物質的內幕，卻因傑佛瑞跟菸草公司有過保密協議，那些保護秩序和公理的制度，反而變成了自由的枷鎖。兩人透過合作，對抗了龐大的媒體、企業官僚組成的惡勢力，進而揭露菸草公司與新聞機構間的驚人黑幕。它向我們展演：**輿論本身就是一種權力（第四權），當媒體發現揭露黑暗可以賺錢的時候，它們就揭露黑暗；當它們發現講真話會受損失的時候（如流失廣告客戶或其他），媒體老闆通常選擇閉嘴。**

這幾年來，台灣影視界追隨他國先例，陸續製播了許多職人劇，例如《麻醉風暴》（醫師）、《最佳利益》與《王牌辯護人》（律師）、《生死接線員》（器官捐贈協調師）、《火神的眼淚》（消防員）等。觀眾透過追劇，不僅可以洞悉各行各業的職場生態，瞭解不同行業的興衰，更可藉此探究人性價值與社會文化變遷。

電視劇《鏡子森林》則是台灣第一部以調查記者、媒體生態為題材的職人劇。因為是連續劇，節奏、緊張度當然不如《驚爆內幕》，但劇情也是高潮迭起。該劇共分三季播出，每季十集。劇情以虛擬的《火線新聞》報社為主軸，描述調查組組長高明（楊謹華飾，第二季是莊愛玲）、副組長侯方平（姚淳耀飾，退休員警之子）、採訪記者陸子文（瑭霏飾，議長之女）、攝影記者余志陽（林柏宏飾，第二季是彭育安；第三季是邱以琳）從事調查報導的故事。

有別於其他行業的是，報紙、廣播、戲劇、網路等傳播媒體不僅提供閱聽人大量的資訊、對話的平台，甚至已成為當代人們瞭解環境、認識社會的主要媒介。因而，《鏡子森林》在呈現記者的職場生態之餘，也映照著各行業的人生百態，政治權鬥、官商勾結、都更利益爭奪、黑道漂白、醫療人球等，無一不是現實社會生活的寫照。尤其做的都是揭發惡習、擋人財路之事，《火線新聞》調查組記者希望秉持正義，堅持理想，寫出最真實的時事報導及人味情感之時，也勢必內外交迫，遭受各種威脅利誘。觀眾看了高明等人時時刻刻處在這種內心掙扎與兩難情境之中，心情總是跟著跌宕起伏，並企盼他們能鍥而不捨地揭露不公不義事件，以大快人心。

隨著資訊科技的發達、全球化跨國企業的興盛，在這個人人都是「自媒體」（self-media或we media）、（注6）市場利益掛帥、新聞公關又大行其道的年代，記者在內部既要面對報社要求的點閱率，又要擔心報社主管將獨家新聞拿去作為交換利益的籌碼，還得顧慮可能因忠實報導讓廣告客戶流失，從而引來報社同仁側目的後果。何況調查記者也是人，不僅有七情六慾，也有各自的親情壓力、社會包袱。

例如，劇情中哥哥希望高明妥協，不再報導無良建商的不利新聞，以便建商願意高價買下母親的房宅，從而解決自身的經濟難題。而陸子文雖然有個權貴父親，卻一心想自立更生，沒想到仍是在父親的庇蔭暗助下，才得以進入報社。侯方平則因為是警政路線記者出身，除了有同掛的記者朋友需要彼此照應之外，三不五時也要寫公關新聞，幫警察說好話。

在外在環境方面，多數路線記者習慣於被餵養，等著新聞公關的供稿「交差」了事時，高明、侯方平等人則是充滿熱情，主動挖掘、六親不認、忍受孤獨。不過，她們在追求獨家新聞的同時，也曾犯了查證不足、核實不夠的毛病，並採取了若干狗仔跟拍、「製造」新聞事件的手法，甚至多次逾越倫理分際，或身陷險境，或引來殺機。

保護「消息」來源與確實查證的灰色地帶

以第一集劇情為例，當時高明正與未婚夫王得威（鄭仁碩飾）舉行訂婚儀式，這可是人生大事。但當她聽聞自己跑出來的獨家新聞——銀行經理監守自盜——主角「自殺」時，內心的衝擊可想而知。因為當她向該名經理採訪查證時，對方可是下跪拜託她不要寫的，並對她沉痛的說：「你當記者是為了什麼？就是為了毀掉別人的人生嗎？」

於是，觀眾固然不捨高明為了記者工作，訂婚儀式未完成即趕赴「自殺」現場；但《火線新聞》讀者們其實也該思辨：新聞真相真是如此？一個銀行經理有這樣的通天本事？還是背後有不為人知的內幕？在資訊爆炸、假新聞橫行的當代社會，這是每一位公民所應具備的「媒體識讀素養」（Media Literacy）。（注7）

再者，陸子文身為議長之女也是人，加上她一心想要擺脫父親的羽翼，高明等人不探人隱私而不知她的底細，固然有其道理。但當陸子文告知同事：大奸商旺盛集團董事長廖勝利（霍正奇飾）其實是以前躲過追訴的無良建商、他原名是「廖大為」時（第五集），竟然可以保護消息來源（她的父親）為由，不告知高明等人？

這不是特例。當擎天大樓開發案由星城集團得標，陸子文表示該集團是空殼子公司，高明已擔心陸子文可能遭人利用時，仍沒有詢問她的消息來源（第八集）。因而，當陸子文、余志陽跟拍取得市長蔡重生（柯叔元飾）與前助理的緋聞照片，卻遭對手《今日報》用以獨家報導時，調查組四名成員只能彼此質疑對方，卻不知實際上是議長偷取了自己女兒儲存在電腦上的照片，「餵」新聞給《今日報》記者去報導，以便攻擊政敵。

保護消息來源固然是記者的天職，是民主社會中維繫資訊自由公開的要件，也是新聞專業的基本原則。輕易透露消息來源，恐將影響資訊流通，也衝擊民主社會健全發展，但證諸各國實例，卻有不少成了製造假新聞，甚至是掩飾他人犯罪的藉口。尤其調查記者揭人瘡疤、高喊弊端，侵害他人隱私或機關團體祕密成為日常，往往面臨他人提起誹謗或損害賠償訴訟的法律風險。畢竟不同社會之間，以及同一個社會之中的不同世代，對於想要保有隱私的事項與用來維護隱私的方式，雖然可能有所不同，但所有社會都有其需要維護的隱私；（注8）隱私與新聞自由之間可能引發的衝突，必須隨時檢視與評估。

這說明記者在保護消息來源的同時，也應審慎查證消息來源所提供的資訊，確認此訊息是否符合公共利益，並考量消息來源本身的正確性、可信度、可能的動機以及法律層面等。亦即，記者應儘可能從不同面向尋求直接證據或旁證，以免被不當利用。是以，如何確保在新聞採訪中善盡查證之責，不致因報導錯誤而毀人名節，並避免在特定人物刻意洩密下，淪為他人攻擊異己的打手，（注9）似乎是記者們該省思的。

以傳播事業最發達的美國為例，美國聯邦最高法院不只強調執法者應該遵守正當法律程序，也要求新聞報導的正當程序。因而，誹謗成立與否，採取的是「真實惡意原則」，亦即取決於記者涉案的動機，而不是看他們行動的後果。換言之，如果記者能證明自己的採訪、報導遵守了正當程序，「心無惡意」，縱使事後證明是錯誤報導，仍無須承擔法律責任。（注10）至於保護消息來源該遵守怎樣的正當程序？因揭發

「水門案」著名於世的《華盛頓郵報》，於該報「記者寫作手冊——新聞標準與倫理」中，明白宣示：

本報誓言在最大的可能下，公開所有消息來源，當我們同意保護消息來源者的身分時，絕不向本報以外的任何人透露。記者在接獲任何尚未完全確認的消息時，必須盡力確認。若不可得，記者應提出隱匿消息來源身分的請求，並於報導中說明該理由。若因有關機關部門或其職位之故，致消息來源之身分可予確認時，則應於報導中刊出。（注11）

在此意義下，我認為台灣公共電視台訂頒的《公視節目製播準則》所明定：「**經審慎查證後足以確信為真實者，在新聞播出之前，至少應告知一名行政主管或節目製作人此消息來源的真實姓名，或其他可供查證資訊。若消息來源堅持不能向任何人洩漏姓名，記者要清楚告訴對方，這樣的訊息可能不被播出……**」等程序，才符合保護消息來源的正當程序，可作為本土化的台灣記者行為指引。

如何兼顧隱私權保障與新聞自由？

值得注意的是，有些高舉人民有「知的權利」、符合公共利益的報導，其實只是為滿足媒體業一己的閱報率、收視率而已，尤其是涉及公眾人物的私生活報導。就此，摩洛哥公國君主阿爾伯特二世的姊姊卡洛琳公主從一九九〇年代起，試圖在許多歐洲國家阻止那些刊登她私人照片的女性娛樂雜誌（「黃色雜誌」）的發行，其中德國聯邦憲法法院就她對《繽紛雜誌》（*Bunte*）提起的訴訟，雖然判決她部分勝訴，她仍以《歐洲人權公約》第八條規定的私人與家庭生活隱私權受到侵害為由，向歐洲人權法院對德國起訴。（注12）歐洲人權法院受理後，判決卡洛琳公主勝訴，並做出了相當具有指標性的理由論述：

於私人生活之保護與言論自由兩者間進行權衡時，應以照片之拍攝及附隨文章是否有助於公共議題的公開討論，以及是否牽涉到政治生活中的公眾人物為準據。在此，平面媒體扮演了作為「看門狗」的重要角色。大眾對於公眾人物，尤其是政治人物，在特殊情形下，也享有獲知其私人生活之面向的權利。

於本案情形，所拍攝之照片顯示的是家居生活中的原告——原告在摩洛哥公國本來就沒有任何公職，也不替公國從事公職任務——正從事純粹私人性質的活動。刊登此等照片只是滿足了某些群眾的好奇心而已。於此等情形下，言論自由應予以限縮地解釋。（注13）

歐洲人權法院這樣的判決意旨，是人類社會在隱私權概念興起後，針對它與言論（新聞）自由可能衍生的權利衝突，慢慢調和折衷而被公認的指引，台灣司法實務也採取了類似的看法。例如，前行政院長李煥及其子女李慶安、李慶華都是公眾人物，《壹週刊》第六一八期刊載標題為：「李煥遺留上億現金字畫，李慶安．李慶華爆爭產風波」的報導內容，李慶華、李慶安以未善盡查證義務、侵害隱私權等理由，對《壹週刊》及記者提起民事訴訟。最後法院認定未侵犯隱私權，理由是立法委員有申報財產的義務，民眾有知的權利；但以記者未善盡查證義務為由，判決《壹週刊》及兩名記者應負連帶損害賠償之責、登報道歉而確定。（注14）

另外，《鏡子森林》中出現不少記者收受廠商餽贈或兼職工作的劇情，如侯方平開酒吧、彭育安與女友合開花店，後者甚至充當行賄者。縱使是嫉惡如仇的高明，也曾經在剛出道跑財經新聞時，因經濟壓力報導假新聞並炒作股票。

這不是編劇的異想天開，這是現實社會的寫照。有幾位記者因為入股賭博電玩店、充當行賄警察的白手套，於二〇一九年七月間才分別遭台北地方法院吳承學法官所屬合議庭判刑。（注15）而花蓮地區十幾位報紙及電視記者參與花蓮縣政府的限制性採購案（俗稱「花蓮縣政府收買記者案」），讓新聞媒體變相成為政府機關的傳聲筒或代言人，也都於事件爆發後自動或被迫去職。（注16）

記者收受廠商餽贈或從事兼職工作，涉及的是利益衝突問題。較為理想的狀況，當然是媒體業本身要訂出專業操守準則。（注17）而上述出事的記者，大多是長期採訪同一路線的社會組或地區記者。這引發一個值得思辨的問題：記者長期跑同一條路線的新聞，究竟是好，還是不好？怎麼克服濫權、不當兼職或利益糾葛等問題？

現在平面記者很少進報社，這意味記者跟報社之間的連結很弱，一個報社記者對於採訪路線的人的認識，可能遠多於報社同仁。（注18）在此情況下，記者長期在駐點（如某個地方檢察署、警察局）進出，如何與採訪對象／機構保持距離？記者倫理要求客觀中立，這豈不是對人性的最大考驗！

新聞倫理的必要性與價值所在

就我所知，目前一些編劇們在寫社會寫實題材或職人劇的劇本時，常常需要做田野調查。例如，二〇一九年推出的社會寫實劇《我們與惡的距離》，被譽為締造了台灣電視劇的新高峰。該劇之所以成功，除了結合大數據分析進行劇本創作之外，更在於編劇做了紮實的田野調查，不僅訪問了思覺失調症病友及其家屬、社工、記者、醫師、律師、法官等人，甚至旁聽法院開庭、研究審判過程。我是當時受訪，同時並安排、帶領因該劇而得到金鐘獎的呂蒔媛旁聽開庭的人之一。

為了寫這一篇職人劇的追劇文章，我也利用閒暇之餘，嘗試做了另類的「田野調查」，訪談了十位左右的報社主管、編輯、跑社會與司法路線的記者。而總結大家的說法來看，報社比較重視經驗、人脈的累積，尤其部分專業領域（如司法路線）進入門檻高（繁雜難懂），必須有一定閱歷的積累，價值才能彰顯（如前資深司法記者王文玲寫的報導與評論，對司法體系針砭批判意味十足，我輩法律人卻視為典範）。何況現在媒體生態丕變，爆料管道及風氣盛行，單一記者或其長官很難一手遮天。至於貪念、抗拒誘惑能力等問題，則有賴於紀律守則的訂定。

雖然有記者被問到訂定記者倫理之事時，總會連結到過往「倫理與道德」的教條口號印象，表示：「紀律是基本的，弄到要簽這東東，應該是出問題了吧！」但在媒體百家爭鳴，卻因亂象頻生，而被形容成社會亂源之際，記者不能既不要他律，又不能自律。僅僅訴諸記者的道德良心，不足取亦不易收效。

現代社會高度專業分工，每一個專業領域對工作表現有其卓越的標準，並有其專業倫理。而一個人會熱愛工作，一定是因為他在工作中找到生命的意義與價值。記者要瞭解其倫理要求，不僅是為了在採訪、報導時懂得拿捏分寸，更是為了尋找安身立命之道。資深司法記者范立達在接受我的訪談時表示：「**以前學校講新聞倫理時，大家認為是『屁』；我是擔任記者後，才開始慢慢摸索、體認到新聞倫理的價值所在。**」道盡了新聞倫理的探索與堅持，是成為卓越記者的必經之路。

多年前我在承審一件報社總編輯、記者被訴誹謗罪的案件，請報社提供其編採作業準則時，報社卻函覆：「本公司並無有關新聞編採作業準則、記者倫理規範之具體規定，然本公司編輯部向依本公司『正派辦報』之理念，要求記者於採訪報導時，謹守客觀、公正、中立、獨立之原則，善盡查證義務予以公正平衡報導」等內容；而總編輯亦供稱：「關於編採手冊等書面東西，早年是有的，因為時空的關係，後來也沒有特別對同仁要求，但如果有報導上的問題，我們也會立即要求同仁要詳實查證，平衡報導，固然之前有編採手冊，現在沒有」等語。（注19）因而，日後當記者因上述違法兼職出事時，該報社面臨不知如何予以懲處的窘境，才終於訂定了相關辦法。

如今，基於客觀公正、誠信廉潔的要求，許多傳播媒體訂有新聞從業人員行為（紀律）守則等內部規範，除要求記者不得違反法律、不得洩漏公司祕密之外，並不得從事兼職、收受一定金額以上的餽贈；如有代言商品、兼職或其他類似利益衝突的情形時，即應填寫申報書或批核同意書。

記者探索報導主題，也同時探索自己

記者有了這樣相對客觀的行為守則可資遵循，才能避免劇情中高明、侯方平等人因不當兼職，事後陷入左支右絀的窘境；也才能因己身正、善盡查證、謹慎下筆，實現林照真教授所說：「**不要問自己何時停止發抖，記者真正要擔心的，是如何寫出讓採訪對象（特別指有錢有權者）發抖的文章來。**」（注20）

在大環境對年輕人不友善，而且看不到過去光榮的傳統，也不見未來希望的情況之下，目前許多年輕世代的記者缺少了跑新聞的熱情。不過，如果從人類歷史來看，報紙是自印刷術發明以後，於十七、十八世紀才開始發展的。而華人社會有現代意義的新聞媒體，則是十九世紀末、二十世紀初才從西方傳過來的。相較於其他部門或專業領域，傳播事業的歷史還很短，這意味新聞業的典範、工作規則與職業倫理，其實都還在摸索、發展之中。

關於記者的榮光、典範，誠如傳播學者李金銓所言，百餘年以降，華人報刊的主要角色是救亡圖存，其三部曲是啟蒙、革命與追求現代化。這些角色結合了中國士大夫「以天下為己任」的傳統及現代知識人的精神，形成一種鮮明的「文人論政」風格。而《大公報》和張季鸞追求新聞自由，所揭櫫「**不黨、不賣、不私、不盲**」的原則，允為新聞界樹立最高的標竿。（注21）

在戒嚴時期，傳播媒體深受黨國體制操控與箝制。《報導者》執行長何榮幸在主編的《黑暗中尋找星星：走過戒嚴的資深記者生命史》一書中，提到當時有理想、有正義感的記者只能在夾縫中生存，或選擇以匿名方式在黨外雜誌撰文，或離開主流媒體創辦、參與黨外雜誌，站在民主運動陣營對抗／制衡威權體制。（注22）而民主轉型初期，建制解體、社會開放，記者藉由一枝筆，可以撼動時局，發揮影響力，允為台灣民主化的重要推手之一。記者們看了是否興起「有為者亦若是」的情懷，至少我心嚮往之。

在當前充滿置入行銷的政府與商業控制的大環境中，有理想的記者會覺得有志難伸，難以視新聞工作為志業。不過，記者作為專業人員，在拋開「以天下為己任」的偉大使命感之後，如果能像劇中高明、侯方平所說：「**我寫的每一篇報導，就好像在森林中探索一樣，而這座森林中有許多面的鏡子，我探索報導的主題，也同時探索自己**」、「**卑微的我，要成為一個光，去照亮社會黑暗的角落**」的台詞一樣，應該就會相信「新聞可以改變世界」，並在不斷追逐真相的迷宮裡永保初衷。

注釋：

1 參閱謝忠良，〈國安局絕密文件曝光：李登輝非法挪用三十五億〉，壹週刊第四十三期，二〇〇二年三月，第10-23頁。

2 財團法人中央通訊社（Central News Agency，縮寫：CNA），簡稱中央社，是中華民國的國家通訊社，一九二四年四月一日由中國國民黨在廣州成立，一九四九年隨中華民國政府播遷台灣，一九九六年依據《中央通訊社設置條例》改制為由中華民國政府捐助成立的財團法人機構。在台灣實施報禁的年代，許多媒體事業的人力、物力有限，加上當時黨政部門極力想要控制新聞，中央社提供的新聞因而常成為許多媒體引用並報導的題材。

3 參閱林照真，《記者，你為什麼不反叛？調查報導的構想與實現》，二〇〇六年三月，第79-80頁。

4 「五角大廈文件」即《美國越南關係，一九四五至一九六七：國防部的研究》，是美國國防部對一九四五至六七年間美國在越南政治軍事捲入評估的祕密報告。一九七一年該文件由丹尼爾．艾爾斯伯格先後洩漏給《紐約時報》與《華盛頓郵報》並刊於頭版，引起公眾廣泛關注。尼克森政府獲得了聯邦法院禁令，迫使《紐約時報》在刊登三次後暫停發表文件內容。該案上訴到美國聯邦最高法院後，最高法院於一九七一年六月三十日作出判決，以美國政府未能滿足事前限制禁令所要求的舉證責任為由，依據《美國憲法第一條修正案》中的出版自由條款，判定《紐約時報》得出版這些機密文件。

5 參閱亞倫．德肖維茨著，朱元慶譯，《一辯到底：我的法律人生》，二〇二〇年四月，第155、160頁。

6 一般而言，「自媒體」是指：隨著網路技術的興起，普羅大眾藉由社群網路（如：臉書、Instagram、微博等）或其他網路手段，向不特定的多數人或者特定的個人傳遞資訊的新媒體。這是由下而上的傳播方式，每個人因網路科技，都具有媒體、傳媒的功能。

7 依照記者李京諭採訪英國倫敦政經學院媒體及傳播系博士候選人吉安法蘭柯．波里西（Gianfranco Polizzi）後，所寫〈如何從假新聞中突圍？大人小孩都需要的媒體識讀能力〉的網路文章的說明，「媒體識讀素養」是讓我們意識到網路的潛能和限制，以及評估在網路上的內容、在媒體中傳播的消息是否帶有偏見或可信度高低的能力。媒體識讀素養不僅對孩子很重要，對大人也是。

8 參閱美國公民教育中心著，郭菀玲譯，〈不同的社會如何處理隱私議題？〉，《超級公民——隱私》，二〇一九年七月，第30-36頁。

9 對全球記者造成莫大心靈震撼的美國「水門」案，在「深喉嚨」身分於事隔數十年曝光後，更讓人見識到記者可能只是在政客為遂行特定政治目的下，刻意洩漏消息的工具而已。參閱林照真，《記者，你為什麼不反叛？調查報導的構想與實現》，二〇〇六年三月，第142-159頁。

10 參閱李金銓，《傳播縱橫：歷史脈絡與全球視野》，二〇一九年七月，第51頁。

11 參閱鄭自隆、廖文華，《各國傳播媒體自律規範》，二〇〇五年十二月，第61-62頁。

12 依照《歐洲人權公約》第三十四條規定，任何個人、非政府組織及個人群體如果認為自己是某一會員國違反公約或其他議定書所保障的權利或自由的被害人，可以向歐洲人權法院提起請求案，法院受理並認定被害人請求有理後，應給予公平賠償的權利，此乃國際人權機制的首創，亦是唯一。參閱廖福特，〈歐洲人權法院〉，《歐洲人權法》，二〇〇三年五月，第65-74頁。

13 參閱歐洲人權法院*Caroline von Hannover v. Germany*（刊登卡洛琳公主私人生活照片案），蔡宗珍譯，收錄於《歐洲人權法院裁判選譯（一）》，二〇〇九年七月，第191頁。

14 台灣高等法院一〇四年度上訴第一〇二二號民事判決。

15 涉案的幾位記者，分別任職於台灣的數家主要新聞媒體。參閱台北地方法院一〇二度金重訴字第十八號、一〇二年度訴字第七〇四號刑事判決。

16 花蓮縣政府前副祕書長謝〇秉（記者出身）因辦理二〇一七、二〇一八年「縣政宣導平面及影片素材資料庫蒐集建立」等採購案，形同收買媒體記者的違失行為，已經公務員懲戒委員會（現已改制為：懲戒法院）一〇八年澄字第三五三七號判決「記過貳次，併罰款新臺幣十萬元」的懲戒處分。而依照該判決的記載，該案爆發後總計有十一名記者因此自行離職或遭免職。

17 例如，《壹傳媒》所訂定二〇一八年八月版的《NEXT DIGITAL集團紀律守則之專業操守》中，即有「收受利益」的章節，對於記者收受利益與否，有相當詳細的規範。其中第六條規定：「當遇上五甲至丁項以外之情況，或所收受之利益之價值超過新臺幣一千元時，員工必須填報『收取利益申報表』，交集團管理層決定如何處理該利益。」

18 一位於二〇二〇年三月接受筆者訪談的報社記者即表示：一般而言，記者很少回報社，以前我們有一年回去不到兩三次，去年是大概一個月一次，今年剛好又碰到疫情，至今也沒回去。記者跟報社的連結很弱，我們（社會組）都說自己是邊緣人，不過有LINE之後，長官常用LINE調度新聞人力。社會組很少兩、三年換路線的，那不正常，線上司法記者很少換，基本上地方記者也不太會換。如果你表現好，長官也不太可能放你走。

19 參閱台北地方法院九十八年度自字第五號刑事判決。該案兩位被告獲判無罪後，自訴人並未提起上訴，因而確定。

20 參閱林照真，《記者，你為什麼不反叛？調查報導的構想與實現》，二〇〇六年三月，第17頁。

21 參閱李金銓，《傳播縱橫：歷史脈絡與全球視野》，二〇一九年七月，第197、218頁。

22 參閱何榮幸，《黑暗中尋找星星：走過戒嚴的資深記者生命史》，二〇〇八年一月，第28-57頁。

第七章

《誰是被害者》：死亡，由誰決定？對協助自殺、安樂死的思考

台劇《誰是被害者》改編自推理小說《第四名被害者》，原著用連環殺人犯留下的「尋屍」線索為主，以媒體嗜血報導亂象為輔，交織成殘酷又現實的世界。劇中方毅任是一名患有亞斯伯格症，卻又破了許多大案的鑑識官，它讓人們見識了鑑識科學的實用性，也認知到獨立鑑定未落實、鑑定標準未訂定、鑑定能力與倫理未規範等，產生不少流弊。而劇情對各種社會議題的表露，都是真實發生在台灣社會各個角落的辛酸悲苦；藉由一連串彼此互有關連的命案，究竟是：連續殺人案、連環命案、還是遺願自殺案等懸疑劇情，提出了值得社會各界思辨的人生課題：人們內心的需求到底是什麼？死亡也是一種善意的選擇？活得痛苦是否就該選擇有尊嚴的死去？

近幾年來，提供網路隨選串流影片的ＯＴＴ服務公司崛起，因為是隨選隨看，使追劇更加便利。二〇二〇年由於嚴重特殊傳染性肺炎（COVID-19）肆虐，新上映電影大幅減少，助長了這類網路串流媒體的蓬勃興盛。尤其許多業者紛紛提供了自製、優質的原創節目，更讓追劇族群樂於藉此平台觀賞戲劇。

其中Netflix發源於美國、在多國提供服務，它有來自世界各地的原創節目，受世界各地的民眾喜愛，台劇原本一直瞠乎其後，直到二〇二〇年四月底台灣自製懸疑劇《誰是被害者》上線後，開創了台劇新格局，收視率不斷攀升，並進了該平台熱門排行榜。

這齣戲劇改編自推理小說家「天地無限」（鄭惠文）的小說《第四名被害者》，原著用連環殺人犯留下的「尋屍」線索為主，以媒體嗜血報導亂象為輔，交織成殘酷又現實的世界。《誰是被害者》則從結構到內容，都有相當程度的改編；全劇共八集，標題分別是「指紋」、「報導」、「蠟燭」、「車站」、「刺青」、「遺願」、「水芫花」和「傘」。

《誰是被害者》除了有實力堅強的演員陣容外，劇情中詭譎、迷離的氛圍及對社會議題的表露，例如性別認同、嗜血媒體、民代施壓、過勞、安養院超收、修復式正義、安樂死等，都是真實發生在台灣社會各個角落的辛酸悲苦。藉由這一個好故事鋪排串起，成為令觀眾欲罷不能、想直探結局的主要因素。

《人骨拼圖》鑑識英雄的美麗與哀愁

本劇另一引人注目之處，在於它呈現的科技、視覺效果。例如，食人魚酸溶屍、跪坐焚屍及利用藻類加速屍體腐爛等，都利用特殊化妝呈現。透過驚悚的畫面尺度，寫實呈現罪與罰等人生難題，是台劇中少見的。而演員張孝全演活了劇中有亞斯伯格症的鑑識官「方毅任」，也讓觀眾們津津樂道。這個角色曾破過許多大案，因為缺乏社交能力與同理心，不僅在警局成為被排擠的邊緣人，甚至長期與妻女不相往來。

看了前兩集後，我想起多年前上映的《人骨拼圖》（*The Bone Collector*，中國大陸譯《神祕拼圖》，香港譯《骨中罪》）。這部美國電影改編自傑佛瑞．迪佛（Jeffery Deaver，是美國當代著名的偵探小說家）於一九九七年撰寫的同名小說，劇情敘述在聯合國開會前夕，出現詭異的凶殺案，還留下許多線索挑釁。劇中連續殺人犯計劃周詳，包括用什麼方法殺人、會留下什麼證據（像是毛髮、鞋印、衣服等），迥異於因衝動而起的凶殺案。

為了破案，警方找上了前鑑識神探林肯．萊姆（Lincoln Rhyme，丹佐．華盛頓飾），他因執勤時發生意外，導致全身癱瘓，只剩下脖子以上和左手食指能活動，從此他過得生不如死，把自己與世隔絕。而最早發現該連續殺人事件的，是剛到少年隊任職的巡警艾米利亞．多納吉（Amelia Donaghy，安潔莉娜．裘莉飾）。她憑藉過人的膽識和出色的刑偵知識，不僅保留了關鍵證據，還做了詳盡的紀錄，因而得到林肯．萊姆的賞識。在林肯運用他的鑑識專業，並指導艾米利亞收集各種犯罪跡證後，最後總算完成拼圖並破了案。觀眾在欣賞兩大影帝、影后互飆演技，以及將自己取名為「集骨者」的殺人犯與探員之間的鬥智之餘，也學習到許多寶貴的鑑識科學知識。

所謂的「鑑識科學」（forensic science），是指以科學為本，法學為用，跨領域、科技整合的新學門，所有與法庭相關的應用科學，均屬鑑識科學的範疇。「鑑識科學」是應用科學原理、經驗法則和邏輯推理，以自然科學的知識與方法，對犯罪現場跡證予以鑑定、個化、評估和比較，涵蓋了化學、物理、生物醫學、藥學、環境、資訊、心理和法律等學科。實務上更細分為法醫、現場勘查、現場重建、槍彈比對、藥毒物分析、指紋鑑定、文書鑑定、DNA鑑定、聲紋等不同專業。它是一門「跨領域」的整合型學科，最終目的為重建現場，確認歹徒行凶犯罪的過程與提供檢察官偵查方向、法官判決參考的證據，達到伸張司法的公平與正義。（注1）

在《誰是被害者》劇情中，由於發生一連串死亡事件，方毅任不斷前往現場收集可疑跡證。因為事故現場是犯罪偵查的寶庫，凡被接觸過、留下的痕跡，藉由發現的微物跡證，運用鑑識科學，便可以連結被害者、嫌犯與犯罪現場的關連性。例如，暴力與性犯罪必然留下生物跡證，侵入住宅常見毛髮遺留在犯罪現場，死者身上的矽藻更是研判溺死或棄屍的關鍵證據之一。（注2）尤其隨著科技的發達，遍佈街頭的監視器、人手一機的手機GPS定位器、DNA或指紋資料庫留存的樣本等，每一個都可以成為辦案的利器或佐證，卻也讓個人隱私保護日益困難。

在犯罪現場記錄與物證搜索完成後，勘查小組在進行每一個證物的採取與保存工作時，也必須指派一位負責證物的「證物官」，以確保所有證物都已經採取、包裝、編號、封緘與保存完整，以免發生遺漏、遺失或污染。（注3）二十世紀美國最著名的刑事案件辛普森殺妻案，正如我在〈《美國犯罪故事：公眾與O．J．辛普森的對決》：當台灣的國民法官參與社會矚目案件的審判時〉一文中所說的，因為警察忽視現場勘查常識、涉嫌非法搜索、攜帶血液返回犯罪現場等缺失，以及檢察官在起訴過程中的重大失誤，使庭呈證據不足以說服陪審團「超越合理懷疑」，最後呈現刑事陪審團判決辛普森無罪、民事陪審團卻判決辛普森應賠償被害人家屬的窘境。

這說明法醫生物跡證鑑驗方法的提升，對犯罪偵查與司法審判的影響甚鉅。**唯有以科學方法才能捍衛證據，以科學證據為基礎，才能讓法院判決獲得社會的信賴。因而，實驗室在鑑定管理與品質保證上應特別嚴謹，以確保鑑定結果的可信賴性。而鑑識人員的客觀、公正及科學態度，幾分證據講幾分話，更是基本要求。**

偵查大公開？鑑識官是球員兼裁判？

這是理想中的狀態，但現實社會並非總是如此。台灣的鑑識科學至少有下列制度面的問題，包括：鑑定標準未制訂、鑑定能力與倫理未規範、標準品質資料庫未建立、研究發展未整合亦未公開發表、犯錯冤案未檢討、獨立鑑定未落實等，（注4）何況鑑識科學也有其極限。在台灣有「神探」美名、曾擔任美國康乃狄克州警政廳長並在世界各地協助偵辦過許多重大疑案的鑑識專家李昌鈺，近年來已發生數起因他的證詞有問題，而被翻案的紀錄。

更尷尬的是，台灣現行檢察官、警察乃犯罪偵查機關，而內政部警政署刑事警察局、法務部調查局、國防部憲兵司令部刑事鑑識中心等機構的鑑識人員又附屬在偵查機關之下，其人事、預算、設備、績效上都受制於偵查機關，形成一手偵查、一手鑑定的「球員兼裁判」情況，不免讓人產生「鑑識是為偵查服務，而非為司法公正服務」的錯覺。（注5）前台北市政府警察局鑑識中心主任謝松善即指出：「台灣的鑑識單位為政府機關，工作者是警察等公務員，鑑識人員往往會傾向支持第一線檢警的結論，法醫與刑事鑑識人員更是想盡辦法證明嫌犯有罪。」

劇中方毅任身為鑑識人員，即是配置在警察局偵三隊。在第一集中，他認為用來判定某件潛水命案的關鍵證據有問題，卻被隊長趙承寬（王識賢飾）及其他隊員認為是在找碴。直到第八集，趙承寬才坦承多年前這名嫌犯打死他的搭檔，卻因為關鍵證據有問題而無法定罪，後來多次犯案仍無罪脫身，他們才會在這件命案的證據上做了手腳。而方毅任在連環命案一開始即發現關鍵指紋，卻加以隱藏沒有揭露，也是未能謹守客觀、公正等倫理分際的表現。

方毅任隱藏關鍵指紋，固然為法所不容，但司法實務上更常發生的是：檢警調（包括鑑識人員）為取得績效、爭取曝光，導致我們時常可以在電視、報紙及網路上，見到偵查案件的資訊暴露於大眾目光下，甚至當事人個資、被害人遺體照片（如小燈泡遇害畫面）等，也無法倖免。（注6）基於追求獨家報導、探求真相等因素，類似徐海茵（許瑋甯飾）這樣的記者就會想方設法接觸方毅任等執法人員。**而犯罪偵查機關違反「偵查不公開」的結果，不僅可能誤導了辦案方向，讓被害人家屬承受更多的傷害與痛苦，也可能犧牲了當事人的隱私及名譽，更可能使無辜受冤者終其一生再也撕不下「標籤」，他們沒有犯罪，卻成為實際受到懲罰的「標籤犯」**。

在台灣真實世界中，一九九〇年代被指控涉及汐止吳姓夫妻命案的蘇建和等三人、（注7）空軍作戰司令部謝姓女童命案嫌犯江國慶，（注8）都是因為鑑識人員提供謬誤的科學證據，或多年徘徊在死刑與無罪判決之間，或慘遭槍決冤死。這說明在目前的鑑識機制上，由於獨立鑑定未落實、鑑定標準未制訂、鑑定能力與倫理未規範、標準品資料庫未建立、犯下冤錯案卻未檢討等，自然產生不少流弊。正因如此，多年來台灣大學法醫學研究所李俊億教授、中華人權協會名譽理事長蘇友辰等有識之士一直倡議改革前述弊端。（注9）

二〇一七年召開的司改國是會議中，在「整合法醫、測謊、科學鑑識等科學鑑定機制，提升科學辦案的技術與應用，強化司法發現真實的能力」議題中，最後也作成：「我國應設立獨立行使職權的國家級司法科學委員會，其成員應包含人權、心理、法律、醫學、腦科學、刑事鑑識科學等相關領域專家，專責政策、教育與認證事項，以強化司法發現真實之能力，減少冤抑：一、制定並推動司法科學政策，提升總體科學證據品質；二、整合並推廣各級司法科學教育；三、制定並執行相關實驗室與專家之認證規範與證照制度」等決議內容。

《監察醫朝顏》傾聽死者的聲音、撫慰家屬的遺憾

話說回來，當代社會強調科學辦案，以科學鑑識為題材的戲劇，不勝枚舉（例如，美劇《CSI犯罪現場》、日劇《科搜研之女》、韓劇《檢法男女》、台劇《鑑識

英雄》），而且無不強調其實驗設備的先進、鑑識英雄的熱血雄心、科學辦案的成效。由這個角度來看，改編自香川まさひと創作的同名漫畫日劇《監察醫朝顏》，就顯得平淡、樸實，既不強調華麗場景、科幻實驗室，解剖時也平和嚴謹，更沒有「破案英雄」的熱鬧喧囂。更有別於傳統的，就是她所任職的「興雲大學法醫學教室」多數法醫師為女性，完全顛覆一般都是由男性法醫解剖遺體的性別刻板印象。

然而，鑑識人員處理的大都是涉及人命關天的案件，在每一個案件背後，除了被害人之外，更攸關許多人的生命故事。《監察醫朝顏》中的法醫朝顏（上野樹里飾）因為母親在三一一大地震（發生海嘯）中失蹤，她基於對母親的思念而選擇當法醫。由於自己曾經有過悲傷的經歷，她格外能夠同理死者家屬的傷痛。每當要解剖相驗前，朝顏都會誠心地對著遺體說：「請告訴我，拜託你。」藉由傾聽死者留下的聲音、找出真相，再感同身受地撫慰家屬的遺憾，自己也從中獲得救贖。朝顏下面這一段話，或許更是所有鑑識人員該時刻銘記在心的：

> 當了法醫這麼多年，能夠確信的就是，法醫學者雖然無法挽救生命，卻是唯一能夠傾聽死者留下來的訊息的人，我們陪著死者走完人生最後一程，找到他在生前來不及說出口的話，或者解讀只有法醫學者可以知道的訊息，這也是一種憑弔死

者的方式。

必須說明的是，「相驗」意指「檢視屍體」，也就是研判死者的死亡原因及死亡方式，掣給死亡證明書或相驗屍體證明書，以便進行殮葬事宜的過程。依其執行相驗人員的不同，可區分為「行政相驗」與「司法相驗」兩類。其中的「行政相驗」是指：病人非因診治或就診、轉診途中死亡的情形死亡，無法取得死亡證明書者，由所在地衛生所檢驗屍體，掣給死亡證明書，行政相驗時，如發現有可疑為非病死或有犯罪嫌疑的情形，應即改報為司法相驗；「司法相驗」則是指：檢察官於其管轄區域內，人民遇有非病死或可疑為非病死者，由檢察官、檢察事務官或司法警察官督同法醫或檢驗員檢視屍體，以查有無犯罪嫌疑的過程。

一般而言，各國在司法相驗解剖遺體時，大都由法醫師為之；而「監察醫」是二次大戰後，聯軍統帥麥克阿瑟將軍接管日本時，要求日本在五個大都市成立美式的Medical Examiner Office（日本譯為「監察醫務院」），從事「病死者」的解剖事宜，這並非日本的法醫主流制度。（注10）目前日本只有東京都、大阪市、神戶市等少數地方才有「監察醫」，主要在補充法醫人數的不足，針對沒有犯罪嫌疑的死亡事件從事行政解剖，只有少數在解剖過程中發現有犯罪嫌疑時，才會轉成司法解剖。

向「死亡自決權」發出提問

當然，國內外既然有這麼多以鑑識為題材的戲劇，一部社會寫實劇自不可能僅靠科技、視覺效果吸睛。《誰是被害者》真正吸引人之處，在於它藉由一連串彼此互有關連的命案，提出了值得社會各界思辨的人生課題：人們內心的需求到底是什麼？死亡也是一種善意的選擇？活得痛苦是否就該選擇有尊嚴的死去？

本劇的故事主軸是：幾件命案中每一個人的死，都完成了下一個死者的遺願，死者們利用彼此的「遺願」，讓自己深層的願望得以發聲，受到世人的重視，彰顯曾經生而為人的價值。每個死者互有牽連，交織而成的謎情，猶如一張網；而這張網所要承接的，除了是這些死者的遺願，還有少女江曉孟（李沐飾）想要父親找到自己的渴望，與策劃整起事件的清潔工李雅均（林心如飾）的絕望。

故事要回到李雅均混用各種藥物，騙周洋說是維他命，讓他服食並導致死亡的源頭。依法這當然是殺人罪，周洋雖然因為憤慨，一度揚言要從十樓摔下，以便揭發弊端，而且多次表達想要為其他病人做一些事情，不希望自己無聲無息地死去。但他並不是末期病人，也未曾預立醫療決定，更未囑託李雅均協助自殺。因此，李雅均自以為是，「既然他害怕，那我就給他勇氣」而騙周洋之舉，便毫無法律或道德上的正當性可言。

再者，江曉孟的母親是末期病人，不希望拖累江曉孟，而且已明確表達放棄急救，希望完成遺願。依照《安寧緩和醫療條例》的規定，在江母意識清楚時得預立意願書，(注11)如江母已意識昏迷、無法清楚表達意願時，她的最近親屬也可出具同意書，(注12)選擇不施行心肺復甦術或維生醫療。

另外，有鑑於《安寧緩和醫療條例》的適用範圍極窄，為尊重病人醫療自主，保障其善終權益，立法院又制定通過《病人自主權利法》。依照該條例第十四條規定，**除末期病人之外，處於不可逆轉的昏迷狀態、永久植物人狀態、極重度失智及其他經主管機關公告疾病無法治癒，且依當時醫療水準無其他合適解決方法之情形的人，如有預立醫療決定，得終止、撤除或不施行維持生命治療或人工營養及流體餵養的全部或一部。**

江曉孟原本不願意幫母親完成遺願，但看著她不斷受到病魔無情地摧殘，意識到完成母親的選擇並不殘忍，真正殘忍的是讓她沒有希望的活著，於是前去找多年未曾謀面的父親簽署同意書。怎料當江曉孟在警察局碰到方毅任時，他的淡漠行徑令人難以釋懷。江曉孟在百般無助之下，親手拔掉母親的維生系統，雖屬情有可原，卻因不符合法定程序，成立《中華民國刑法》第二七五條的加工自殺罪。(注13)

其他因遺願而連環死亡的幾位「被害者」之中，劉光勇（夏靖庭飾）在自殺不成獲救後，李雅均為他注射藥物導致死亡，這已不是完成遺願，也不是加工自殺，而是道道地地的殺人。至於其餘因完成遺願而死亡的人，他們因不被接納、被忽視、活得痛苦，在他人的協助下選擇自殺。問題是他們都不是末期病人，有權選擇死亡嗎？如果協助者不是消極地不施行心肺復甦術、終止、撤除或不施行維持生命治療等措施，而是積極地提供協助（如提供藥物），是否該擔負刑責？

對「協助自殺」和「安樂死」的不同思考

自殺一直被認為是禁忌話題，「無論多麼痛苦，都要努力活下去」，這似乎是社會的共識。但二〇二〇年二月底，德國聯邦憲法法院判決該國懲罰提供安樂死服務者的規定違憲，主要理由是認為這樣剝奪了「病患的死亡自決權」。這意味至少在由醫護人員提供藥物，讓病人自行結束生命的情況下，將不再被課以刑罰。而德國《刑法》甚至早就規定協助身患絕症的家人自殺，是不負刑責的；（注14）亦即江曉孟拔掉母親維生系統的行為，在德國是可以免除罪責的。

台灣對安樂死的討論，爭議數十年後已沉寂，直到二〇一七年知名體育主播傅達仁公開呼籲安樂死法制化，才又再獲關注。《中華民國刑法》一直有加工自殺罪，前述兩部有關安樂死的法律，本質上只適用於罹患特定疾病且無法治癒之人的善終。相較之下，歐美國家安樂死發展至今，已有許多國家並不限於成年末期患者，而且不限於由病患自行服藥，亦即醫師得積極地依照病患意願為其終止性命，這是傅達仁選擇赴國外尋死，也是德國聯邦憲法法院做成上述判決的原因所在。

由此可知，與其讓末期病人「活」受罪，「求生不能，求死不得」，不如讓他們好好地走。這雖為台灣法制所承認，但僅侷限於消極安樂死，並不包含積極地提供協助，遑論紀岳良律師在網路上發表〈從歐美安樂死進展，看台灣安樂死立法的瓶頸〉一文中所說：基於對死亡自決權的充分保障，荷蘭甚至評估到「老人自由死」的階段，比利時的未成年人也可以申請安樂死等作法。

本劇最後藉由記者徐海茵和李雅均的對話，開展「生」與「死」的辯論：究竟是「**活著比死亡更需要勇氣**」、「**活著才有希望**」？還是「**死亡也可以是一種善意的選擇**」、「**生命，是可以為別人犧牲、創造出價值**」？這兩人同樣有過悲慘的人生，對於「活得痛苦是否該選擇尊嚴的死去」卻有南轅北轍的看法。這是人類社會要永遠思辨的人生問題、哲學命題，也正是《誰是被害者》值得推介之所在。

注釋：

1 參閱李承龍，〈探索鑑識科學——從歷史到現今〉，科學月刊第五七一期，二〇一七年七月，第510頁。

2 參閱黃嘉宏，〈溺水案件之目擊者——矽藻鑑定於法醫鑑識之應用〉，法務通訊第二八九一期，二〇一八年三月，第3-5版。

3 參閱李昌鈺、提姆西．龐巴、瑪麗琳．米勒著，李俊億譯，《犯罪現場：李昌鈺刑事鑑定指導手冊》，初版，二〇〇三年七月，第148頁。

4 參閱李俊億，〈我國鑑識科學迄待解決之問題與建議〉，全國律師雜誌第十八卷第四期，二〇一四年四月，第102-106頁。

5 參閱李承龍，〈強化鑑識科學——評估建置國家級鑑識科學中心和實驗室之研究〉，收錄於《刑事政策與犯罪研究論文集十七卷》，二〇一四年十月，第309-310頁。

6 國家通訊傳播委員會於二〇一八年一月二十三日舉辦「如何落實偵查不公開、避免媒體審判與隱私保護議題」公聽會時，前司改國是會議委員、小燈泡媽媽王婉諭即表示：小燈泡遇害那幾天，電視媒體不斷地播出孩子遇害的畫面，報導中也描述了她和先生的學經歷，甚至刊登自己和家族長輩住家畫面等。

7 參閱田蒙潔，〈防範垃圾科學——蘇建和案的骨骸刀痕鑑定報告〉，《法官說了算！缺席的證據與邏輯》，二〇一三年一月，第247-258頁。

8 參閱李俊億，〈江國慶冤死案的致命科學證據〉，台灣法醫學誌第三卷第二期，二〇一一年十二月，第1-10頁；田蒙潔，〈科學證據殺人事件：江國慶案的血液、精液和DNA〉，《法官說了算！缺席的證據與邏輯》，二〇一三年一月，第229-246頁。

9 參閱蘇友辰，〈建置國家級「刑事鑑識科學中心」之芻議〉，全國律師雜誌第十八卷第五期，二〇一四年五月，第106-111頁。

10 參閱郭宗禮、邱清華、陳耀昌，〈各國法醫制度的比較〉，台灣法醫學誌第一卷第一期，二〇〇九年六月，第34-35頁。

11《安寧緩和醫療條例》第四條第一項規定：「末期病人得立意願書選擇安寧緩和醫療或作維生醫療抉擇。」而所謂的「安寧緩和醫療」，依同條例第三條規定，是指「為減輕或免除末期病人之生理、心理及靈性痛苦，施予緩解性、支持性之醫療照護，以增進其生活品質」。

12《安寧緩和醫療條例》第五條規定：「成年且具行為能力之人，得預立第四條之意願書。前項意願書，意願人得預立醫療委任代理人，並以書面載明委任意旨，於其無法表達意願時，由代理人代為簽署。」

13《中華民國刑法》第二七五條規定：「受他人囑託或得其承諾而殺之者，處一年以上七年以下有期徒刑。教唆或幫助他人使之自殺者，處五年以下有期徒刑。前二項之未遂犯罰之。謀為同死而犯前三項之罪者，得免除其刑。」

14《德國刑法典》第二一七條規定：「意圖幫助他人自殺，而於業務上為其提供、謀取創造或媒介機會使之自殺者，處三年以下有期徒刑或罰金（第一項）。幫助他人自殺，而非自行給予業務上之幫助者，或為第一項所稱他人之家屬或親近之人者，不罰（第二項）。」

第八章

《你只欠我一個道歉》：對話、真相揭露才能消弭仇恨

黎巴嫩電影《你只欠我一個道歉》講述激進的基督黨員東尼，為了修理排水管的事情，與巴勒斯坦難民葉瑟起了爭執，葉瑟當街罵了一聲「王八蛋」。葉瑟原本打算道歉，卻因東尼一句：「真該讓夏隆把你們屠殺殆盡！」一時情緒失控，出手毆打他，東尼一狀告到法院。律師在法庭上的辯詞煽動，加上媒體的推波助瀾，不僅黎巴嫩人、巴勒斯坦人族群對立，甚至引發街頭暴動。總統出面調停，希望兩人和解；但東尼回絕總統的好意，堅持訴訟到底。東尼為何會有此仇恨言論？原來在東尼年幼時，其故鄉曾遭巴勒斯坦民兵襲擊，他幸運逃過一劫。雖然戰爭已成歷史，但倖存者內心仇恨從未緩解，這說明有比道歉更重要的事，就是真相揭露，以化解仇恨與歧視。

司法院大法官於二〇二〇年三月下旬在憲法法庭召開說明會，命聲請人、關係機關（主管機關為法務部）說明《民法》第一九五條第一項有關「請求回復名譽之適當處分」，是否包括法院以判決命加害人公開道歉的處分？二〇〇九年作成的司法院釋字第六五六號解釋意旨，是否應予變更？第六六五號解釋表示：

民法第一九五條第一項後段規定：「其名譽被侵害者，並得請求回復名譽之適當處分。」所謂回復名譽之適當處分，如屬以判決命加害人公開道歉，而未涉及加害人自我羞辱等損及人性尊嚴之情事者，即未違背憲法第二十三條比例原則，而不牴觸憲法對不表意自由之保障。

該解釋文中所謂的「以判決命加害人公開道歉」，就是實務上常見的登報道歉。名譽是個人的人格德行於社會生活中所受的整體評價，此種社會評價與個人尊嚴的維護、人格的健全發展及自我價值的實現，息息相關。誠如大法官許宗力在該號解釋中所說：「**名譽乃人之第二生命，不法侵害他人名譽者，向被害人道歉，天經地義，且大街罵人者，亦絕無僅於小巷道歉之理。**」在此意義下，為何還要思辨「大清民律草案」以來一貫採行的「登報謝罪」作法是否妥適？

在第六六五號解釋中，大法官認為如果是在命加害人負擔費用「刊載澄清事實之聲明」、「登載被害人勝訴判決啟事」或「將判決書全部或一部登報」等手段，仍不足以回復被害人名譽，且未涉及加害人自我羞辱等損及人性尊嚴的情事時，才可以採取「以判決命加害人公開道歉」的作法。

問題是正如大法官李震山所說：「**道歉，應指表意人真摯知錯，希冀獲得原諒，**

並使被害人之心理產生平和，減輕被害人精神上痛苦，本應以事實上可能及倫理上妥當。」道歉，可能涉及良知信仰的否定；公開道歉，是良知信仰或自我道德人格的公開否定；拒絕道歉，則是根本拒絕形成自我道德譴責，涉及良心拒絕；如政治犯在牢獄中被要求寫下悔過書，就是此類的良心強制，既是不表意自由的戕害，也是道德人格的謀殺。（注1）是以，由法院強制加害人登報公開道歉，豈不損及其不表意自由及良心自由？

小小口角竟引起族群對立

電影《你只欠我一個道歉》（*L'insulte*；英語：*The Insult*）所談論的，正好與此議題有關。故事地點發生在黎巴嫩首都貝魯特（Beirut）。黎巴嫩位於亞洲西南部（西亞），東北部與敘利亞接壤，南部與以色列／巴勒斯坦為鄰，西瀕地中海。黎巴嫩習慣上歸屬於中東國家，卻因曾是法國委任統治地，與基督教關係密切。黎巴嫩因為夾在敘利亞與以色列之間，加上巴勒斯坦解放組織也在境內活動，多年來飽受阿拉伯和以色列衝突之苦。正因其複雜的種族、宗教與文化差異，極可能因為日常生活的糾紛，延燒成族群衝突的暴動。

這事件起因於一家修車廠老闆，同時也是忠誠、激進的基督黨員東尼（Tony Hanna），他對國內過度同情巴勒斯坦人的社會氛圍深感不滿。某天他在澆花時，不小心淋濕了在住家附近進行社區景觀更新的工頭、巴勒斯坦難民葉瑟（Yasser Abdallah Salameh，卡梅爾．艾爾巴夏飾，他因此片贏得第七十四屆威尼斯影展最佳男演員獎）。

葉瑟想幫東尼修理違規的排水管以解決問題，卻被莫名地拒絕，他索性自行從東尼住家外修繕。東尼發現後大為光火，便拿起工具，砸壞已被修好的排水管，葉瑟氣得當街朝東尼罵了一聲「王八蛋」。這句「王八蛋」，就是片名裡的The Insult（原意為羞辱）。之後，雙方引發一連串的爭執，東尼的太太甚至因此早產生子，東尼遂一狀告到法院。

當承審法官詢問葉瑟是否承認傷害並妨害東尼的名譽時，葉瑟當庭表示認罪。法官為了瞭解犯罪事實，詢問葉瑟為何在辱罵東尼後，隔了一星期再去東尼的車廠毆打他？葉瑟說自己原本打算去道歉，卻因為東尼講了一些話而改變主意。法官接著詢問東尼講了什麼話，葉瑟不願回答，僅說自己願意認罪！法官轉而詢問東尼，東尼卻說：既然是羞辱的話，就讓葉瑟來說好了！

法官不相信兩人會僅僅因為修水管的事鬧上法院，但兩人都閉口不語，庭訊陷入膠著。法官不得已，諭知因為證據不足，當庭判決葉瑟無罪。東尼聽罷，暴跳如雷，不斷咆哮、辱罵法官；法官請法警將東尼架出法庭，東尼揚言申訴，並怒稱：「為何巴勒斯坦人犯錯都沒事？」

東尼不服法院判決，找來曾為基督黨主席辯護的瓦吉迪律師提起上訴。當律師問東尼希望得到什麼時，東尼表示：「我不要錢，我只要葉瑟道歉，我要他說我比夏隆狠一百倍。」而瓦吉迪的女兒、一向關注弱勢的娜汀律師則主動找上葉瑟，希望為他出庭辯護。

上訴審開庭時，瓦吉迪、娜汀分別傳訊有利於己方的證人，並鼓起如簧之舌，交互詰問、辯論。瓦吉迪的辯詞尤其具有煽動力，不僅讓法庭旁聽民眾中的黎巴嫩人、巴勒斯坦人壁壘分明、爭吵不斷，甚至在媒體的推波助瀾之下，引發族群對立、街頭暴動。總統不得已，只好出面調停，希望東尼、葉瑟私下和解，不再爭訟；但東尼卻回絕總統的好意，堅持訴訟到底。

惡毒言語所造成的傷痛遠勝槍砲

東尼、葉瑟為什麼要為了一句「王八蛋」鬧得不可開交，堅持訴訟到底？甚至引發整個黎巴嫩社會動亂也在所不惜？這其中的關鍵，我想正如美國制憲代表古文諾·莫理斯（Gouverneur Morris）於一七八七年制憲會議討論總統任命方式、任期時，所提及的一句話：「**對名聲的愛，是邁向高尚卓越行為的偉大原動力。通向光榮的文明一途一旦被封，他或許就會被迫以劍尋求。**」（注2）其後美國甚至發生過兩個社會賢達為了捍衛名聲而鬧出人命的事件。

某個清晨，阿倫·伯爾（Aaron Burr, Jr., 1756-1836）與亞歷山大·漢密爾頓（Alexander Hamilton, 1755 or 1757-1804）從各自的家中出發，在隨從的陪同下，分乘著不同的划艇，橫穿哈德遜河，抵達新澤西州維霍肯鎮附近的一個隱密地點。就在河岸上某處，根據決鬥規則，兩人在相隔十步遠的地方，相互持手槍射擊。

這天，是一八〇四年七月十一日。這不是電影情節，兩位主角也不是西部牛仔或荒野大鏢客。伯爾當時是美國第三屆總統托馬斯·傑斐遜的副總統（任期：1801-1805）。漢密爾頓則是美國的開國元勛，也是憲法的起草人之一，（注3）他曾是喬治·華盛頓總統最信任的左膀右臂，更是財經專家，是美國的第一任財政部長。

長期以來，「決鬥」是歐陸社會用以解決紛爭的方式之一。決鬥者往往藉口保衛榮譽權，或是為恢復其君主的名譽而提出決鬥。只有紳士有榮譽權，因此只有紳士被允許決鬥。十九世紀初以後很多歐洲國家都立法禁止決鬥，但決鬥並沒有因此終止，只要決鬥是公平的，決鬥雙方一般不會受到指控。

在這場美國歷史上最著名的決鬥中，漢密爾頓被擊中右肋，翌日身亡。在當時，決鬥已屬違法行為，原本縈繞著貴族式魅力，已被看作是一種病態的儀式。而讓兩位美國政治家走上決鬥之路的導火線，雖然與政黨惡鬥、長期的政治意見分歧脫離不了關係，但真正的關鍵是當時伯爾正在參加紐約州州長的競選，而漢密爾頓所控制的媒體卻極力詆毀伯爾的名譽。

在刊登於事發前不久的一篇文章中，有人引用漢密爾頓的論點，認為伯爾是「卑劣」的。因為這個詞，伯爾覺得被冒犯，要求漢密爾頓解釋，漢密爾頓卻以輕蔑的語調及挑釁的威脅回應。伯爾因而向漢密爾頓發起挑戰，漢密爾頓認為如果拒絕，自己的名譽將會受損，兩位獨立戰爭的英雄因此甘冒風險，走上決鬥之路。

這次決鬥的真實意義超出了事件本身，它也是警告人們不要進行決鬥的最難忘事例。誠如學者約瑟夫．J．埃利斯在所寫《奠基者：獨立戰爭那一代》一書中所指：**「榮譽之所以是重要的，是因為品格是重要的。而品格之所以重要，是因為美國共和政府實踐的命運需要依賴有道德風範的領袖能夠存活下去。」**（注4）這場決鬥雖不可取，但前述莫理斯所說：「對名聲的愛，是通向高尚卓越行為的偉大原動力」，或許正映照了這事件背後深層的心理因素。

戰爭已成歷史，但倖存者內心的仇恨從未緩解

回到電影《你只欠我一個道歉》本身，從東尼堅持不用仿冒的汽車零件、在離開總統官邸時主動為葉瑟修理故障的汽車，以及葉瑟寧願受罰也不願供出東尼出言不遜之語、不認同娜汀律師為了勝訴而在法庭上揭露東尼太太有習慣性流產的隱私等事情，可見兩人都是誠實、守法的善良公民。為何會因為一件小事互不退讓？鬧得無法收拾？

東尼究竟在堅持、氣憤什麼？引發本件衝突的導火線，不是本該歸罪於東尼？東尼到底講了甚麼話，會激怒受到壓力、擔心工作不保，原本打算忍氣吞聲而前來道歉的葉瑟，讓他一時情緒失控，出手毆打東尼？

原來，當葉瑟與上司抵達車廠之際，東尼正在收看基督黨競選活動的電視節目，其競選口號就是詆毀巴勒斯坦難民，要他們滾回去。更甚者，東尼不但當面咒罵葉瑟，更激情地補上一句：「**真該讓夏隆把你們屠殺殆盡！**」

東尼一再提及的夏隆，指的是曾擔任以色列總理的艾里爾．夏隆（Ariel Sharon）。他被稱為「猶太之王」與「貝魯特屠夫」，曾在一九八二年第五次中東戰爭期間擔任將領，指揮軍隊攻入黎巴嫩，並直接導致了同年九月發生在貝魯特難民營的大屠殺，

超過一千名巴勒斯坦平民被無辜殺害。

這句充滿仇恨的言論，當然會引起葉瑟的滿腔怒火。**所謂的「仇恨言論」，指的是針對特定族群（如猶太人或非裔美國人）、同性戀者或其他族群所為的貶抑性、煽動性、威嚇性或攻擊性的言論。此處所指的族群，可能是基於種族、性別、年齡、國籍、身體特徵、宗教、社會階級、性別傾向甚或道德傾向所為的族群屬性分類。**這類言論常會挑起歷史舊恨、分化族群、破壞和平、激起對立甚至加劇弱勢者的不利地位，其傳達的惡意往往有害社會。（注5）因為攻擊者經常針對特定群體貶抑、傷害，個人只要隸屬這些身分類別，就可能被烙印標籤，遭受仇視。

由於這類言論不僅會造成特定群體廣泛的不安，且會像病毒一樣地蔓延開來，進而引發更多的攻擊與恐懼，造成撕裂、傷害，甚至可能引發不同族群的彼此仇視、相互報復。因此，聯合國《公民與政治權利國際公約》（以下簡稱《公政公約》）第二十條明定：「**任何鼓吹戰爭的宣傳，應以法律加以禁止。任何鼓吹民族、種族或宗教仇恨之主張，構成煽動歧視、敵視或強暴者，應以法律禁止之。**」也就是說，基於納粹的種族仇恨活動，最終導致了以種族、宗教與民族為標準，對數百萬人屠殺的殷鑑，《公政公約》要求締約國不僅應該禁止鼓吹戰爭，並有義務立法禁止仇恨言論的散布。（注6）

雖然有人會認為：真理越辯越明，限制仇恨言論只會讓類似言語地下化，根本方法應該交由公共論辯。但任由仇恨言論擴散蔓延，只是造成民主傷害，無法促進公共思辨和討論。誠如中央研究院法律學研究員廖福特接受訪談時所說：「面對仇恨言論的第一個層次，也是限制言論的信念基礎：言論自由有其界線，我們維護言論自由，但也不能任由仇恨歧視侵害人權」、「第二層次：當歧視仇恨、偏頗性攻擊損害了另一群人的權利，應該受法律規範介入，但立法內容需要細緻討論」。

在各國的立法實踐上，有鑑於第二次世界大戰以納粹意識形態之名所犯下的恐怖罪行，在具有納粹肆虐慘烈歷史經驗的歐洲，即有十多個國家將否認納粹統治時期的大屠殺，或者主張德國未曾在納粹統治時期殺害過猶太人的言論，明定為犯罪；德國甚至規定凡展示納粹黨徽或標誌者為重罪。（注7）又《德國刑法》規定侮辱罪為告訴乃論，但例外地在受辱者是因納粹犯行而犧牲時，不須告訴乃論。（注8）

事實上，相較於葉瑟口出「王八蛋」一詞，東尼的「真該讓夏隆把你們屠殺殆盡！」這句話更值得非議。於是，東尼與葉瑟法庭之爭的攻防重點，轉而在探究東尼為何有此仇視心態。

話說一九七六年一月間，為了報復基督教民兵屠殺巴勒斯坦民眾，巴勒斯坦民兵襲擊了東尼的故鄉達穆爾（Damour），殺害包括東尼的親人與朋友在內的數百名基督徒。當時年僅六歲的東尼雖幸運逃過一劫，但對巴勒斯坦人的仇恨卻從此深埋心中。

因為當年的殘殺行為從未調查，歷史真相始終未獲釐清，才會出現電影中基督黨領袖所說：「**現實中的戰爭雖然在一九九〇年就結束了，但人們心中的戰爭卻依舊進行著，因為我們從未真正和解。**」在東尼、葉瑟及其背後的族群都各自背負著共同的、巨大的歷史創傷時，該如何忘卻仇恨，進而和解？法院又該如何化解衝突，做出妥適的判決？

比道歉更重要的事：化解仇恨與歧視

法庭內的訴訟攻防激烈、雙方劍拔弩張，應驗瓦吉迪律師所說：「法庭是另一場戰爭。」但隨著庭審的進行，兩人及所屬族群過去所遭受的苦難與心中的悲痛，藉由公開法庭、（注9）媒體報導，逐漸被發掘，為世人所知悉。當真相揭露時，東尼、葉瑟彼此不再是情感交流上的絕緣體，藉由傾聽、對話與設身處地，「同情的理解」油然而生。

縱使歷史留下的傷痛並未因這場訴訟而撫平，法院也並未判決葉瑟應該公開道歉，但他們的情緒卻因而獲得宣洩、緩解。從東尼與葉瑟在片尾彼此的眼神交流，清楚地告訴我們兩人已經釋懷、自我療癒了！

對照伯爾、漢密爾頓兩位美國建國先賢因為黨派之爭、私人恩怨，選擇以決鬥方式解決紛爭的作法，東尼與葉瑟這場訴訟有意義多了。由此我們可以更加確定的是，**審判是一種儀式，除了在特定訴訟案件中找出事實真相、決定個人責任之外，如果國家充滿了政治與相關的歷史爭端，則透過審判來探尋歷史上的爭議事件，不僅得以重現罪惡的過往，更可以經由公開審判、媒體報導，讓歷史論述有機會注入生活文化中，有助於拋棄社會上的種族、宗教或黨派之爭，長期來看甚至可以消弭社會的戾氣、怨恨並創造集體歷史。**（注10）

最後，由葉瑟寧願被起訴、私下故意以不堪言語激怒東尼而讓其回擊一拳，也不願意公開道歉來看，現行台灣法院判決登報謝罪的作法，確實該廢止了。畢竟當判決刊登「澄清啟事」已足以撫慰、填補被害人的傷痛時，便沒有必要命加害人採取如同自我羞辱的「道歉啟事」。而由大法官在事隔多年後，再就同一議題重起辯論來看，可預期這樣的作法將被宣告違憲。

由此可知，我們更該關心的，或許不再是登報公開道歉妥適與否，而是該籌思如何因應公共論壇、社群媒體上充斥著種族貶抑、性別歧視及惡毒殘酷的言論。當社會不時出現歧視惡毒言語，（注11）我們不能為了可能造成「衝突」，而要求被壓迫者噤聲、忍讓。畢竟為了消弭歧視，為了對抗既有的惡質偏好與壓迫慣行，某種程度的「衝突」是不可避免的；尤其社會弱勢族群在面對社會優勢族群的仇恨或歧視，的確會產生像是生理與健康、心理、經濟等許許多多的實質傷害時，唯有這種壓迫結構改變了，真正的「和諧」社會才有可能實現。（注12）

如果台灣社會要避免三不五時再出現無知學子以納粹標誌裝扮自己、（注13）無良政客以族群歧視字眼形容新住民或外籍移工，國際公約要求政府管制仇恨言論的規範意旨，是該立法並貫徹實施的時候了。

注釋：

1 參閱李念祖，〈良心的賠償還是懲罰？——論釋字第六五六號解釋的射程〉，《司法者的憲法（二）》，二〇一三年一月，第245-246頁。

2 古文諾・莫理斯具律師資格，是賓夕法尼亞州派出的制憲代表，制憲會議期間發言次數名列第一，共一百七十三次，《美國憲法》最後定稿，主要出自他的手筆。參閱詹姆斯・麥迪遜著，尹宣譯，《辯論：美國制憲會議記錄》，二〇一七年一月，第237、331頁。

3 漢密爾頓不僅對早期的美國財經政策產生重大影響，他與詹姆斯・麥迪遜、約翰・傑伊在制憲過程中所寫有關《美國憲法》和聯邦制度的評論文章八十五篇，於一七八八年首次出版了合集《聯邦黨人文集》（或稱《聯邦論》，*Federalist Papers*），是研究美國憲法的最重要的歷史文獻之一。其中漢密爾頓在第七十八篇所提：「法官既不能影響錢和錢袋，也不能指揮社會的武力和財富，也不能對任何事情做出主動決定。可以真實地說：司法部門既無兵力又無意志，它只能判斷；最終還是要依靠行政部門伸手協助，才能使法庭的判斷生效」、「法庭的職責，在於宣布所有違背憲法公開旨意的立法無效。沒有法庭的這項功能，憲法為公民保留的特定權利和特權，就會變為一紙空文」等論點，可說是為現代司法權功能與特性、法院為何該擁有法律違憲審查權做了最好的剖析。其中關於司法權的論述，參閱亞歷山大・漢密爾頓、詹姆斯・麥迪遜、約翰・傑伊著，尹宣譯，〈論司法：司法部門的組成方式和權力範圍〉，《聯邦論：美國憲法評述》，二〇一九年四月，第528-529頁。

4 關於這次決鬥事件的起因及其影響，參閱約瑟夫・J・埃利斯著，鄭海平、鄭友平譯，《奠基者：獨立戰爭那一代》，二〇一八年一月，第1-37頁。

5 參閱劉靜怡，〈校園仇恨言論之管制〉，月旦法學教室第一四七期，二〇一四年十二月，第6頁。

6 參閱Manfred Nowak著，孫世彥、華小青譯，《公民權利和政治權利國際公約》評注，修訂第二版，二〇〇八年十二月，第495頁。

7 德國將散布有關納粹組織標誌的行為，認定是「破壞和平、內亂與危害民主法治國體」的法益。《德國刑法》第八十六條第一項規定：「於國內散布，或意圖散布而於國內或國外製造、儲存、輸入或輸出下列宣傳物品或將之存於儲存裝置讓大眾得以讀取者，處三年以下有期徒刑或罰金：……四、依其內容，可確定其為致力於使從前之納粹組織復辟之宣傳物品。」第八十六a條第一項規定：「有下列行為之一者，處三年以下有期徒刑或罰金：一、於國內散布第八十六條第一項第一款、第二款與第四款所稱政黨或團體之標誌，或公開於集會與於其所散布之文書中使用該標誌……。」

8 《德國刑法》第一九四條第一項規定：「侮辱罪，須告訴乃論。以散布、使公眾取得文書之方式、於集會或以公共廣播、電信媒體散播侮辱他人之內容，而受辱者於國家社會主義黨或其他暴力政權統治期間，因參與人民團體而受追訴，侮辱內容與此追訴有關者，不須告訴乃論……。」第二項規定：「詆謗對於死者之追憶罪，得由本法第七十七條第二項所列之人告訴。以散布、使公眾取得文書之方式、於集會或經大眾傳播媒體傳述詆謗內容，且死者因國家社會主義黨或其他暴力政權而犧牲，詆謗內容與此有關者，不須告訴乃論……。」

9 「公開審判原則」在十九世紀才成為人類社會關注與實踐的訴訟制度，它被認為不僅在確保被告的人權與限制國家權力的機制，也讓證人承受壓力而不敢說謊，並同時藉此作為人民的公開教育，可以展示犯罪後果的手段、將刑罰作為一種理念的表徵，俾以使暴力與激情受到抑制。參閱薩拉．J．薩默斯著，朱奎彬、謝進杰譯，《公正審判：歐洲刑事訴訟傳統與歐洲人權法院》，二〇一二年一月，第49-60頁。

10 參閱璐蒂．泰鐸著，鄭純宜譯，《轉型正義：邁向民主時代的法律典範轉移》，二版，二〇一七年一月，第123-129頁。

11 例如：「台巴子」、「中國豬滾回去」、「同志死光光」、「越南新娘有餘毒」、「鳳凰都飛走了，進來一大堆雞」等言語。

12 參閱廖元豪，〈仇恨言論管制、族群平等法，與反歧視法〉，台灣法學雜誌第一二七期，二〇〇九年五月，第4-6頁。

13 台灣曾發生過多起類似爭議，其中引發最多討論的就是二〇一六年十二月間新竹光〇高中師生在校內遊行時裝扮成納粹德國的軍隊，不僅直接大方地舉著納粹旗幟與黨徽，還登上紙箱做的坦克車，高舉右手，行納粹禮，主持人甚至還用調侃語氣稱：「希特勒來了！趕快敬禮！不然坦克車壓過你們！送你們進毒氣室！」最終，光〇高中發表道歉聲明，校長請辭，連同教育部的「優質高中」認證與新臺幣兩百萬元的補助款也被一併撤銷、扣減。

第九章

《7號房的禮物》：憐憫心與見義勇為，彰顯了人性之光

土耳其、韓國同名電影《7號房的禮物》陳述只有六歲智商的父親，因為權勢者的濫權而入獄，與他同房的獄友們在發現他受到冤抑，卻又面臨死刑的威脅，決定把他相依為命、日夜思念的寶貝女兒當成「禮物」，偷偷帶進「7號房」，陪伴他度過可能的最後人生歲月。劇中的父女情感人肺腑，賺人熱淚，俘獲了無數觀衆的心。這兩部影片的女兒在父親入監後都孤苦無依，即便父親罪證明確，為何不能讓她光明正大地進入監所陪伴？如何看待心智障礙者被判死？怎麼評價死刑個案中的兒童最佳利益？怎樣看待這群獄友協助將小孩送進監獄之事？這是否應驗了俗諺「仗義每多屠狗輩，負心多是讀書人」？人們又該如何看待這群違背社會規範而被判刑入獄的「屠狗輩」？

《7號房的禮物》是多年前出品的一部韓國電影，主角李永久是個智能障礙者，與女兒妍思相依為命。雖然他是弱智者，但全心全意疼愛妍思，不料因蒙冤而判死。妍思長大成為律師後，藉由自己的法律專業，在法庭上為父親洗刷冤屈。劇中的父女情感人肺腑，賺人熱淚，俘獲了無數觀衆的心，一上映就屢創佳績，成為韓國影史上最賣座的溫馨悲喜劇。

事隔多年，土耳其翻拍了同名影片，甚至二〇二〇年菲律賓也拍攝了類似劇情的《7號房的奇蹟》。各國一再地翻拍，可見這一題材在不同社會皆能引起高度的共鳴。為了聚焦，本文僅以韓國版與土耳其版的劇情來對照說明。

土耳其版的父親是只有六歲智商的麥肯斯，女兒則是六歲的歐娃。兩個版本各有其特色，人物、情節不完全相同，結局也迥異。韓國版講的是警察局長的濫權與公報私仇，土耳其版則是戒嚴司令的暴政與濫殺無辜，唯一不變的都是對於父女情的描繪。

土耳其版緊扣父女情的主題，重新詮釋，一樣令人激賞，尤其父女倆站在監獄高牆內、外兩側的隔空對話，即使牆再高也無法阻擋這份濃烈的父女之情，讓人看了心碎不已。另外，劇中也加入許多土耳其特色的情節，例如：全片充斥著遼闊、荒涼的原野，以及無處不在的伊斯蘭教文化。

是什麼分隔了父女情？各國對「攜帶兒童入監」政策各有抉擇

這兩部影片之所以取名為《7號房的禮物》，在於蒙冤入獄的「父親」這一角色被安排在監獄裡的「7號房」；而與主角同房的獄友們在發現他受到冤抑，卻又面臨死刑執行的威脅，即將與女兒生死別離時，決定幫他實現一個願望：把他思念的寶貝女兒當成「禮物」，偷偷帶進「7號房」，陪伴他度過可能的最後人生歲月。

令人好奇的是：女兒只能被當成「禮物」、偷運進入「7號房」？聯合國通過的《兒童權利公約》第三條第一項不是明定：「**所有關係兒童之事務，無論是由公私社會福利機構、法院、行政機關或立法機關作為，均應以兒童最佳利益為優先考量**。」(注1)而相關法律也有規定受刑人可以攜帶未成年子女入監服刑。尤其這兩部影片的女兒在父親入監後都孤苦無依，即便父親真的罪證明確、難逃法網，為何不能讓她光明正大地進入監所陪伴？

這是一個值得思辨的問題，攸關許多利益衝突，需要進行價值取捨。因為這涉及的不僅是父母子女之間親情的維繫、受刑人矯正與教化功能的發揮、監所安全與秩序的維護，更攸關著孩童的妥適照顧與最佳利益。尤其監獄作為拘禁受刑人的場所，多數國家將其功能定位為刑罰（部分歐洲國家偏向於預防犯罪發生，而非懲罰罪犯），即限制罪犯的人身自由和物質生活，使其感到痛苦。這意味受刑人不僅被嚴密監控、與外界隔絕，也不能保有個人隱私，甚至被去個別化，而以代號稱呼。在這樣的監所環境內成長，受刑人也體認到未成年子女將無法如同一般孩童所擁有的發展活動空間與學習上刺激，加上同儕的壓力，還是會考慮將孩子送出，以尋求較好的教養品質。(注2)

只是，撇開是否適合讓死囚的未成年子女在獄中陪伴其度過最後人生不論，縱使是執行有期徒刑的受刑人是否適合攜帶其未成年子女入監執行，不同社會、不同國家也有著不同的政策抉擇。綜觀世界各國法制，有採取完全禁止政策的（如：中國與挪威）、有部分禁止者（如：加拿大與美國）、也有准許攜子入監的（如：台灣、瑞典與日本）等三種不同的政策取向。（注3）

以台灣為例，基於人道關懷與仁愛精神，依照《監獄行刑法》第十二條規定，女性受刑人可以請求攜帶三歲以下的子女一同入監；（注4）在監所內分娩的子女，情形亦相同。子女滿三歲後，如果沒有適當之人受領，又無法寄養者，得延期六個月，期滿後交付救濟處所收留。（注5）立法者之所以如此規定，在於兒童隨著心智的成長，自我觀念逐漸發展，如果依舊在監獄的特殊環境下生活，對他／她的身心發展難免有負面影響，遂明定最長以三歲六個月為限。

如何看待心智障礙者被判死？怎麼評價死刑個案中的兒童最佳利益？

由此可知，台灣的受刑人攜帶未成年子女入監有著年齡上的限制，而且只限於女性受刑人才擁有聲請權。其他採取類似政策的國家，最長是以法定義務教育年齡為上限，例如澳洲（各省略有差異）、德國的法定義務教育年齡是六歲。（注6）這意味縱使真實版《7號房的禮物》發生在台灣或其他准許攜子入監的國家，因為歐娃（妍思）已經超過六歲，是不可能獲准入監陪伴的；何況身為主角的父親被判處死刑，更是不宜。

劇中的父親麥肯斯（李永久）是個智能障礙者，姑且不論是否屈打成招，他遭法院判處死刑，這是否為法所容許？執法者可以因為殺害兒童的犯行令人髮指，被認為是《公民與政治權利國際公約》（以下簡稱《公政公約》）第六條第二項所稱的「情節最重大之罪」（**the most serious crimes**，或譯為「最嚴重之犯罪」），（注7）即判處他死刑？

在土耳其版電影一開始，長大成人的歐娃經由廣播新聞，得知土耳其決定廢除死刑，這應該是土耳其為了獲准加入歐盟，於二〇〇四年所作的政策調整。因為歐盟於一九九八頒佈關於死刑的指導方針，規範各會員國對於死刑的一致標準；二〇〇〇年通過的《歐洲聯盟基本權利憲章》（*Charter of Fundamental Rights of the European Union*）中，第二條更明文廢止死刑。（注8）該憲章透過《里斯本條約》第六條賦予其效力，具有拘束歐盟成員國的效力。

然而，縱使土耳其沒有廢除死刑，而且行為人所犯的是「情節最重大之罪」，法官在量刑時仍應一併審酌被告行為時的精神狀態、精神障礙與犯罪有無因果關係、責任能力是否欠缺或顯著減低等情形，以為決定。依照台北市立聯合醫院松德院區院長楊添圍在網路上發表的〈精神障礙者的死刑裁量〉一文說明，可知從人類歷史發展來看，無論是西方、傳統中國、東方文化甚至是穆斯林社會，人們逐漸認知到道德上不應苛責的人，例如：孩童，不應該受到一般人的刑事處罰；智能障礙者、喪失理性者、心智缺陷者（先天性或疾病而引起），在處罰上都應有所減輕或免責。

二〇一八年，聯合國人權事務委員會針對《公政公約》第六條生命權所發布的《第三十六號一般性意見》，即指出：「**締約國不應對面臨特殊障礙、難以與他人平等地進行自我辯護的個人，例如存有嚴重社會心理和心智缺陷而妨礙其進行有效辯護的個人，以及具有限道德上／規範上可責性的個人，判處死刑。**」這說明心智缺陷、責任能力受損之人從事犯罪時，普世認同應予以減刑，並且不可判處死刑。

更甚者，於死刑個案中，如果被告尚有未滿十八歲之子女的情況下，聯合國人權理事會明確指出父母被判處死刑，對其子女幾近是負面影響為由，要求應優先考量兒童的最佳利益。而兒童權利委員會在審議《兒童權利公約》各締約國的定期報告時，也都在具體的建議中指出：「在兒童父母遭到司法起訴和父母被判處死刑的司法程序中充分評估並考慮兒童的最佳利益。」（注9）

台灣高等法院台南分院在審判某件被告殺死其妻子及她委任的律師的案件時，侯廷昌法官主筆的判決中即表示：《兒童權利公約》第三條「兒童最佳利益原則」的適用，並非僅限於「兒童本身為主體或兒童成為被害客體之刑事案件」，尚包括「因家長觸犯法律而受影響的兒童」；**兒童最佳利益可能與其他利益或權利衝突時，若達不成協調，決策者必須權衡，並銘記兒童最佳利益是首要考量，意味著兒童利益有高度優先權，並非僅係若干考慮之一種，因此，應賦予兒童最佳利益一個較大的比重。**（注10）

電影中的麥肯斯並未受到正當法律程序的保障，法院在判刑前更不可能對歐娃實施所謂的「兒童最佳利益鑑定」。而麥肯斯雖然心智缺陷，但他表現出來的純真童心（例如為自己豢養的羊隻一一取名、在監獄中對鴿子講話等），讓獄友和獄警們從原先的憎惡之心，漸漸地同情起他來。他們都認為不應該讓智能障礙的麥肯斯被判處死刑，何況麥肯斯確實遭受了冤屈。但戒嚴司令讓復仇之心給吞噬了，竟濫用其權勢，讓法院判處麥肯斯絞刑。

一邊是要置麥肯斯於死地，衣冠楚楚、位高權重的戒嚴司令及其親屬；另一邊則是一群全力挽救麥肯斯性命，由黑幫老大、慣犯、把監獄當作臨時寓所的窮人所組成的獄友。在許多世人的眼中，前者才是令人欽羨、主宰社會發展之人；殊不知後者的憐憫心與見義勇為，才是真正的人性之光，應驗了「**仗義每多屠狗輩，負心多是讀書**

人」這句俗諺。（注11）

這群獄友是濟人之危、奮不顧身的游俠

該怎麼看待這群獄友協助將歐娃送進監獄之事？麥肯斯不只受到冤屈，而且即將面臨執行死刑的威脅，他們把歐娃偷偷帶進「7號房」陪伴他，從人性、親情的角度來看，固然感人並值得讚許，但他們畢竟違背了監所規定，甚至觸犯了刑事法律。

針對這種正義、善良之舉，卻又犯法之事，兩千多年前司馬遷所寫的《史記》（或稱《太史公記》）中，以其「究天人之際，通古今之變，成一家之言」的史識，早有識見地在書寫帝王將相、王侯貴族的豐功偉績之外，另闢〈列傳〉主題，具體呈現歷史上各類人物的歷史表現與社會的種種樣貌。其中的〈游俠列傳〉，他在引用韓非子「**儒以文亂法，而俠以武犯禁**」之語時，提到：

> 今游俠，其行雖不軌於正義，然其言必信，其行必果，已諾必誠，不愛其軀，赴士之厄困，既已存亡死生矣，而不矜其能。羞伐其德。蓋亦有足多者焉……。
>
> 由此觀之，「竊鉤者誅，竊國者侯；侯之門，仁義存。」非虛言也。今拘學或抱

> 咫尺之義，久孤於世，豈若卑論儕俗，與世浮沉而取榮名哉！而布衣之徒，設取予然諾，千里誦義，為死不顧世。此亦有所長，非苟而已也。故士窮窘而得委命，此豈非人之所謂賢豪間者邪？

就此，一如論者（佚名）所言：巧妙地運用對比、襯托手法，用儒俠作對比，借客形主，從而烘托出游俠的可貴品行。亦即，司馬遷指出儒者是靠儒術取得高官的人，他們虛偽狡詐，毫無信義可言，僅憑有權有勢，就受人稱許；這與濟人之危、奮不顧身的游俠反而受到污衊，形成了鮮明的對比。

在司馬遷看來，游俠實乃豪傑之士，其德行顯然比儒者可貴多了！而儒者卻是漢武帝獨尊儒術以來，傳統中國讀書人追尋的人生目標，這可真是顛覆很多人的思維！不過，這正可說明武俠小說從未被放入正規的文學作品之列，卻總是在民間廣泛流傳的原因所在。相信很多人也曾像我一樣，在年輕歲月時常捧著小說「練功」。這也正是「**以武俠而重構歷史，以武俠而刻畫人性，並創造性地融會貫通於博大精深的中國文化之中**」的金庸武俠作品，能夠再三地被翻拍成電視電影的深層因素。有學者即指出：

所謂的「不執於正義」中的「正義」，乃指官方標準的道德法律而言，即俠之所為雖乃犯法，然其所犯之法則又與「信」與「誠」及救死扶危有關，而俠不以其所為而驕矜自得，由此可見「俠」的特質：雖犯法，卻又具道義，且謙卑，當然亦是與官方相對立的「布衣」。（注12）

由此可知，這群獄友未必武功超群，但卻都具有正義、善良之心，才能不計個人利害，有此仗義之舉。而何謂「義」？中文詞語中，見義勇為、義薄雲天、義無反顧、義不容辭、天經地義、急公好義等，「義」指的幾乎都是正面的行止，也就是「正當、合宜的關係」。它在當代社會又該賦予什麼樣的意涵？

如果從民主法治的權利義務關係來看，十九世紀中葉以前，「權利」（right）思想在中國幾乎沒有背景，以致必須為它創造一個新詞，美國傳教士、同文館總教習丁韙良（W. A. P. Martin）於一八六四年翻譯出版惠頓（Henry Wheaton）的《萬國公法》（*Elements of International Law*，直譯為《國際法原理》）時，首度將英文right一字翻譯成「權利」一語，成為日後華人社會習用此語的濫觴。（注13）論者指出：Right一字，**英文中可兼用為名詞、形容詞，皆有「正當的」、「對的」意思，正當的、對的主張，就是「權利」；而中文之中，「正義」才是傳達「對的」、「正當的」正當性**

意涵的詞彙，因此「正當的對待關係」，其實就是正義。（注14）

從「權利」就是「正義」的角度來看，當然不能正當化這群獄友協助將歐娃送進監獄之事，因為縱使麥肯斯沒有得到公平審判的機會，還受到冤屈，他人該做的，應該是協助他聲請再審，尋求重新獲得審判的機會。然而，當年聯合國倡議制定國際人權文件時，取名《世界人權宣言》而非「國際人權宣言」的理由，在於維護人權是每一個人的責任，而非只有簽署這份文件的政府須要負擔。這也是當一國出現極權政府或侵害人權事件時，國際組織、他國政府、NGO或人民會透過各種方式施壓的主要原因。因而，萬一這群獄友因此遭到訴追，則承辦檢察官或法官如何尋得正義？

攀過高牆的親情，跨越監獄的另一個可能？

他們究竟是義舉？還是罪行？不論執法者如何進行法律評價，這群獄友救死扶弱，我想很多人會認同他們是見義勇為的豪傑之士。如果有機會由國民法官參與審判，其結果更令人期待。但人們又該如何看待這群違背社會規範而被判刑入獄的「屠狗輩」？

學者指出：早期美國殖民時期的刑事司法，公眾擠進公開的陪審團審判，刑事案件是他們日常生活的「道德劇」，他們看到正義被伸張。這種道德具有消極的一面，即對犯罪進行公然譴責；但它也有積極的一面，即給予罪犯寬恕與救贖。他同時提到：**因為大多數違法者都被視為公民同胞，應該在他們跌倒之後再次將他們扶起，仍然是兄弟。亦即，刑事司法制度的任務就是對偏離正道的「綿羊」進行改造，並使他們重新融入羊群。這說明社會應該憎恨犯罪，但也應該關愛並救贖犯罪。在理想的情況下，犯錯的人將會坦白並懺悔，公眾則對違法者表示寬恕、為其重新融入社會鋪平了道路。**（注15）

可惜的是，隨著近兩個世紀以來司法制度的職業化，檢察官、律師開始在審判中起主導作用，被害人被忽視，被告選擇沉默；專業化、機械化的程序取代傳統道德劇式的審判，加上現代化監獄的興起，監獄把刑罰隱藏在高牆之後，對罪犯處以重刑並加以隔離，成了民眾的普遍期待。（注16）諷刺的是，在這個號稱現代化的刑事司法機器下，案件事實被隱藏，群眾被隔離在司法程序之外，不能親眼見到正義被實現，司法乃至法治的公信力遭到破壞。

對此，土耳其版藉由天真無邪的歐娃與這群獄友們之間的對話，引領我們重新省思：**從某個角度來看，這群受刑人不過是「生病了」，是一時偏離社會常軌的「綿羊」！我們是否應該給予關愛，並協助其回歸正途？**

在劇中，可以發現歐娃的到來，給灰暗的牢房帶來溫馨的氛圍。在面對歐娃天真無邪、童言童語的提問時，每個獄友一開始都慚愧地不知如何啟口，之後便開始反思自己犯下的罪行，並努力地修補自己與親人的關係，原本自暴自棄的他們，開始對未來的生活懷有憧憬。

另外，兩部電影分別呈現的韓國、土耳其監獄，雖然各有其特色，例如韓國監獄明亮、管理現代化，土耳其監獄則是幽暗、溫馨的家庭式，但基本上都著重在監禁、懲罰。相較之下，前法務部矯正署桃園女子監獄輔導員詹惠雅在親自探訪荷蘭監獄後，在網路上發表的〈荷蘭牢房生活：在低監禁率之國，監獄的存在不是為了懲罰〉一文中，則讓我們見識到荷蘭著重在處遇而非懲罰的獄政管理作為。

該文提到：荷蘭監獄提供受刑人教化課程、工作技能訓練及精神醫學療程，以利受刑人未來能夠適應社會生活與自力更生。同時，為了讓受刑人能夠感受到親情的支持，每位受刑人每週可與家屬面對面接見一次，時間是一小時。藉由人性化對待、維繫家庭支持及復歸社會措施，更有機會減少犯罪人一再進入司法體系之中，因而讓荷蘭成為歐洲犯罪率、監禁率排名前三低的國家。

親情的關懷與家庭的支持，確實是讓人迷途知返的重要解方。如果公眾給予寬容、關愛，也將減少其回歸正途的阻礙。這種同理關懷與憐憫，更有助於伸張正義。

因此，這二部電影所要彰顯的，不止是親情的偉大，還包括各種善心者所展現的憐憫心與俠肝義膽，在在讓人感受到人間的溫情與善良的力量，這或許也是其劇情最能感動人心之所在。

注釋：

1 依照《兒童權利公約》第一條規定，「兒童」是指未滿十八歲之人。而依照台灣《兒童及少年福利與權益保障法》第二條規定，本法所稱「兒童」，指未滿十二歲之人；所稱「少年」，指十二歲以上未滿十八歲之人。兩者對於「兒童」的定義雖有所不同，但《兒童及少年福利與權益保障法》第五條第一項規定：「政府及公私立機構、團體處理兒童及少年相關事務時，應以兒童及少年之最佳利益為優先考量，並依其心智成熟程度權衡其意見；有關其保護及救助，並應優先處理。」由此可知，無論是依據國際公約或國內法，在有關「未滿十八歲之人」的事務處理上，都應以其「最佳利益」為優先考量。

2 參閱吳珍梅、程小蘋、鄭芳珠，〈攜子入監服刑的母職實踐與幼兒照顧經驗之探究〉，幼兒教育研究第二期，二〇一〇年六月，第37-39頁。

3 參閱陳俞亨，〈各國攜子入監政策之比較分析〉，矯正期刊第七卷第二期，二〇一八年七月，第55頁。

4 《監獄行刑法》第十二條第一項規定：「殘餘刑期在兩個月以下之入監或在監婦女請求攜帶未滿三歲之子女，監獄得准許之。」同條第二項規定：「殘餘刑期逾二個月之入監或在監婦女請求攜帶未滿三歲之子女，經監獄檢具相關資料通知子女戶籍所在地直轄市、縣（市）社會福利主管機關評估認符合子女最佳利益者，監獄得准許之。」

5《監獄行刑法》第十二條第一項規定：「在前項評估期間，監獄得於監內暫時安置入監或在監婦女攜入之子女。子女隨母入監最多至滿三歲為止。但經第二項社會福利主管機關評估，認在監符合子女最佳利益者，最多得延長在監安置期間至子女滿三歲六個月為止。」

6 參閱陳俞亨，〈各國攜子入監政策之比較分析〉，矯正期刊第七卷第二期，二〇一八年七月，第81頁。

7《公民與政治權利國際公約》第六條第二項前段規定：「凡未廢除死刑之國家，非犯情節最重大之罪，且依照犯罪時有效並與本公約規定及防止及懲治殘害人群罪公約不牴觸之法律，不得科處死刑。」該規定所稱的「情節最重大之罪」，其內涵並非毫無界線，最有力的解釋莫過於一九八四年五月二十五日聯合國經濟及社會理事會決議批准公布的《保障死刑犯人權保證條款》，其第一條對此解釋是指：「蓄意且造成致命或極嚴重之後果的犯罪」。此外，聯合國人權事務委員會於二〇一八年所通過的《第三十六號一般性意見》亦申明所謂「情節最重大之罪」，必須嚴格限制其適用且採狹義解釋，僅能限定於極端嚴重且涉及故意殺人的犯罪。只是，即便行為人所犯是「情節最重大之罪」，僅是法院得選擇為死刑裁量的必要條件，而非充分條件。

8《歐洲聯盟基本權利憲章》第二條規定：「人人均享有生命權。不論何人均不受死刑判決或受死刑執行。」歐盟力主廢除死刑，主要基於不人道、違反人權的理由，並將「廢除死刑」與「民主」、「自由」並列為歐盟的核心價值，更是歐洲國家能否獲准加入歐盟的前提要件。每當台灣執行死刑之時，歐盟或歐盟國家駐台代表就會公開發文或投書媒體，表達遺憾之意。

9 參閱林慈偉，〈死刑辯護與國際人權公約〉，收錄於《死刑的重量——重大刑事案件的量刑辯護與挑戰》，二〇二〇年十月，第127-131頁。

10 參閱台灣高等法院台南分院一〇八年度矚上重更一字第十八號刑事判決。該案合議庭據此委託學者專家，對被告與被害人於婚姻關係所生的兩名未成年子女，實施兒童最佳利益鑑定。其後，合議庭綜合鑑定意見及各項量刑事由，認為判處被告死刑不符合兒童最佳利益，對兒童最佳利益衝擊過大，乃撤銷地方法院原宣告的死刑判決，改判處被告無期徒刑，褫奪公權終身。檢察官不服而提起上訴後，已經最高法院一〇九年度台上字第四四六一號判決上訴駁回而確定。

11 這是明代詩人曹學佺的著名對聯，指的是：社會上講義氣的人，多半是一些從事卑賤職業、大字不識幾個的下層民眾（「屠狗輩」就是以殺狗賣肉為職業的人，「屠狗」泛指卑賤職業）；而有知識、有文化的人卻往往對朋友、對愛人做出負心的事來，更別說對陌生人見義勇為了。

12 參閱陳岸峰，〈雖千萬人吾往矣：俠之觀念與譜系建構及其演變〉，《鏡花水月：金庸武俠小說中的思想與結構》，二〇一七年十一月，第108頁。

13 參閱楊焯，〈從「有司」到「庶人」："right"在《萬國公法》中的翻譯〉，編譯論叢第七卷第一期，二〇一四年三月，第215-217頁。

14 參閱李念祖，〈其實「權利」就是「正義」〉，《司法者的憲法（二）》，二〇一三年一月，第1-5頁。

15 參閱斯蒂芬諾斯．畢貝斯著、姜敏譯，《刑事司法機器》，二〇一五年八月，第8-17頁。

16 參閱斯蒂芬諾斯．畢貝斯著、姜敏譯，《刑事司法機器》，二〇一五年八月，第31-55頁。

第三部

責任

第十章

認清了自己的責任，才能深刻感受《陽光普照》

台灣電影《陽光普照》主線是父子關係，父親阿文是駕訓班教練。小兒子阿和被黑輪欺負，找上菜頭，沒想到菜頭直接把黑輪的手掌砍斷，兩人被判處感化教育；自小聰明的大兒子阿豪正準備重考第一志願醫科，卻自殺身亡。兩條線點出台灣儒教社會中，父子親情複雜的糾結情懷。阿和出獄後，開啓重生之路，菜頭卻開始找他麻煩。阿和被迫幫忙犯法之事，且三不五時找上門，最後菜頭遭阿文打死。本片我們看到個人肩負的責任，也見識到未必熟知或認同的承擔。人們必須好好思辨、隨時檢視，清楚分辨承擔責任後有什麼益處？得付出什麼代價？習俗上認可的道義責任，未必是天經地義之事。司法審判上的民、刑事責任雖不成立，道義上的良心譴責可能是更大的負擔。

人生百態、人性幽微，犯罪成因有千百種。以本件而言，小兒子阿和出獄後，三年來日夜顛倒的兼差工作，又算是一個剽悍的人，為什麼會受朋友菜頭的要脅，去民代服務處開槍、交毒品給黑道？情義？愧疚？我看不出其合理性在哪裡，人活在這個社會不是這麼無助的！

以上疑問，是我在看完第五十六屆金馬獎最佳影片《陽光普照》後，所產生的最大困惑。這部電影講述阿和（巫建和飾）因為被黑輪欺負，找上了菜頭（劉冠廷飾），沒想到菜頭直接把黑輪的手掌砍斷，阿和、菜頭因傷害罪雙雙被判進入少年輔育院接受感化教育。出獄後，阿和展開了嶄新的人生，菜頭卻開始找阿和麻煩。阿和不想再惹事，只好被迫幫忙做壞事，只希望菜頭就此不要再找他，然而菜頭還是三不五時找上門。最後菜頭遭阿和的父親阿文（陳以文飾）開車撞倒、打死，整起事件才落幕。

朋友幫我解了惑！有朋友回應我說：「**可能很多人不知如何處理，尤其智識／資訊不足**」；二〇一七年總統府司改國是會議委員、桃園地方法院主任少年調查保護官王以凡則表示：「**我想是虧欠感**」、「**那些小孩很重義氣**」、「**大兒子阿豪的過世，讓爸爸阿文想法開始轉變，我想他或許也後悔那時不該對賠償案置之不理，這賠償的事情衍生出後面的愧疚**」。看來以處理觸法少年事務為本業的王以凡說得沒錯，阿和或許是因為覺得虧欠菜頭，才二度冒險幫忙出獄後的菜頭。

本片正如詩人傅紀鋼網路文章〈鍾孟宏《陽光普照》：單看前一小時可說是爛片，對白、行為和「說教」都堪稱失敗〉所說，電影的主線在於父子關係，男主角阿文是一個父親，一個駕訓班的教練，小兒子阿和犯了前述傷害罪，自小聰明、被他所器重的大兒子阿豪，正在準備重考第一志願醫科，卻莫名地自殺身亡。兩個兒子的兩條線是為了點出台灣儒教社會中，父子親情複雜的糾結情懷。

什麼是「責任」？誰負有責任？

電影主軸是家庭的崩解與和解，其關鍵在於：砍人所應負的責任，以及阿和因為虧欠感而再度涉案，並引發阿文為救兒子而犯下罪行。無論是砍人後所需面對的，還是「兄弟」基於義氣或歉疚而去犯罪，都涉及責任問題。**而所謂的「責任」，指的是一個人去做某事或表現某種行為的本分或義務。一般來說，承擔應負的責任會帶來獎勵或好處，沒有履行則會遭受某種懲罰或不利結果。**

人活著，難免身負著各式各樣的責任。按照美國公民教育中心（Center for Civic Education）出版的《超級公民——責任》一書的說明，（注1）責任的來源可能包括：教養（受父母或家庭成員的影響）、承諾（答應別人的事，就該信守承諾）、指派（學校或職場指派的任務）、任命（接受任命，擔任某些職位、承擔某些責任）、職業（每一種職業都具有某些責任）、法律（法律加諸的的責任）、習俗（長期依循的傳統所負的義務）、公民原則（社會規定的公民義務）、道德原則（基於個人價值

觀或宗教信條）等。（注2）

《陽光普照》所展演的，是一個由形形色色的人物所組成的社會，有為人父母、子女，有身為雇主、員工，也有在公部門服務的上司和下屬。藉此，我們看到了各式各樣的人所肩負的責任，也見識到我們未必熟知或認同的承擔。例如：

阿和因為被黑輪欺負，找上菜頭一起持刀砍傷黑輪，自應負起法律上責任。於是，兩人因此被關進了少年輔育院，並須對黑輪負起損害賠償責任。

少年輔育院原是考慮到少年犯與成年犯的不同，為幫助誤入歧途的兒少健全發展、順利回歸社會而設。但法務部始終沒有盡到政府機關對少年矯正教育的責任，教育部也成為局外人；從電影中我們看到的輔育院與監獄沒什麼兩樣，而且據說實際上是八人一室，並不是電影中的五人一室。

小玉的阿姨或許基於教養，或出於承諾，或秉於自己認知的道德原則，在小玉的父母雙亡後，認養了小玉，卻也因而誤了自己的青春，不敢走入婚姻世界。

阿和進入輔育院後，他的媽媽琴姐才被告知年僅十五歲的小玉懷了阿和的小孩。琴姐可能基於教養，或出於自己認知的習俗和道德原則，收留了離家出走的小玉，並安排她與阿和在輔育院內結婚。

黑輪的父親邱先生依照法院的判決，要求阿文為阿和賠償黑輪斷掌所受的損害一百五十萬元，阿文卻表示持刀砍傷人的是菜頭，不是阿和，堅持一毛錢也不賠。當邱先生乘機進入教練車，被駕訓班學員及阿文開車載到山裡的墓地時，阿文竟不顧「己所不欲、勿施於人」的道德原則，將邱先生單獨留在山上，害他費盡心力才回到家。

當盛怒的邱先生來到阿文任職的駕訓班大鬧，老闆介入協調時，阿文表示僅願意負起道義責任，賠償二十萬元了事。問題是阿和、菜頭共同持刀殺人，依法負有共同侵權行為人的責任，而阿和砍人時是未成年人，阿文依法也必須負起法定代理人的連帶賠償責任，並不僅僅是道義責任而已。電影中法院僅判菜頭跟他的奶奶要負責，不符法律規定。

阿和出獄後，阿文不知如何教養，無法與自己的兒子生活在同一個屋簷下，竟把駕訓班當成了家。老闆提出了質疑：你這樣有盡到父親的責任嗎？說得好！

當老闆看到阿文心情失落，要阿文休息一個月時，阿文誤以為要他辭職；老闆馬上義正辭嚴地說：這種話傳出去，我在這個行業還能做嗎？的確！這不僅是一個承諾、職業倫理或道德原則，更是雇主該負起照顧勞工的法律上責任。

無論承擔或逃避，都有逃不開的代價

由以上的說明可知，人的一生不停地面對著各種樣態的責任，有些是我們自願承擔，或該勇於負責的，有些則是別人、社會制度強加在我們身上的。我們必須好好思辨、隨時檢視，清楚分辨承擔責任後有什麼好處？得付出什麼代價？

以這部電影為例，當阿和與輔育院同學一起在教室內用餐，突然從廣播中聽到阿和即將出獄，一群人自動自發，齊唱歌曲《花心》，(注3)這畫面多麼感人肺腑，也讓人見識到情義的美好！

花瓣淚飄落風中　雖有悲意也從容
你的淚晶瑩剔透　心中一定還有夢
為何不牽我的手　同看海天成一色
潮起又潮落　潮起又潮落　送走人間許多愁
春去春會來　花謝花會再開
只要你願意　只要你願意　讓夢划向你心海……（《花心》歌詞）

至於阿文所說的**「道義責任」，指的是道德良心上認為該做的事情；而人受的教養千差萬別，不同的社會環境與宗教信仰也發展出相異的習俗、道德原則。因此，風俗或道德原則所生的「責任」，往往因人、因地而異，更會隨著環境、時代的變遷，或法律制度的變更而改變。**其中最值得華人社會深思的課題，無非是儒家倫理所建構的道德文化。

對此，台灣師範大學國文學系教授曾暐傑在大愛電視《人文講堂》節目中，以「讓良心自由——揭開被遮蔽的華人靈魂」為題發表演講時，指出：**以儒家「性善理論」為主要核心的華人傳統文化，始終承襲一種「與生俱來」的道德本性。明明是後天建構的社會倫理規範，讓人在其中有所遵循，卻逐漸變成華人的基因，從而佔據多數人的心靈，成為集體的行為準則，甚至不知不覺地變成習慣或忌諱。**

曾教授表示現實生活中「博愛座」的使用行為，就是泛道德文化下最明顯的例證。他說：「相對於西方社會以『優先席』名稱賦予有需要的使用者先坐權利，在必要時可主動讓座，但在華人社會卻不單純是文明行為，而已成為年輕人的義務。源自傳統儒家思想《孝經》的博愛觀念，其實有其階級性的尊卑倫理，隱含上對下的意義，是聖王對黎民的思維。這樣的倫理文化延伸至『博愛座』的用途，自然形成以長輩為尊的道德判斷，以及社會群體的制約力量。」他並進一步闡述：

即使到了現代社會，倫理道德文化還持續存在於華人的意識及價值判斷，甚至連帶影響法治觀念。一旦發生爭議案件，常會出現道德與法律衝突的現象，往往道德譴責居於法律之上，對加害人、恐龍法官的情緒性批判與責難，其實也就是傳統「情理法」的順位觀念所造成的。

從這個角度來看，華人社會的道德文化與個人束縛，得不斷地重新探討與省思。例如，早期的台灣社會，馬路上發生「大撞小」事件（汽車撞機車、機車或自行車撞行人），縱使大車沒有過失，很多人仍然認為大車該負起道義責任，該賠償「弱勢者」受到的損害；因此，有人雖然基於情感或道義責任選擇和解，但基於「無罪推定原則」，在沒有明確證據足以證明被告犯罪的情況下，自不能因為被告與被害人家屬和解，便不加思辨地認定被告應負刑責。(注4)所幸隨著交通管理法令對「路權」的強調，現在審判實務上對於這類責任的認定，完全以「路權」歸屬來判斷。

道義責任是天經地義？良心譴責可能是更大的負擔

其他傳統習俗上認為天經地義的事，如父債子還、子女對父母負有扶養義務等，也隨著《民法》的修訂，有了鬆動的例外情形。以子女對父母負有扶養義務為例，傳統華人社會重視人倫秩序，並基於「天下無不是的父母」之思維，修正前《民法》規定子女應毫無例外地負有扶養父母的義務；但對於那些在年幼時未受父母養育、照顧之恩，甚至曾遭受父母遺棄、性虐待、侵害或殺害未遂等犯罪行為的子女而言，真是情何以堪！(注5)

於是，立法院於二〇一〇年一月間增訂《民法》第一一一八條之一、(注6)《中華民國刑法》第二九四條之一，(注7)明訂負有扶養義務者在一定情況下，可以請求法院減輕或免除他／她的扶養義務；如因此未盡其應扶助、養育或保護之責時，亦不成立遺棄罪。**如此依照「情理法」順位考量所為的立法，讓法律兼顧情、理，不致過於嚴苛，才可避免實務上引發「立法從嚴，執法從寬」的問題。至於執法者則應堅守「法理情」順位，以免違反「法律至上」、「法律之前，人人平等」的原則。**

從法律的角度來說，台灣作為現代民主法治國家，採取以個人本位為基礎，將個人違反社會規範的行為所應負的責任，區分為民事、行政、刑事責任等三種類型。其中，刑事責任最具嚴厲性（可以剝奪人身自由，甚至是生命），故應作為最後的制裁手段。雖然如此，一個犯罪、侵害他人法益的人，並不會因為入監服刑，即免去可能要擔負的民事或行政責任。像菜頭把黑輪的手掌砍斷，他固然因傷害罪被判感化教育，但他同樣要負擔侵權行為的民事損害賠償責任；又因為菜頭還未成年，他的奶奶身為法定代理人，除非她能舉證證明自己的監督並未疏懈，否則應連帶負責。（注8）

司法實務上判決法定代理人應與少年連帶賠償的案件，已有多起，其中的景文高中玻璃娃娃摔死案，卻引發社會極大爭辯。因為顏姓同學患有先天成骨不全症（即俗稱的「玻璃娃娃」），不僅行動不便，且須避免碰撞。事發當日因下雨，體育課上課地點改到地下室，陳姓同學好心抱顏男下樓，但因樓梯地板濕滑而跌倒，兩人從樓梯摔落，導致顏男身體多處受傷，緊急送醫後仍宣告死亡。

顏男父母對景文高中、陳姓同學及其母親提起損害賠償之訴，台北地方法院張明輝法官以陳姓同學是為發揮同學間彼此照顧的美德，無可非難性，判決原告之訴駁回。詎料，顏男父母上訴後，台灣高等法院合議庭認為陳姓同學有過失責任，不能因他是熱心好意而免責，遂判決「景文高中與陳姓同學，或陳姓同學與其母親」應連帶負賠償之責；如此「助人應量力而為」的判決論述，引發社會各界強力質疑，「法官來自黑暗星球」、「這種判決誰還敢助人」、「連僅存的人性關懷都抹殺殆盡」等批

判聲浪紛至沓來。（注9）

當事人上訴後，最高法院撤銷發回，台灣高等法院仍認定景文高中未提供無障礙設備，應負賠償之責；至於陳姓同學，法院則以：「**事故發生時，僅係未成年人，如課以善良管理人較重注意義務，顯失衡平，故被上訴人陳〇〇之過失注意義務，僅應以同年齡、具有相當智慧及經驗之未成年人所具注意能力為標準，以及出於熱心無償助人且攸關公共利益者之特性，應從輕酌定，以免傷及青少年學生愛心之滋長**」等理由，判決陳姓同學及其母親無需賠償。（注10）因當事人未再上訴，本案因此確定。

關於本案，有人提到：法理情、情理法不必如此決裂！張明輝法官在一審判決中提到：「**逝者已矣，而同學之生者仍須時受良心之譴責**」，早已精準地傳達這件事情的本質。亦即，陳姓同學本無義務協助，他基於同學情誼、人性關懷而照顧顏男，縱有疏失，亦不該承擔法律上的責任；何況道義上的良心譴責，可能跟隨他一輩子，對他而言是更大的負擔。至於原先引起爭議的判決，備受法律人敬重的司法記者王文玲對於法院該扮演的角色與責任，作了最好的評釋：

法院要能真正親民，必須貼近人民的心，以人民的生活經驗來看事情，並不是法律居先，就必定走向鐵血無情之徑。玻璃娃娃的賠償案，錯不在法律，而在如何適用法律。

法官當然不是故意偏袒玻璃娃娃家庭，但卻不能忽略判決和社會生活的距離與後續效應。因為每一個判決中都躲著類似玻璃娃娃的案例，測試著司法和人民生活的距離與後續的社會效應。法官判決會啟動擴大社會善意互助的良性循環或緊縮善意互助的惡性循環之門閥。（注11）

的確，法官的工作在定分止爭，在為多元民主所形成的法律，畫出一條線，一條人們從事社會生活的準繩。而在處理「道義責任」與刑事責任的區辨方面，「刑法的罪責，主要是就法律規範的評價而認定行為人的可責性，故屬法律的罪責，既不是倫理的責任，亦不是道德上的責任。因此，有些行為雖然欠缺刑法上的罪責，但卻可能存在倫理或道德上的譴責與非難。司法審判上確定行為人的罪責，乃依據法律規範的標準，而非依據倫理或道德標準，故罪責是一種法律的責難」。（注12）這說明菜頭砍人是不對的，不僅在倫理上應受到譴責，在法律上也應接受刑事責任的制裁。

話說回來，阿文本該賠償黑輪，卻僅願意負道義責任，以致孑然一身的菜頭奶奶，因為房子被拍賣而被送進安養中心。於是，出獄後的菜頭憤慨不滿，理所當然地認定阿和、阿文虧欠他，才接連強逼阿和做違法之事。因而引發阿文為保護阿和所做的救贖行為，阿文因此讓自己惹禍上身。縱使他的罪行沒有被人發現，始終逍遙法外，但他能躲得了自己良心譴責的煎熬？

少年犯的特別保護與司改國是會議的決定

另外，劇情中阿和、菜頭被少年法庭法官裁定到少年輔育院，原是針對少年刑事犯罪所為的特別處遇措施。本來，少年身心發展尚未成熟，易受社會風氣、同儕壓力影響，或因思慮不周而容易誤觸法網，因此《中華民國刑法》早就明定：「未滿十四歲人之行為，不罰」，也特別制定《少年事件處理法》，以有別於一般成年刑事案件的程序處理少年事件，並秉持「以保護替代監禁，以教育代替懲罰」的理念，給予少年反省自新的機會。

關於少年犯的特別保護，二〇二一年六月間調保官王以凡在一場「沒被接住的孩子——談少年矯正的現況與展望」線上座談會中提到：當家庭、學校、社政接不住一個觸法的孩子，他就會進入司法前階段的少年保護系統，交由少年法庭來進行判斷；如果法官判決保護管束，會交由少年保護官執行，透過多元化、不同的專業單位介入，共同協力促成少年的自我成長；當學校教育或社區保護管束的保護力道不足以讓孩子狀況穩定時，就可能會交付安置機構；如果安置機構的保護仍不足夠，就會進入少年矯正機關執行感化教育或執行有期徒刑。**安置輔導、感化教育都屬於「機構式處遇」，根據《兒童權利公約》第三十七條規定，對於少年的監禁只能作為最後手段、不能施以過長的時間，且應與成年人分別隔離，更應確保其受到人道待遇。**（注13）

可惜的是，由於監所的封閉性，其中潛藏著許多看不見的黑暗。依照監察委員林雅鋒的調查，許多少觀所（女所）的少女與禁見被告舍房相鄰，移監作業時出現成年男性、女性及少年同車等情況。更甚者，司法實務上發生多起少年遭到凌虐的事件，例如，二〇一三年二月十六歲的買〇凱死於桃園少輔院；二〇一四年八月彰化少輔院爆發少年搖房事件，院方以「曬豬肉」方式，使用手梏（按：用以拘束收容人雙手，以管束其活動的器材）將少年吊掛在曬衣場過夜；二〇一七年四月彰化少輔院又發生李姓少年遭同房洪姓少年「捶八卦（徒手搥打胸部）」致死的案件。（注14）

少年犯可塑性高，與成年犯不同，更需予以特別保護及對待，尤其少年仍屬於義務教育階段，國家仍應善盡其提供學習機會的義務。一九九七年制定公布的《少年矯正學校設置及教育實施通則》，原是希望少年輔育院能全面改制為少年矯正學校，卻一直未能落實；二〇一七年司改國是會議乃決議：「矯正機構少年之教育應受《教育基本法》保障，其教學、輔導及人事經費等應由中央或地方政府編列之教育經費支應……」、「建請法務部落實《少年矯正學校設置及教育實施通則》規定，儘速完成少年輔育院改制為矯正學校，並研擬矯正教育相關措施……。二、建立少年矯正學校專業教師（含校長）與輔導人員之遴聘、淘汰機制；另建立矯正人員之專業訓練及激勵制度……。」

雖然如此，法務部仍然以矯正學校花費甚高、成效不如輔育院為由，推遲改制，以致弊端連連。監察院於二〇二〇年六月十日提案糾正法務部，其案情為：誠正中學彰化分校於二〇二〇年一月七日起發生連續三天學生搖房暴動事件，法務部為平息事件，將兩名參與學生分別轉學至誠正中學及其桃園分校，不料桃園分校接收有特教服務需求的楊生後，將他配置在該分校靜心園隔離近三個月，隔離期間三度被處罰「獨居」共計二十二日，其中一次獨居甚至連續長達十五日，不符合國際人權公約規範，又漠視楊生「不要獨居」的訴求及激烈自殘行為，未依法提供特殊教育及適當專業資源協助。（注15）直至二〇二一年八月一日，才終於將桃園、彰化少輔院分別改制為敦品中學、勵志中學，正式轉型為矯正學校。

負責任不是「做與不做」，而是先承認人的有限性

我們無法得知菜頭是否因為在少年輔育院受到不公平的處遇，以致他出院後性格更乖張、行為更暴戾，甚至拖曾經是自己好友的阿和下水。我只知道人生如果可以重來，阿文會願意負起對黑輪的賠償責任。而阿和基於愧疚感受迫去從事犯罪前，如果能夠尋求社會支援系統（例如家人或警政、社福、司法等機構）的協助，或好好分辨、評估所面臨的兩難困境——基於愧疚感為菜頭去從事犯罪，如果被查獲而再度入監時，勢必無法盡到對小孩的教養責任、愧對為人夫者應對小玉所負的相互扶持義務——或許會做出比較妥適的取捨。

不只是阿和、阿文，我們每個人都必須意識到：盡責任不是非黑即白的做或不做，而是必須承認人的有限性，並嘗試尋找替代方案，找出第三條路來走。否則，像阿豪這樣品學兼優的好兒子、好學生，因為從小一直偵測、同理爸媽的情感需求，卻自我壓抑，忽略自己的情感，就有可能因「二十四小時從不間斷，明亮溫暖，陽光普照」，承載過多的責任，而讓自己走上絕路。

總之，人世間沒有絕對的公平，正如歌曲《花心》所描述的：「**黑夜又白晝，人生悲歡有幾何。**」太陽讓人們有白天與黑夜，就是要讓人們都有該奮發之時，卻也告

訴我們必須適度地休息。因而，無論是基於承諾或其他的責任來源，我們都必須審慎思辨、妥適取捨；或許如此才能深刻感受陽光普照的明亮溫暖，也才可以過著比較幸福自在的日子。

注釋：

1 美國公民教育中心所出版的《民主的基礎：權威、隱私、責任、正義》（Foundations of Democracy: Authority、Privacy、Responsibility、Justice）教材，其前身是美國加州律師公會在一九六八年，委託設於加州大學洛杉磯分校（UCLA）的公民教育特別委員會，所發展的「自由社會中之法律」（Law in a Free Society）教材。教材的發展集合律師及法律、政治、教育、心理等專業人士共同開發而成，內容特別強調讀者的思考及相互討論。自二〇〇三年起，民間司法改革基金會、台北律師公會即陸續引進這套系列教材，其後由民間公民與法治教育基金會接手，我曾擔任該基金會二屆的董事。

2 參閱美國公民教育中心著，郭菀玲譯，〈何謂責任？責任的來源？〉，《超級公民——責任》，二〇一九年七月，第4-9頁。

3 《花心》是香港歌手周華健的一張國語專輯，曲目包括《花心》、《孤枕難眠》、《明天我要嫁給你》在內的歌曲，都是廣為人知的經典。其中《花心》的作詞是厲曼婷，作曲則為喜納昌吉。

4 台灣高等法院台中分院九二年度上訴字第一七四九號刑事判決：「和解目的在於息訟，此為民眾通常之觀念，是以和解有基於明確之法律責任而和解者，有基於情感、道義責任而和解者，亦有因責任未明先予被害人補償而和解者，也有因所生之損害可經由保險機制轉嫁而和解者等不一而足，故和解並不等同於默認有該侵權之犯罪行為，從而，被告上開和解之舉措，自不足認被告係默認其有業務過失致死之行為。」

5 參閱林孟皇，〈父母不可無故侵入子女住宅？〉，《羈押魚肉》，二版，二〇一六年二月，第313-320頁。

6 《民法》第一一一八條之一規定：「受扶養權利者有下列情形之一，由負扶養義務者負擔扶養義務顯失公平，負扶養義務者得請求法院減輕其扶養義務：一、對負扶養義務者、其配偶或直系血親故意為虐待、重大侮辱或其他身體、精神上之不法侵害行為。二、對負扶養義務者無正當理由未盡扶養義務。受扶養權利者對負扶養義務者有前項各款行為之一，且情節重大者，法院得免除其扶養義務。前二項規定，受扶養權利者為負扶養義務者之未成年直系血親卑親屬者，不適用之。」

7 《中華民國刑法》第二九四條之一規定：「對於無自救力之人，依民法親屬編應扶助、養育或保護，因有下列情形之一，而不為無自救力之人生存所必要之扶助、養育或保護者，不罰：一、無自救力之人前為最輕本刑六月以上有期徒刑之罪之行為，而侵害其生命、身體或自由者。二、無自救力之人前對其為第二二七條第三項、第二二八條第二項、第二三一條第一項、第二八六條之行為或人口販運防制法第三十二條、第三十三條之行為者。三、無自救力之人前侵害其生命、身體、自由，而故意犯前二款以外之罪，經判處逾六月有期徒刑確定者。四、無自救力之人前對其無正當理由未盡扶養義務持續逾兩年，且情節重大者。」

8 《民法》第一八七條第一項規定：「無行為能力人或限制行為能力人，不法侵害他人之權利者，以行為時有識別能力為限，與其法定代理人連帶負損害賠償責任。行為時無識別能力者，由其法定代理人負損害賠償責任。」第二項規定：「前項情形，法定代理人如其監督並未疏懈，或縱加以相當之監督，而仍不免發生損害者，不負賠償責任。」

9 參閱張升星，〈司法版的一萬個失望〉，聯合報，二〇〇五年八月二十七日，A15版。

10 台灣高等法院九五年度上更（一）字第六號民事判決。

11 參閱王文玲，〈司法和人民的距離〉，聯合報，二〇〇五年八月二十九日，A15版。

12 參閱林山田，《刑法通論》，上冊，增訂十版，二〇〇八年一月，第378頁。

13《兒童權利公約》第三十七條規定：「締約國應確保……（b）不得非法或恣意剝奪任何兒童之自由。對兒童之逮捕、拘留或監禁應符合法律規定並僅應作為最後手段，且應為最短之適當時限；（c）所有被剝奪自由之兒童應受到人道待遇，其人性尊嚴應受尊重，並應考慮其年齡之需要加以對待。特別是被剝奪自由之兒童應與成年人分別隔離，除非係基於兒童最佳利益而不隔離；除有特殊情況外，此等兒童有權透過通訊及探視與家人保持聯繫……。」

14 參閱二〇一七年十二月二十六日監察院巡察行政院，林雅鋒委員代表司法及獄政委員會就「少年觀護所成少分界及少年輔育院轉制為矯正學校之檢討」議題所做的發言。

15 監察院一〇九年司正字第六號糾正案文。

第十一章

《幸福綠皮書》：面對種族歧視，唯有勇氣才能改變人心

美國電影《幸福綠皮書》講述知名黑人鋼琴家薛利準備前往南方巡迴演出，為了人身安全，他雇用白人東尼當司機兼保鑣。當時種族歧視嚴重，不論貧富，只要黑人前往南方的一些城市，就只能到《黑人旅行綠皮書》指南上所建議的友善黑人場所，否則極可能遭到不測。薛利曾多次應邀到白宮演奏，大可留在北方，在高級派對上被奉承，為何要前去南方？他就像金恩博士等民權運動領袖一樣，以大無畏的精神，想要改變南方白人對黑人的刻板印象，改變黑人對自己可能的人生期待，證明「白人至上」觀念的錯誤，還給黑人同胞逐夢的權利。而兩位原本互看不順眼的男主角，在共度多次難關後，也漸漸放下對彼此的偏見，最後發展出一段超越種族和階級的動人友誼。

納京高（Nat King Cole, 1919-1965）是流行音樂史上令人懷念的非洲裔美國人（為凸顯美國社會種族歧視的真實情況，以下仍以「黑人」稱之）巨星，他不僅是一位傑出的鋼琴演奏家，還唱紅非常多的抒情歌曲。一九五六年，納京高應邀前往阿拉巴馬州伯明罕市立禮堂表演，是第一個受邀在該市白人機構表演的黑人；但表演才剛開始，隨即有一群人指責他演奏白人的音樂，並把他拉下台，毒打了一頓。

六年後，知名黑人鋼琴家唐．薛利（Don Shirley，馬赫夏拉．阿里飾）與二位俄羅斯伙伴準備前往南方地區巡迴演出鋼琴三重奏，為了人身安全，他雇用一名曾任職於夜總會的白人東尼．瓦勒隆加（Frank Anthony Vallelonga Sr，維果．莫天森飾）當司機兼保鑣。兩位「一黑一白」的男主角，從紐約一路開往南方各州演出兩個月，原本互看不順眼的兩人，隨著朝夕相處、經驗分享與共度難關，漸漸放下對彼此的偏見，最後發展出一段超越種族和階級的動人友誼。

以上是電影《幸福綠皮書》（*Green Book*，中國大陸譯《綠皮書》，香港譯《綠簿旅友》）劇情的簡要。因為該劇的傑出表現，不僅在各地普受歡迎，更於二〇一九年榮獲第七十六屆金球獎最佳音樂喜劇影片、最佳男配角和最佳劇本獎，以及第九十一屆奧斯卡金像獎最佳影片、最佳男配角和最佳原創劇本獎。

鋼琴家南方巡演還給黑人同胞逐夢的權利

劇情中提到的《黑人旅行綠皮書》（*The Negro Motorist Green Book*）於一九三六年第一次出版，一九六七年停止印刷，指的是在種族歧視仍然嚴重的美國，專為黑人出版的小冊子。因為膚色上的限制，不論貧富，只要黑人前往南方的一些城市，其食、衣、住、行等需求，就只能到該書指南上所建議的友善黑人場所，否則極可能遭到不測。

當東尼開車載薛利南下，抵達肯塔基州路易威爾市時，薛利住進此行中第一個黑人旅店，東尼則入住只服務白人的豪華飯店。不久，東尼接到薛利伙伴的來電，隨即趕往酒館。當他抵達時，幾位白人正抓著薛利毆打，只因為薛利進入黑人不該出現的場所。就在雙方劍拔弩張的時候，老闆拿出長槍，要求「放了黑鬼」，才結束這場紛爭。

翌日，兩人駕車離去，途中東尼停車檢修時，路旁十幾位男女老少的黑人正拿著鋤具在貧瘠的土地上耕作。此時，衣冠楚楚、舉止溫文儒雅的薛利走出車外，這群奴隸的子孫、世世代代活在白人的欺壓下、不敢奢望有出頭天的黑人，紛紛停下手邊的工作。薛利看著黑人同胞，不知所措；同胞看著東尼幫薛利開車門，驚呆了！

這兩個戲劇畫面，或衝突，或驚奇，但應該是薛利可預期或不意外的場景。薛利可預期會有這樣的衝突，過去十四個月內曾二度應邀到白宮演奏的他，大可留在北方，在高級派對上被奉承、賺進大把的鈔票，為何要求經紀公司安排前來對黑人不友善的南方？**只因為他想改變人心，改變南方白人對黑人的刻板印象，改變黑人對自己可能的人生期待，證明「白人至上」觀念是錯誤的，還給黑人同胞逐夢的權利。**

為何美國會有這樣的種族歧視？美國南、北各州因為經濟與社會發展的不同——北方州工業較為發達，不需要奴隸；南方州發展農業，使用奴隸勞工種植棉花等經濟作物——（注1）對於蓄奴政策看法的分歧，於一八六一至六五年期間發生內戰（American Civil War，中文通稱「南北戰爭」，是美國歷史上最大規模的內戰）。（注2）戰時，亞伯拉罕・林肯（Abraham Lincoln, 1809-1865）總統不是頒佈過《解放奴隸宣言》（*The Emancipation Proclamation*），（注3）而「解放黑奴」了？

《獨立宣言》與《美國憲法》的沉默

這是美國建國之父與制憲先賢們留下來的「負債」！雖然《美國獨立宣言》（*United States Declaration of Independence*）為了解除北美十三個殖民地與大不列顛的政治聯繫與效忠英國王室的一切義務，提到：「**我們認為下面這些真理是不言可喻的：人人生而平等，造物者賦予他們若干不可剝奪的權利，其中包括生命權、自由權和追求幸福的權利。**」宣告了「人人生而平等」的普世正義原則。（注4）

但該宣言還是區分了男女，男性從中得利；也區分了白人、黑人和印第安人，讓白人享有民主自由，卻認為黑人和印第安人是比較劣等的人類，不該享有平等的權利。又獨立時北方的自由派雖然不支持奴隸制，認為奴隸制本身就是罪惡的，是對「自然和自然的神明的法律」的公然違背；但南部的奴隸主們卻從功利主義的角度出發，從容的回應說：奴隸制是與宇宙本身相一致的。（注5）

事實上，為了回應英國人對於奴隸主所提出的自由要求的嘲笑，《美國獨立宣言》的主要起草人湯馬斯．傑弗遜（Thomas Jefferson, 1743-1826，後來成為美國第三任總統）在草案中原本將奴隸制與奴隸貿易歸咎於英王喬治三世，但因為大部分會議代表本身都擁有奴隸，他們不願限制奴隸制，更不想廢除它，傑弗遜所草擬《美國獨立宣言》中有關奴隸制的這段文字被認為毫不相關且頗具危險性，因而被刪除了。（注6）

美國獨立後，依據《邦聯條例》（*Articles of Confederation*）所成立的中央政府非常鬆散，（注7）既沒有徵稅權，也缺乏全國性的行政和司法機構，各州為維護自己的貿易特權，大搞貿易壁壘；加上獨立戰爭期間所積欠的大量外債，各州不願意負擔，國家財政、外交處境艱難。缺乏統一且有效率的決策機制，讓國家機器運作陷入困頓。為了挽救危機，邦聯國會在一七八七年二月批准修訂《邦聯條例》的提案，由各州派代表參加於一七八七年五月在費城舉行的會議。

這時，各州代表們並不是「為制憲而制憲」，而是要解決各州（依照《邦聯條例》的規定，其實應該稱各「國」）共同面臨的具體問題，則誰的方案最能解決問題，又能擺平各方利益衝突，誰就能勝出。在制憲會議上，這群由法律人居多數的與會代表充分認知到他們的主要任務，是建立一個既有足夠權威維護各州共同利益，同時又不損害各州主權與公民權利的聯邦政府，而不是廢除奴隸制。（注8）於是，為平衡南北雙方各州的利益所通過的《美國憲法》，雖避免直接使用「奴隸」字眼，但仍留下所謂的「五分之三條款」、（注9）「奴隸貿易條款」、（注10）「逃奴條款」等規定。（注11）

百年法院攻防，記錄美國種族歧視血淚

法官在承審的訴訟案件中，發現所要適用、由代表多數民意的立法（制憲）者所通過的法律（憲法）缺乏正當性時，可否宣告其失效？是否惡法亦法？這是一直以來都存在爭議的議題。直至美國聯邦最高法院第四任首席大法官約翰．馬歇爾在著名的「馬伯里訴麥迪遜案」（*Marbury v. Madison*, 5 U.S. 137 (1803)）中，闡明：「**應該強調的是，宣示法律是什麼，是司法部門的當然領域與職責。任何將規範適用於具體案件的人，皆必須尋思並理解是項規範。**」並判定一七八九年美國國會通過的《司法法》因為違憲而無效後，才奠定了人類史上首見的違憲審查制度。（注12）

馬歇爾大法官在「馬伯里訴麥迪遜案」中，肯認法院對國會所制定的法律享有違憲審查權，雖然確立了美國三權分立的憲政體制，並讓「司法至上」成為憲政民主原則，其後為世界各國所仿效。但基於國民主權原則，司法的違憲審查權限仍應謹慎行使，馬歇爾大法官在三十五年的任期內，承審過無數的案件，即僅僅裁判了前述唯一的法律違憲案。事隔數十年後，最高法院才在一八五七年「德雷德・斯科特訴桑福德案」（*Dred Scott v. Sandford*）中，第二度宣告國會所通過的法律違憲，該案涉及的即是黑奴問題。最高法院雖然意圖為長期困擾美國社會的奴隸問題一槌定音，結果卻成為南北戰爭的關鍵起因之一。

該案起因於黑人奴隸斯科特隨主人到過自由州伊利諾和自由準州威斯康辛，並居住了兩年，隨後回到蓄奴州密蘇里。主人死後，斯科特提起訴訟要求獲得自由，案件在密蘇里州最高法院和聯邦法院被駁回後，斯科特上訴到聯邦最高法院。經過兩次法庭辯論，最終九位大法官以七比二的票數維持原判。首席大法官羅杰・布魯克・坦尼（Roger Brooke Taney, 1777-1864）代表多數撰寫了判決意見，主要論點包括：獲得自由的奴隸，不能算美國公民，所以斯科特無權向聯邦法院起訴；哪怕蓄奴者將奴隸帶到自由州，並居住很長一段時間，《美國憲法第五條修正案》的正當法律程序條款仍保護主人們對奴隸的所有權。（注13）

在本事件中，斯科特曾居住過的威斯康辛準州據以排除奴隸制的根據，是《密蘇里妥協案》（Missouri Compromise），（注14）坦尼所領導的最高法院在這次判決中，宣告國會所制定的《密蘇里妥協案》超出了憲法所賦予的權力。如此裁判，不僅沒有善盡法院所肩負的定分止爭、護衛民主憲政及守護正義的職責，更嚴重減損了自身的威望。光看坦尼所主筆的下列判決意旨，足以讓法院永世蒙羞：

> 一個多世紀以來，他們一直被當做劣種人，無論是在社會關係還是在政治關係上，都完全不能與白種人相提並論；他們是這樣低劣，以致他們不享有應該獲得白種人尊重的權利，黑人為了自己考慮而當奴隸，是正當的、合法的……。黑人在一個多世紀前就被認為是低劣的種族，……這一觀點在當時的白人的文明世界中持久盛行。無論在道德上還是政治上，這都被認為是一個「公理」，沒有人去辯駁，也沒有人想去辯駁。所有等級和立場的人都習慣地遵守著它。（注15）

為何白人如此歧視黑人？理應扮演人類理性殿堂的最高法院也被蒙蔽了？或許正如學者哈拉瑞在《人類大歷史：從野獸到扮演上帝》一書中所說：**人類創造出由想像建構的秩序，並發明了文字，以這兩者補足自己在基因裡並沒有大規模合作的生物本**

能；而這些合作網絡背後那些想像的秩序既不中立、也不公平，總是把人分成一些其實並不存在的分類，並且排出上下等級。這些經由奴隸貿易而來的非洲黑人，則被以種種宗教和科學的「想像的現實」，被認定生來便懶惰、污穢，「黑人」成了一種印記。（注16）電影一開場，裝修公司委派兩位黑人前來東尼的住家整修地板時，不僅其家族親友將之視為瘟疫，東尼甚至不假思索地將太太請兩位黑人喝飲料用的玻璃杯，直接丟進垃圾桶，正是最好的說明。

於是，即便南北戰爭後通過了禁止蓄奴、不得因種族而剝奪公民權的憲法修正案。然而，重建時期結束後，重新被白人所掌控的南方各州政府，通過一系列吉姆．克勞法案（Jim Crow laws），針對有色人種實行種族隔離制度，強制公共設施必須依照種族的不同而隔離使用。聯邦最高法院於一八九六年「普萊西訴弗格森案」（*Plessy v. Ferguson*）中，法院的多數意見卻維護這個作法的合憲性；而唯一獨排眾議的約翰．馬歇爾．哈倫（John Marshall Harlan, 1833-1911）大法官，則寫了如下傳世名言：

> 在憲法看來，在法律眼裡，這個國家不存在任何優越、主導或統治的公民階層。這裡不存在種姓。我們的憲法是色盲的，它不承認也不會容忍公民中出現等級。

在公民權利方面，所有公民在法律面前平等；最謙卑的和最有權勢的人處於同等地位。在涉及國家最高權力所保障的民權時，法律對每個人一視同仁，而不考慮他所處的環境或者他的膚色。(注17)

「色盲的憲法」與「隔離但平等」

該案起因於一八九二年六月七日，荷馬．普萊西（Homer A. Plessy）購買東路易斯安那鐵路的頭等票並上車，根據路易斯安那州一八九〇年實施的吉姆．克勞法，禁止黑人乘坐白人旅客專用的車廂。因為普萊西具有八分之一的黑人血統，依規定被認定為「有色人種」，列車長命令他去列車尾端專供黑人使用的車廂。普萊西不肯，便被抓到警察局，並被法官判處罰款。普萊西不服提起上訴，最後上訴到聯邦最高法院。但聯邦最高法院多數意見判定該州的法律並沒有違憲，因為前面車廂與後面車廂只要設備相同，便沒有歧視。在「司法至上」的美國社會，這些州的「隔離但平等」制度便得以繼續存在。

直到一九四〇年代，非裔美國人民權運動興起，美國全國有色人種協進會（National Association for the Advancement of Colored People, 簡稱NAACP）等民權團體開始用聯邦法律來抵抗吉姆．克勞法案。[注18]其中最有名、為種族隔離敲響第一聲喪鐘的是聯邦最高法院一九五四年「布朗訴托皮卡教育局案」（*Brown v. Board of Education of Topeka*）判決，終止了公立學校的種族隔離。

該案緣起於堪薩斯州首府托皮卡市教育委員會實行的黑白分校制度，在該制度下黑人兒童只能到教學設施簡陋的黑人學校中學習，不能按「就近入學原則」入讀白人學校，這種黑白分校制度並不是該市所獨有的。事實上，聯邦最高法院在布朗案中是同時將來自其他四個州的類似案件合併審理。

在該案中，由NAACP擔任的原告律師團雖然也從法理上論證種族隔離制度違反美國憲法的平等保護條款，但他們更著重在給黑人學生的學習及生活帶來的惡劣後果，因為此種制度無形中對黑人心理發展產生負面影響。最後，由首席大法官厄爾．華倫（Earl Warren, 1891-1974）主筆的聯邦最高法院一致意見中，判定：

> 僅僅基於種族的原因，就將少數族裔學生與其他年齡和能力都相仿的同學隔離開來，會使少數族裔學生產生在社會地位上低於他人的自卑感，此種自卑感將對他們的心靈和心智造成難以彌補的傷害。

本庭的結論是，公共教育領域絕不允許「隔離但平等」原則存在。在教育機構內推行種族隔離，實質上就是一種不平等。（注19）

有鑑於牽涉層面太大，聯邦最高法院雖然僅要求「極其審慎的步伐」推動黑白合校，但仍在南方各州遭到激烈的反抗。此時，大量來自南方的國會議員聯合發布《南方宣言》（*Southern Manifesto*），宣告布朗案是一起「濫用司法權力的錯誤判決」，號召人們以「完全合法的方式」抵制聯邦最高法院及布朗案判決。而以薛利三重奏登台表演之一的小岩城為例，當該市教育委員會經過幾番周折，好不容易決定執行布朗案判決，於一九五七年允許九名黑人學生進入小岩城中央高中就讀時，阿肯色州州長在議會的要求下，竟派國民警衛隊封鎖了該校。對此，艾森豪總統不得不動用軍隊執法，指派在二戰中戰績輝煌的一〇一空降師前往維持秩序，才控制住緊張的局勢。（注20）

刻在生活中的歧視，如何改變？

然而，只有白人會有歧視和偏見？答案當然是否定的。人類社會本就存在著種族、階級、宗教、男女和貧富等各種樣態的歧視及偏見。例如，當東尼請薛利享用炸雞，薛利說他這輩子沒吃過炸雞時，兩人的鬥嘴更凸顯了人們無形之中都存著對「他者」的刻板印象（例如，義大利人都愛吃披薩、麵條，黑人都愛吃炸雞、玉米粥）。

當然，上述偏見無傷大雅，卻也有些歧視與偏見根深柢固，毀人尊嚴。例如，當薛利被奉為上賓，在某個宴會上表演，中場休息想使用屋內廁所時，主持人卻予以阻擋，並指著屋外簡陋的茅廁（有色人種使用）。薛利說他寧願回汽車旅館使用，但來回要花半小時以上時，主持人竟表示白人聽眾可以等，最後東尼只好開車載著薛利前去如廁，再回來完成表演。

這無疑是一種莫名的羞辱，但在南方白人的觀念上，卻認為很正常，並已深刻固著在法制、住戶或俱樂部規約、習俗等日常生活中，成為「白人至上」社會文化的一部分。

如何改變人心？光靠才能是不夠的！還好，美國社會出現過像蘿莎・路易絲・麥考利・帕克斯（Rosa Louise McCauley Parks）這樣堅毅的民權行動主義者，（注21）也有像馬丁・路德・金恩（Martin Luther King, Jr.）這樣的民權運動領袖。（注22）他們以大無畏的精神，堅毅的推動各種平權運動；也有像本片主角薛利或電影《關鍵少數》（*Hidden Figures*，中國大陸譯《隱藏人物》，香港譯《NASA無名英雄》）中的三位女性數學家，（注23）他們秉持專業，以其勇氣而又保持尊嚴，據理力爭，分別為

「人人生而平等」做出了重大貢獻。而一九六三年馬丁．路德．金恩在《我有一個夢》演講中發出的侃侃陳詞，迄今仍惕勵著我們。他說：

一百年前，一位偉大的美國人簽署了《解放黑奴宣言》，今天我們就是在他的雕像前集會。這一莊嚴宣言猶如燈塔的光芒，給千百萬在那摧殘生命的不義之火中受煎熬的黑奴帶來了希望。它之到來猶如歡樂的黎明，結束了束縛黑人的漫漫長夜。

然而一百年後的今天，我們必須正視黑人還沒有得到自由這一悲慘的事實。一百年後的今天，在種族隔離的鐐銬和種族歧視的枷鎖下，黑人的生活備受壓搾。一百年後的今天，黑人仍生活在物質充裕的海洋中一個窮困的孤島上。一百年後的今天，黑人仍然萎縮在美國社會的角落裡，並且意識到自己是故土家園中的流亡者。今天我們在這裡集會，就是要把這種駭人聽聞的情況公諸於眾。

就某種意義而言，今天我們是為了要求兌現諾言而匯集到我們國家的首都來的。我們共和國的締造者草擬《憲法》和《獨立宣言》的氣壯山河的詞句時，曾向每一個美國人許下了諾言。他們承諾給予所有的人以生存、自由和追求幸福的不可剝奪的權利。

朋友們，今天我對你們說，在此時此刻，我們雖然遭受種種困難和挫折，我仍然有一個夢想。這個夢想是深深扎根於美國的夢想中的。

我夢想有一天，這個國家會站立起來，真正實現其信條的真諦：「我們認為這些真理是不言而喻的：人人生而平等。」（注24）

最後，想必會有讀者好奇：這次薛利抵達巡迴表演終點站的阿拉巴馬州伯明罕市時，他順利登台了嗎？當年納京高所受的遭遇有沒有重演？就此，請還沒看過該片的讀者們自己去觀賞《幸福綠皮書》吧！

注釋：

1 黑奴貿易開始於一五一三年，當時的西班牙國王斐迪南批准西班牙殖民地進口黑奴，其後黑奴貿易構成歐洲、非洲和新大陸之間的「三角貿易」不可或缺的部分，其最主要的貿易形式是：貨船將槍枝、鐵器、酒等物載往非洲，用來交換奴隸，再將奴隸運往美國南部、巴西、拉丁美洲等地，換取種植園出產的糖、棉花、咖啡、菸草等作物，這些商品最後被運回歐洲出售。參閱弗蘭克．薩克雷、約翰．芬德林主編，史林譯，《世界大歷史：1689-1799》，二〇一五年一月，第330-335頁。

2 參戰雙方為北方的「美利堅合眾國」（簡稱「聯邦」，Union）和南方的「美利堅聯盟國」（簡稱「邦聯」，Confederate），北方稱其為叛亂戰爭，南方則稱為獨立戰爭，其後名稱則趨於中立，改稱「美國內戰」。

3 一九六三年一月一日林肯總統頒佈《解放奴隸宣言》，永久解放所有美國南方反叛州的奴隸，並鼓勵黑人加入聯邦政府軍隊，讓被解放者能夠成為解放者。該宣言並未宣告奴隸制度違法，而是戰後國會通過《美國憲法第十三條修正案》，全美的奴隸制度才算是真正終結。參閱史考特．克里斯汀生著，王翎譯，〈解放奴隸宣言〉，《改變世界的一百份文件：從奠基現代科學的牛頓手稿到扭轉通訊結構的第一則推特》，二〇一六年十一月，第126-127頁。

4《美國獨立宣言》為北美洲十三個英屬殖民地宣告自大不列顛王國獨立，並宣明此舉正當性的文告。這是人類歷史上第一次由全國人民發出，宣布人民有權自己選擇政府的正式文告。一七七六年七月四日，本宣言由第二次大陸會議於費城批准，當日之後成為美國獨立紀念日。宣言的原件由大陸會議出席代表共同簽署，此宣言是美國最重要的立國文書之一。參閱史考特．克里斯汀生著，王翎譯，〈獨立宣言〉，《改變世界的一百份文件：從奠基現代科學的牛頓手稿到扭轉通訊結構的第一則推特》，二〇一六年十一月，第88-89頁。

5 參閱卡爾．貝克爾著，彭剛譯，《論《獨立宣言》——政治思想史研究》，二〇一七年三月，第186-191頁。

6 參閱斯特凡妮．施瓦茨．賴瑞弗著，王建華譯，《獨立宣言》，二〇〇五年九月，第43-44頁；R．B．伯恩斯坦著，王翎譯，《杰弗遜傳》，二〇一七年三月，第54-56頁。

7《邦聯條例》全稱為《邦聯和永久聯合條例》（*Articles of Confederation and Perpetual Union*），是美利堅合眾國十三個創始州共同承認並遵守的第一部憲法或憲制性文件。條例是在獨立戰爭期間，於一七七六至七七年間由第二屆大陸會議提出並著手起草，但直到一七八一年才被邦聯的十三個構成州正式批准。該條例是用法律手段把實際上由十三個獨立國家組成名為國家、實為反英政治軍事同盟固定下來，最後在一七八九年被《美國憲法》所取代。

8 參閱王希，《原則與妥協：美國憲法的精神與實踐》，增訂版，二〇一四年十二月，第77-104頁。

9 《美國憲法》第一條第二項（眾議院）規定：「……眾議院議員人數及直接稅稅額應按美國所屬各州人口分配之。各州人口，包括所有自由民及服役滿相當期間之人，以及其他人民數額五分之三，但未被課稅之印地安人不計算之……。」

10 《美國憲法》第一條第九項（禁止國會行使之權力）規定：「現有任何一州所允准予移入或准予販入之人，在一八〇八年之前，國會不得禁止之……。」

11 《美國憲法》第四條第二項（州際公民權）規定：「……凡根據一州之法律應在該州服務或服工役者，逃往他州時，不得因逃往州之任何法律或條例而解除其服務或勞役，應因有權要求服役之州之請求，將其人交出。」

12 本案發生時，正處於聯邦黨與共和黨激烈爭權的年代。在一八〇一年的總統大選中，共和黨候選人傑弗遜當選總統。聯邦黨遭到慘敗，同時失去總統寶座、國會控制權，遂趁著總統及國會任期終了前作出一連串的政治安排，以圖保存聯邦黨的實力，其中一項就是任命一批治安法官。這些法官已經參議院同意、總統簽署、國務卿蓋印後生效，但有些人的任命狀倉促之間未及發出。新任總統傑弗遜得知後，指示拒絕發送任命狀，引發未接到任命狀但已獲得任命者的不滿。包括馬伯里在內的法官便向最高法院提起訴訟，要求最高法院判決新政府應交出任命狀。馬歇爾大法官在這樣的背景下，接到這個燙手山芋。本案在今日看來是一個偉大創舉，但當時被批評為「聯邦最高法院的擅權」。關於聯邦最高法院在本案所面臨的困境、首席大法官馬歇爾的憂慮及本案所引發的疑問，參閱威廉．哈布斯．倫奎斯特著，于霄譯，《倫奎斯特談最高法院》，二〇一四年六月，第15-26頁。

13 參閱斯蒂芬．布雷耶著，何帆譯，〈引發內戰的判決：德雷德．斯科特案〉，《法官能為民主做什麼》，二〇一二年六月，第44-56頁。

14 「密蘇里妥協」是美國國會中的蓄奴州與自由州在一八二〇年達成的一項協議，其主旨在於規範西部因拓荒所取得的新領土上所建各州的蓄奴行為。

15 參閱任東來等著，〈羅杰・坦尼：生不逢時命運多舛〉，《誰來捍衛法治：十位最有影響力美國大法官的司法人生》，二〇一九年一月，第85頁。

16 參閱哈拉瑞著，林俊宏譯，《人類大歷史：從野獸到扮演上帝》，二〇一九年六月，第155、162-165頁。

17 參閱任東來、胡曉進、江振春等，《民眾為何支持：美國最高法院的歷史軌跡》，二〇一九年二月，第199頁。

18 普萊西案判決後，設法推翻此一聯邦最高法院判例，一直是黑人民權運動的焦點，但首先到聯邦法院挑戰它的，卻是華人。林秋貢輾轉經加拿大進入美國後，在密西西比州與華裔女子凱莎琳・王（Katherine Wong）結婚。一九二四年，林秋貢送兩位女兒去學校註冊時，校長以校董會曾頒發規定：「凡有色人種不准在本校上課」為由，不准兩位女童註冊。林秋貢辯稱：「華人不是黑人，不應該被禁」，校長不接受。於是林秋貢尋求法律救濟，地方法院法官判決林秋貢勝訴。校董會不服，上訴到密西西比州最高法院，該院推翻地方法院的原判，撤銷讓她們入學的命令。林秋貢上訴後，聯邦最高法院在*Lum v. Rice, 275 U.S. 78*（1927）中判定：「兩所公立學校的設備是否相同，才是關鍵。設備相同，便是平等」，因而維持了密西西比州最高法院的判決，亦即重申普萊西案中「隔離但平等」的意旨。參閱陶龍生，〈挑戰「分而平等」〉，《華人與美國法律——歷史性的法院判決》，二〇一七年九月，第114-119頁。

19 參閱任東來、胡曉進、江振春等，《民眾為何支持：美國最高法院的歷史軌跡》，二〇一九年二月，第320-331頁。

20 參閱斯蒂芬・布雷耶著，何帆譯，〈傘兵刺刀下執行的判決：小石城事件〉，《法官能為民主做什麼》，二〇一二年六月，第67-93頁。

21 帕克斯是一位美國黑人民權行動主義者，她於一九五五年在公車上拒絕讓座給白人乘客，因此遭逮捕，引發聯合抵制阿拉巴馬州蒙哥馬利市公車運動；作為她們民權運動一環的訴訟，法院於一九五六年六月五日裁定：在蒙哥馬利市經營的公共汽車上，將黑人和白人乘客強行隔離，違反憲法、法律所賦予的平等權利。聯邦最高法院於一九五六年十一月總統大選期間，在「布勞德訴蓋爾案」（*Browder v. Gayle*）中，確認了聯邦地區法院的裁決，並廢止了阿拉巴馬州的種族隔離法。最高法院繼布朗案後，此案再度推翻種族隔離政策，讓艾森豪總統怒不可遏，對外表示任命首席大法官厄爾・華倫是他所犯的最大、最愚蠢的錯誤。參閱小盧卡斯・A・鮑威著，歐樹軍譯，《沃倫法院與美國政治》，二〇〇五年八月，第60-61頁。

22 金恩是一位牧師，也是非裔美國人民權運動領袖，他主張以非暴力的公民抗命方法爭取非裔美國人的基本權利。一九六三年，也就是林肯總統頒佈《解放奴隸宣言》的一百週年，金恩發起「為工作的自由進軍」行動，帶領了一場歷史上最大規模的和平示威，他在林肯紀念堂前發表《我有一個夢》（*I Have a Dream*）演講，懇求國家落實人人享有自由和正義的聲明，被認為是美國二十世紀最偉大的一場演說。參閱史考特・克里斯汀生著，王翎譯，〈金恩牧師「我有一個夢想」演說〉，《改變世界的一百份文件：從奠基現代科學的牛頓手稿到扭轉通訊結構的第一則推特》，二〇一六年十一月，第194-195頁。

23 《關鍵少數》是一部二〇一六年美國傳記電影，劇情描述一九六〇年代初美國與蘇聯進行太空競賽和美國種族歧視時期，三名非裔女性凱薩琳、桃樂絲、瑪麗在NASA的蘭利研究中心進行與「水星計劃」相關的計算工作，期間三人時常因膚色和性別受到刁難和歧視，但她們仍不放棄自己的理想和本分，最終幫助NASA於一九六二年二月，讓約翰・赫雪爾・葛倫（John Herschel Glenn Jr., 1921-2016）成為美國首位進入地球軌道的太空人。

24 參閱美國在台協會網站，條目：「馬丁・路德・金恩牧師 我有一個夢想 Martin Luther King – I HAVE A DREAM」。

第十二章

《半澤直樹》：人與人交往要堅守普世的道義，不平則鳴、逆流而上

日劇《半澤直樹》述說的是王牌銀行員半澤的奮鬥故事。第一季劇情敘述空降而來的上級主管爭功諉過，他憑藉著自身的智慧與拼勁，逆流而上，以一句「以牙還牙，加倍奉還」台詞，成為無數勞工的職場偶像。第二季半澤先是在揭發銀行內部的不當行為後，被降調至子公司任職；在完成該公司史上最大的併購案後，又榮升返回銀行，同時被交付帝國航空的重建計劃。帝國航空因經營不善而陷入財務黑洞，各方勢力的利益衝突嚴重，加上銀行內部的恩怨、派系糾葛，半澤要如何衝出一條血路？尤其國土交通大臣有意藉改革形象來挽救民心，打算要求持有帝國航空債權的銀行放棄追償時，他又該如何折衝、調和各方利益，推出妥善、具體可行的重建方案？

當我們揭開一天生活的序幕購買早餐時，無論使用現金、電子錢包或信用卡支付，背後一定連結著銀行系統；辛勤工作賺取的錢財，大都匯入或儲存於銀行；選購安寧舒適的窩時，也大都需要銀行提供房屋貸款……。二〇二〇年，美國因《中華人民共和國香港特別行政區維護國家安全法》（簡稱香港《國安法》）的實施，（注1）將香港特首林鄭月娥等人列入制裁名單，警告國際金融機構不可與這些人有商業往來；

同年十一月間，林鄭月娥透露自己因無銀行服務，家中堆滿現鈔，只能每日用現金購物，即是銀行與人們生活息息相關最好的說明。

既然我們的日常生活離不開銀行，但我們對它有足夠正確的認識嗎？王牌銀行員《半澤直樹》的故事，不僅讓我們重新認識銀行，也對政府在金融監理、企業經營所應扮演的角色有更深刻的體認。

這部改編自池井戶潤所著同名系列小說《半沢直樹シリーズ》的日本連續劇，描寫背負悲慘過去的半澤直樹（堺雅人飾），於泡沫經濟時期如願進入產業中央銀行任職。其後，產業中央銀行雖與東京第一銀行合併為東京中央銀行，成為世界第三大銀行，卻也造成日後銀行內部派系的壁壘分明。

日劇二十一世紀收視冠軍，勞工的職場偶像

該劇第一季於多年前推出，半澤謹記父親生前一再提醒「要珍惜人和人之間的交往，可不能幹那種像機器人一樣的工作」的教誨，堅信人性本善，在履行銀行家職責的同時，堅守著普世的道義。因此，他雖然沒後台、沒背景，仍靠自身的努力，成為銀行的中層員工。

當半澤在大阪西分行擔任課長時，空降而來的上級主管卻爭功諉過，讓他面臨職涯的嚴重危機；但他憑藉自身的智慧與拼勁，將一場場權力失衡、缺乏勝算的戰局翻盤，甚至逆流而上。他這種敢於抗拒領導者意志，對「有功上司攬，有過下屬扛」的組織文化不平則鳴的作法，在二十一世紀「慣老闆」盛行、勞工飽受雇主或主管不公平對待的時代，引發高度共鳴；尤其一句「**以牙還牙，加倍奉還**」的經典台詞，更讓他成為無數勞工的職場偶像。

由於說出眾人的心聲，該劇不僅成為本世紀日劇的「世紀收視冠軍」（最後一集平均收視率為百分之四十二點二），在台灣及其他國家也備受歡迎。因為劇情實在太過吸引人，影迷們無不引頸期盼續集的播出。可惜多年來「只聞樓梯響，不見故人來」，直至二〇二〇年，第二季劇集才終於上映。

第一季以銀行業百態、中階員工在職場上的進擊與逆襲為主要賣點，第二季是否還延續這樣的路線？當然！王牌銀行員的職人劇少不了這些基本元素。但編導團隊知道光靠這樣的戲碼，並無法回應、滿足粉絲們的熱烈企盼。於是，商場上的爾虞我詐、政經部門的官商勾結與金權政治的貪污腐敗，就漸次展現在觀眾的眼前。

第二季一開始，半澤在揭發銀行內部無數的不當行為後，被外調至子公司東京中央證券；在完成該子公司史上最大的併購案後，又榮升返回東京中央銀行，同時被交付帝國航空的重建計畫。也就是說，新一季劇情分為東京中央證券公司篇與帝國航空篇二個部分。

雖然第一季養大了觀眾們的胃口，而且第二季觸及深刻的社會問題，但絲毫無損於閱聽人對該劇的喜愛，收視率依然居高不下。由於劇情涉及銀行業的存在意義，且顛覆了許多人的傳統認知，以下便先介紹銀行這個行業的興起、功能與運作基本原則。

銀行家、跨國企業與文藝復興的教父

最早的銀行出現於十三世紀義大利的威尼斯，傳統中國也在宋朝開始有了類似的錢莊與票號。銀行經營的基礎在於吸收大眾存款的資金，再借予需要資金周轉的人。由於銀行是負債經營，資金來自公眾，自應仰賴社會大眾的信賴；而銀行業的存在，至少顯示人們對該社會的信賴感，同時亦表示該國經濟有一定程度的發展與政治安定。

銀行有兩種主要客戶，一是授信戶，一是存款人。銀行扮演的是資金仲介的功能，亦即運用存款人託付的錢做生意，「拿甲的錢，給乙使用」。如果銀行資金配置不當（如授信過於集中），或對授信戶的信用選擇不夠審慎，將加深銀行的經營風險。這說明銀行市場安定的要素，在於銀行經營者的良心、存款人（投資人）的信心、借款人的誠心，以及監理機關隨時的監視。（注2）

銀行經營者的「良心」，表現在盡善良管理人的注意義務，照顧銀行資產，更必須做好內控、法遵及公司治理，避免一再發生理專挪用客戶款項的事情。因為存款人將其辛苦賺來的金錢寄存在銀行，可視為對銀行的信賴行為，銀行對自身資產或投資人款項的維護，自應善盡注意，以示負責。唯有在這樣的基礎上，銀行才能獲得存款人及投資人的信賴，幫助社會上真正有需要的人，使人民過著更富足的生活。

銀行藉由融通貨幣的金融力量，不僅是發展市場經濟的主要力量，更可以資助社會公益活動（例如：贊助藝文活動與運動賽事、推動反毒等），其影響力可謂深遠。哈佛商學院教授德魯福（Raymond de Roover）在他所撰寫的《金融帝國的興衰：從暴發戶到跨國企業，梅迪奇銀行帶你見證資本主義的起源》一書中，即提到：以私有制為基礎的現代資本主義，根植於中世紀和文藝復興時期的義大利，而現代社會最早的銀行，也出現於義大利。

其中佛羅倫斯是中世紀義大利半島上最大的手工業城市，也是資本主義最早萌芽的地方。（注3）在梅迪奇家族統治佛羅倫斯期間，不僅資助教宗、王室，還網羅並贊助達文西、拉斐爾、米開朗基羅等許多偉大的藝術家，（注4）甚至花費鉅資建造藏書豐富、絢麗別緻的羅倫佐圖書館及紀念性建築物（例如聖羅倫佐教堂、菲耶索萊大教堂，這些建築物迄今仍是觀光客必遊之地），因而被後人稱為「文藝復興的教父」。該家族賴以建立一座座文化豐碑的財富，即來自於身為銀行家與商人的活動。

再者，**銀行家的「良心」也表現在面對國民經濟衰退、金融危機或疫情肆虐時，不應採取緊縮授信的作法，而應秉持「銀行挺企業」原則，對營運正常的企業續予融資，以促使「企業挺員工」，從而共創三贏**。半澤正是因為幼年時眼睜睜地看著銀行員（即後來的大和田董事）緊縮信用而「雨天收傘」（劇情場景正好是下雨天，好鮮明的文字視覺化、感官化），逼著經營工廠的父親走上絕路，才發願以擔任銀行家、改革銀行業為職志。

劇情中，東京中央銀行作為主要債權銀行，面對帝國航空因經營不善而陷入嚴重負債，半澤該如何面對？在面臨各方勢力的利益衝突，加上銀行內部的恩怨、派系糾葛，他該如何衝出一條血路？尤其新任國土交通大臣有意藉改革形象來挽救民心，其中一項計畫便是打算要求持有帝國航空債權的銀行放棄債權時，半澤又該如何折衝、調和各方利益，推出妥善、具體可行的重建方案？

銀行借是好心，不借也是好心？

身為務實的改革家，半澤自然有他的因應方案。而任何公司的重建、改革，最可能的阻力當然是擔心飯碗不保的公司員工。為了安撫人心，半澤在指出帝國航空經營體制有問題外，仍不忘肯定所有員工都是懷著守護日本戰後天空的自豪在工作，就算如今公司經營狀況惡化，在全世界航空公司的滿意度排行榜名次仍是居高不下。在重建說明會上，他告訴帝國航空的員工：「我們提出的重建方案確實很嚴苛，希望各位都能夠做好心理準備，但這間公司不需要仰賴政府，一定可以靠自己重新站起來。當然依照政府的方案，一定還能再撐個幾年，但這不過是對重症患者輸血，現在應該要先為各位的傷口止血。」

在指出帝國航空經營體制沉痾之時，半澤直指其根本性問題是政客的介入經營；他並提出一個疑問：國土交通大臣可以用國家權力，強行命令銀行放棄債權？他與外號「鐵娘子」、開發投資銀行企業金融第四部次長谷川幸代（西田尚美飾）一再提到的：「借是好心，不借也是好心」，其真意為何？開發投資銀行作為主要債權銀行，是否因為它是政府投資設立的金融機構，不僅無法讓帝國航空發揮經營效能，更因肩負許多的「政策任務」，助長它經營的持續「迷航」？

這些不僅涉及銀行在現代社會經濟活動中扮演的角色、主管機關的銀行監理權限行使，更攸關著現代民主法治國家公、私部門的分野問題，都是值得深思的課題。尤其在政府宣布改革帝國航空政策，而使內閣的民意支持度大幅提高時，我們該思考的是：這是否是真正的國民意志？如此真的是對公共福祉、存款人、帝國航空或債權銀行最好的處置作法？

對此，我要說的是，東京中央銀行對帝國航空是否授信不當，主管機關金融廳固然可以進行監理，介入調查，違規時並得予以裁罰；但**銀行資產是存款人（社會大眾）出於自願，委託交付予銀行的小額儲蓄累積而成，他們的存款並不是政府可得任意支配的公共財。金融監理機關除依法律規定或維持國家金融安定的公益目的之外，原則上應尊重銀行的經營自主權。**

只是，如何解析、因應所謂的國民意志？二〇二〇年COVID-19病毒肆虐，美國是當時全世界疫情最嚴重的國家，主要原因在於川普總統所領軍的政府團隊的輕忽、不願意以科學態度因應處置；然而，在川普狂妄、唯我獨尊的領導風格，以及疫情處置不當、長期遭到多數美國主流媒體圍剿等情況下，何以在二〇二〇年美國總統大選時，仍可以跟對手拜登打得難分難解？

《蘋果日報》於二〇二〇年十二月六日的社論〈美國大選啟示：經濟是硬道理〉

中，道破了其中的關鍵：

在美國許多主流媒體眼中，川普言行浮誇、語多反覆甚至不實、不擇手段……完全不符元首的規格，眾多川粉也毫不諱言，不認同那些表現，「只」因為川普過去四年創造的各種經濟成長數據，所以還是願意票投川普。

經濟果然才是硬道理。無論什麼政治體制的政治人物都知道，延續政權與個人政治生命的最佳方法，乃是令人民有感的經濟發展。川普的拼經濟不僅是口號，而且找到方法，具體實踐，並取得成效。當民眾發現就業機會變多，收入漸增，對他的一些「缺點」，也就相對願意容忍。

這說明經濟是人民生活的基礎與恐懼的來源，也是國家生存發展的命脈。在美國許多主流媒體眼中，雖然川普言行浮誇、不擇手段，完全不符國家元首該有的樣子；卻因為川普任職四年來創造的各種經濟成長數據，民眾發現就業機會變多，收入漸增，所以近半的選民還是狂熱力挺、票投川普。

政府不能干預有借有還的契約原則

英明的政治人物或精明的政客基於相同的認知，不分國界、地域，無不以戮力發展經濟、促進人民就業為施政的主軸，新上任的國土交通大臣白井亞紀子（江口のりこ飾）有意藉改革帝國航空來贏得民心，理所當然。問題是當以權力競逐為本位、肉桶分贓問題頻傳的政治部門介入私經濟行為時，政客得以分配資源、安插人事，權、錢交易的結果，自然是貪污橫行、經營缺乏效能。

我們必須深刻體會：民主共和、人權保障、罪刑法定、契約自由、私有財產神聖不可侵犯等，已是民主憲政國家共同的準則。當政府要以私法手段從事福利行政（如安定就業、經濟紓困）時，就要遵行契約社會的精神：自由、平等、信守承諾。而有借有還，乃是契約的基本原則，是商業社會有效運作所應遵行的契約責任；做出正確的授信判斷、提供融資、回收款項更是銀行員的使命，絕不能因為政府官員的一紙行政命令，銀行就要放棄債權。

政府官員一定比「唯利是圖」的商人較高尚？所做決策一定較符合公共福祉？可以一方面善盡金融監理職責，他方面又從事銀行業務？人類的歷史經驗告訴我們，各國政府美其名以全體國民利益為依歸的財經政策，卻常常因為金權政治的運作，其決

策悖離經濟效率與市場競爭法則，造成全民受害的情況，不勝枚舉。

政府究竟應該扮演何種角色，才能符合人們的期望，似乎沒有一個標準的答案。在帝王專制時期，國家是作為無所不管的「管制者」；在自由法治國時期，則將國家的存在視為「必要的罪惡」，國家的作為是越少越好；而在現今福利國家的思潮下，國家則被理解為除應扮演向來的「管制者」角色外，更要扮演「給付者」的功能，國家因而興辦各種公用事業，提供人民各項日常生活所需（如交通運輸、水電、瓦斯、金融服務等）。其間的轉變不可謂不大。

只是，隨著政府對於市場干預的增強，政府對市場管制的缺陷與侷限性，也就逐漸顯露出來，產生諸如「無效率」或「無效能」等批評，尤其自一九八〇年代以來，國家機能的複雜化、多樣化及肥大化日益受到高度的關注與批判，一個有效率的「廉價政府」（Cheap Government）較諸無所不包的「萬能政府」更受到重視與支持，而具有世界普遍性的「解除管制」與「民營化」的風潮就是最佳的憑證。也就是說，不論是公共服務的委託私人，或是公營事業的民營化，其背後代表的皆是「效率效能考量」，效率、效能考量可謂是當代公共行政的主流思想。

無良政客、銀行掮客造成哪些弊端？

這時，新自由主義理論趁勢興起，「民營化」、「私有化」、「回歸市場」與「解除管制」的呼聲日起，重新呼籲尊重市場機能、鼓勵自由競爭、敦促放寬管制，以提昇民間活力與創造力，自由化風潮在國際間逐漸蔚為風氣。因此，引進民間力量參與公共服務，成為勢所必然，公營事業的民營化也就成為經濟自由化運動下的一環。在《半澤直樹》劇情中，半澤能夠在最後一刻，擋住國土交通大臣白井亞紀子及在她背後操控與指使的進政黨幹事長箕部啟治（柄本明飾）壓力的關鍵，正是由於內閣會議剛通過開發投資銀行的民營化，讓長谷川幸代得以實現市場機能的決策思維，使銀行團所有成員得以團結一致，反抗政府部門提出的不合理要求。

另以台灣為例，威權統治時期政府為了實現政策目的，許多公營事業的經營是採取所謂汲取性的手段——公營事業壟斷經濟資源及從事經濟活動所需的基礎設施，汲取經由生產活動所創造的剩餘——以保障國家獲取支持其運作所需的經濟資源不虞匱乏，並維繫其對經濟權力的控制與動員能力，支持政治權力的集中，確保政權的存續與成長。（注5）其中政府長期管制金融業的設立，絕大多數金融機構都由政府掌控，（注6）立法委員蔡辰洲卻與其他委員組成「十三兄弟幫」，經常邀宴財經官員，並利用他經營的台北市第十信用合作社，以人頭貸款掏空社員資產。其後，政府於一九八五年金檢後，十信發生擠兌，只好由公股銀行介入墊付。名記者王駿先生在他所撰寫的《十信風暴》一書中，即以春秋之筆，向我們娓娓道來：即便在那強人主政、特務橫行的動員戡亂時期，政商照舊掛勾、財團仍然耍橫。（注7）

在此同時，因出口導向政策為台灣賺進大量外匯，當一九八〇年代新台幣大幅升值、游資浮濫無處投資時，標舉高紅利、老鼠會式的地下投資公司盛行，不僅民眾趨之若鶩，連公教、銀行主管、記者等人員也奔相走告，以致財經、治安機關始終束手。然而，當紅利無以為繼時，雪崩式的連鎖效應，造成大批投資人傾家蕩產。

其後，在金權政治的影響下，政府政策過猶不及，於一九九〇年代大幅開放新銀行的設立，而且銀行財團化、體質弱化。在「銀行過剩」的情況下，銀行為求生存，廣告中不斷宣揚：借錢是「蓋高尚」的行為，浮濫發行信用卡、現金卡。許多年輕人受此迷惑，肆意借款，從事炫耀式消費，其後無力償還債務，因而成為卡債族；有些人則藉此以債養債，待付不出高額利息遭逼債時，便演變成社會問題。

消費者因為欠款成為卡奴，自然是輸家；銀行因為卡奴付不出款項或授信不當，而提列大筆呆帳，以致虧損連連，也是輸家；法院因此受理許多清償債務案件，一樣是輸家。（注8）**銀行家創造了三贏，無良政客及銀行揹客卻造成了三輸。**於是，政府制定《消費者債務清理條例》讓卡奴更生，制定《行政院金融重建基金設置及管理條例》以稅收接管或賠付經營不善的經營機構，使整個社會付出了慘痛的教訓。

每一顆螺絲釘力量很微小，但都有它各自的作用

類似這種錯誤的財經政策，在一個正常的民主法治社會，藉由其自我修復與學習的能力，按理可以有效防杜。可惜的是，在台灣、日本等深受儒家文化影響的東亞社會，有些人不僅沒有養成信守承諾、平等對待的契約觀念，還習慣於政府「作之君，作之師」，或是讓政府可以理所當然地設立各種國營、公有民營的事業，或是容任政府以行政指導代替法令而介入民間的經濟活動，以致弊端層出不窮。

日本原本就有「官尊民卑」的文化思維，基於行政官僚的優越性，私部門尤其是產業或商業團體於必要時，多會要求行政機關施以「行政指導」。(注9)再者，以「行政指導」為中心所推行的產業政策，由於可以彈性應變、因地制宜，在日本戰後高度的經濟發展過程中，確實也具有舉足輕重的地位。但因為法無明文，行政指導不僅有被官僚體系濫用的可能，有時並會牴觸法令規定，違背法治國家的基本原則；日本企業甚至假行政指導為護身符，行共同排除外國企業之實，妨礙公平競爭，一九八〇年

代美國即據此將其列為美日貿易談判的議程。（注10）

日本之所以在發生泡沫經濟後，長期陷入經濟發展停滯的局面，即與政府部門慣行以行政指導方式控制企業、退休官員空降大型企業有關，民間業者卻敢怒不敢言。亦即，過去日本政府利用退休官員空降到大企業擔任高級主管，來確保企業是否遵從政府的政策，並利用退休官員參選國會議員來為特定法案護航；而無數空降到大企業的前官員，在日本講究倫理輩分下，反而成為企業用來籠絡政府的工具。（注11）半澤值得敬佩之處，就在於他雖然僅是銀行的中階幹部，卻深知銀行家的使命，為護衛存款人的資產，與政治權勢周旋到底。

當國土交通大臣要半澤按照指示去做，平時非常欣賞白井亞紀子的太太半澤花（上戶彩飾）也希望他多幫忙大臣時，半澤不僅沒有抱持官尊民卑的心態，也不受親情左右，甚至堅定地說出：

> 我雖然只是一顆小螺絲釘，必須依照指示而行事，但是我也有身為一線人員的自尊與驕傲。每一顆螺絲釘力量都很微小，但在面對錯誤的力量時，會竭盡全力拼命的抵抗到底，每一顆螺絲釘也都有它各自的作用。

半澤這種綜觀全局、顧客至上的作風，發揮了銀行家支持產業創新、與勞工及企業共存共榮的本色；他明辨是非、不畏權勢，善盡機器小螺絲釘的職責，揭露了派閥政治、官商勾結的醜陋面貌，翻轉了國民意志，並讓自己再度逆流而上。由劇情終了的鋪排，在同樣強調人的價值及配合時代潮流的基調下，我想：半澤與大和田的持續對抗、女政治家的崛起、銀行的國際化等，會是未來續集可能的橋段。且讓我們拭目以待！

注釋：

1 二〇二〇年六月三十日，中國人大常委會通過香港版《國安法》。法條中大幅度擴大中央及港府的權力，新增四項罪行：「分裂國家罪」、「顛覆政權罪」、「恐怖活動罪」及「勾結外國或境外勢力危害國家安全罪」等，最高可判終身監禁。該法讓中國中央政府得以行政指揮司法，並允許祕密審判、將「犯人」送到中國審判，其影響力擴及台灣和全球。

2 參閱蕭長瑞，《金融法令實務》，第一冊，二〇一二年七月，第20-22頁。

3 佛羅倫斯為義大利半島的一座城市，一四三四年梅迪奇家族建立僭主政治。十五世紀羅倫佐·迪·皮耶羅·德·梅迪奇（Lorenzo di Piero de' Medici, 1449-1492）當政時，佛羅倫斯為義大利文藝復興的名城。

4 參閱弗蘭克・薩克雷、約翰・芬德林主編，王林譯，《世界大歷史：文藝復興至十六世紀》，二〇一四年九月，第59-62頁。

5 參閱吳若予，《戰後台灣公營事業之政經分析》，一九九二年十二月，第15頁。

6 以信用合作社及銀行的開放設立來說，由於金融業影響台灣經濟發展甚鉅，過去政府實施金融管制政策，不開放金融業的自由設立，其管制政策目的雖有特殊考量，但採取「關門主義」的政策手段，限制人民營業自由權，顯然不符合經濟法治原則。參閱陳櫻琴，《經濟法理論與新趨勢》，二〇〇〇年九月，第80-85頁。

7 蔡辰洲兄弟共有三個俱樂部，用以應酬政商關係，當「強人總統」蔣經國下令徹查十信案，中央銀行金檢處於一九八五年一月五日前往十信分行突襲檢查後，因為五鬼搬運、拆東牆補西牆的犯行即將曝光，蔡辰洲隨即於當日召集「十三兄弟幫」立委，並夜闖央行副總裁錢純的住處關說。參閱王駿，《十信風暴》，二〇二〇年七月，第108-124頁。

8 參閱林孟皇，〈誰造成卡債的三輸局面？〉，《羈押魚肉》，初版，二〇一〇年九月，第287-293頁。

9 關於「行政指導」的定義部分，《行政程序法》第一六五條規定：「本法所稱行政指導，謂行政機關在其職權或所掌事務範圍內，為實現一定之行政目的，以輔導、協助、勸告、建議或其他不具法律上強制力之方法，促請特定人為一定作為或不作為之行為。」台灣社會有鑑於行政部門有時確實需要以「行政指導」方式進行施政，卻因法無明文，易生濫權與弊端，乃於一九九九年二月制定《行政程序法》時予以納入規範，以使行政行為遵循公正、公開與民主的程序，確保依法行政原則，從而保障人民權益，提高行政效能，並增進人民對行政的信賴。

10 參閱黃銘傑，〈行政指導與日獨占禁止法〉，公平交易季刊創刊號，一九九二年十月，第119-124頁。

11 參閱蔡增家，〈日本經濟發展的非正式制度因素：以行政指導及官員空降為例證〉，問題與研究第四十五卷第六期，二〇〇六年十一、十二月，第107-130頁。

第十三章

達利特的命也是命！從《印度憲法第十五條》到《白老虎》探討種姓歧視何時休

印度電影《印度憲法第十五條》、《白老虎》呈現的都是有關種姓制度，如何成了一條無形的鎖鏈，綑綁著所有底層人民的自由。因為《印度憲法》並未廢除種姓制度，尤其被排除在種姓之外的賤民（「達利特」），被認為骯髒、會污染他人，應該加以隔離，成為不可接觸者。其中《印度憲法第十五條》背景來自真實故事：兩個少女「賤民」向高種姓的老闆要求調薪，卻遭到輪姦並被吊死在樹上示眾，目的是為了教訓她們、使「賤民」們瞭解自己的「身分地位」，讓人們見識了種姓制的罪惡和警匪勾結的黑暗。《白老虎》講述的是低種姓的失學男孩巴蘭哈生，如何不擇手段踏上成功之路，由於該片深刻觸及階級和貧富的鬥爭，因而被某些人稱為印度版的《寄生上流》。

二〇二〇年十二月間，台商緯創公司在印度南部的工廠發生千人暴動砸廠事件。依據《商業周刊》引述當地官員的說法，引爆點是緯創公司聘請的勞力仲介，有積欠員工薪水的問題。該報導同時指出：印度管理有很多「眉角」，當地不僅英雄主義盛行，種姓制度更是個大麻煩，只有用相同或更高種姓的主管管理低種姓的部屬，運作才會順暢。

印度獨立後已禁止種姓歧視，但古老的觀念仍根深柢固。因為印度教的《摩奴法典》不僅論證了種姓制度的神聖合理性，而且對各種姓的權利、義務、地位與職業等方面都做了詳盡的規範。（注1）它以宗教法典的形式將種姓制度固定下來，誰違犯了種姓規則，就等於觸犯了法。

種姓制度產生自「業」的觀念，「業」是人在此世的所作所為。社會流動的唯一機會，不存在於現世，而存在於現世與來世之間，因為只有從一世轉到另一世時，人所造的「業」才能夠改變。因此，人一輩子就被困在自己的「業」裡。但人在種姓制度的等級體系裡升級或降級，取決於人是否忠實履行該屬種姓遵行的「法」，亦即指導正當行為的準則。印度教神聖化了既有的秩序，使個人履行現在所屬的種姓或職業成為宗教義務。（注2）

印度尼赫魯大學（Jawaharlal Nehru University）博士、國立清華大學通識中心兼任助理教授董玉莉於二〇二〇年在一場演講中提到：《印度憲法》第十五條規定任何人不得因為種姓、宗教、出生地而受歧視，（注3）第十七條也明文規定廢除「賤民制」，（注4）但是並未廢除種姓制度。

其實，世界上有許多地方仍存在種姓制度，並不是印度所獨有。依照聯合國少數群體問題特別報告員里塔·伊紮克·恩迪亞耶（Rita Izsák-Ndiaye）於二〇一六年四月間，所提出的《聯合國少數群體問題特別報告員的報告》（*Report of the Special Rapporteur on minority issues*），即指出全世界至少有二點五億人僅僅根據其出身或繼承身分，就面對著恐怖且侮辱人格的歧視，也就是基於種姓的歧視。受種姓歧視影響人數最多的社區集中於南亞，特別是印度和尼泊爾；但這種歧視也可以在非洲、中東和太平洋地區中發現。這說明種姓暴力和歧視所侵犯的不只有印度女性，而是世界各地的女性，例如尼泊爾、孟加拉、巴基斯坦、葉門和其他受種姓制度影響的國家。

《摩奴法典》建構的種姓枷鎖，纏繞印度人民千年

什麼是種姓制度？種姓指的是嚴格分層的社會制度，往往基於純潔和污染的概念。許多人在學生時代或許讀過，卻不見得知道它在日常生活中發生什麼作用。董玉莉在演講中，即以不同種姓之間通婚的兩種情況「順婚」跟「逆婚」為例，說明種姓制度在性別上對女性特別不平等之處。

她說，「順婚」指的是高種姓男子娶低種姓女子，新娘需提供高額嫁妝，否則嫁進夫家之後會被歧視跟不當對待。至於「逆婚」，則是指高種姓女子嫁給低種姓男子，其結果往往是男女雙方受到女方家人以私刑殺害，並稱這種行為是為了捍衛種姓

榮譽，遂被稱為「榮譽處決」（honor killing，或譯為「名譽謀殺」）。

當羽球黃金男雙「麟洋」王齊麟／李洋、「世界球后」戴資穎於「二〇二〇年東京奧運」（因為疫情影響，實際上是在二〇二一年舉辦）為台灣爭光時，很多人可能不知道羽毛球源自印度。話說十九世紀七〇年代現代羽毛球運動出現在印度「浦那」，當時以地名「浦那」（Poona）稱呼這種運動；當地的駐印英軍非常喜歡這項運動，將它傳回至英國，並進行了一些規則調整，成為今天風行世界各地的羽毛球運動。

印度是一個人口十幾億的大國，歷年來的奧運成績卻是名副其實的「體育弱國」。依照中央社於二〇一六年「里約奧運」期間發表的一篇專欄報導〈印度為何成為體育弱國〉的說明，這除了跟投資上的缺乏有關之外，其深層原因正如學者所說：**印度文化沒有運動的元素，因為種姓制度鄙視體力活動，注重精神修行，體育所代表的體力勞動是卑賤的，而且根深柢固的種姓階級更阻礙了不同階層的人一起參與同一種體育活動，成了該國體育不發達的根源之一。**

如果讀者想要進一步認識，近幾年印度拍了幾部相關題材的電影，或許可以讓我們一窺究竟，深刻瞭解已有超過三千年歷史的種姓制度，如何形成一條無形的鎖鏈，即便在這國際交流頻繁、網路社群媒體發達的當代社會，仍綑綁著印度底層人民的自由。

目前世人大都以模仿美國好萊塢（Hollywood）的寶萊塢（Bollywood），統稱印度電影。其實，印度是一個多種族、多語言的國家，除寶萊塢之外，還有兩個重要的電影基地。而一般人對於寶來塢電影的認知，就是載歌載舞。幾部曾經在台灣引起熱烈迴響的《三個傻瓜》、《來自星星的傻瓜》、《我與我的冠軍女兒》、《我的嗝嗝老師》、《隱藏的大明星》等片，儘管都觸及嚴肅的社會議題，仍然不能免俗。

從《天下雜誌》在〈世界電影產量第一的印度，可不只有寶萊塢〉一文的分析報導，可知印度雖然是世界第一的電影產出國家，但因為幅員遼闊，有些地方的印度人教育程度普遍不高，他們看電影不是為了尋求精神共鳴，而是為了消磨時光，因而唯有誇張的劇情、動作和熱鬧的歌舞，才能吸引觀眾的注意。而本文所要介紹的《印度憲法第十五條》（*Article 15*）、《白老虎》（*The White Tiger*，中國大陸譯為《白虎》），則是其中的例外。

《印度憲法第十五條》印證了「達利特」的刻板印記

依照我有限的電影知識，《印度憲法第十五條》是繼之前的美國紀錄片《憲法第十三條修正案》（*13th*）之後，我第二次看到有人將憲法的條文當作片名。《美國憲法

第十三條修正案》是美國在南北戰爭結束後，所通過禁止蓄奴的修正法案，但法案中卻加了一項註解：「罪犯除外」。（注5）這個註解使非裔美國人一百多年來承受許多偏見，黑人被罪犯化。這部紀錄片還透過一項項具體的數字及實例，探討這種刻板印象的成因，以及無數的冤獄案件是如何形成的。

《印度憲法第十五條》則是根據真實事件改編，講述印度種姓制度的罪惡和警匪勾結的黑暗。電影背景是多年前在印度北方邦農村發生的真實故事：兩個少女「賤民」因為工資太低，向高種姓的老闆要求每日調漲工資三盧比（大約可兌換一元多的新台幣），卻遭到輪姦並被吊死在樹上示眾，原因只為了教訓她們、讓「賤民」們瞭解自己的「身分地位」。該片在二〇一九年上映時，引起婆羅門社（Brahmin Samaj）的強烈不滿，認為該片蓄意挑動社會對立，向印度最高法院提交請願書，要求禁映此片。

在電影中，不斷談及每個人的出身、階級，因而有必要先弄清楚印度的種姓制度是如何劃分的。古印度文明消失後，屬於印歐語系的雅利安人（the Aryans）入侵印度，（注6）逐漸成為印度北部地區的統治者，佔據上等階級（祭司和戰士），被征服的居民則只能從事僕人或奴隸工作。因為雅利安人在人數上並不佔優勢，很擔心失去他們的特權地位與獨特身分，為維持長期統治的穩定性及「血統」的純度，他們將人劃分為四個種姓：婆羅門（祭司）、剎帝利（貴族、武士）、吠舍（農民、商人等平民）和首陀羅（僕人），採取所謂的階級命定論。（注7）此外，還有一種被排除在種姓之外的人－賤民（「不可觸摸者」，untouchable），印度獨立後統稱「達利特」。

其中前三個種姓都是雅利安人，並以婆羅門的地位最高，剎帝利、吠舍的社會地位依次降低，被征服者只能當雅利安人的奴僕，也就是首陀羅。各種姓都有自己的道德法規和風俗習慣，各自需要擔任特定的職業，一般不能互相通婚，甚至連一起吃飯也嚴格禁止。這一切除了法律規定，還成了宗教神話與儀式。其背後的核心概念是「潔淨」與「不潔」，虔誠的印度教徒相信，與不同種姓的成員接觸會造成污染，而且污染的不只個人，甚至還會污染整個社會，因而這實在是萬萬不可的社交行為。（注8）

根據二〇一一年人口普查數據，「高種姓」的婆羅門、剎帝利和吠舍約占總人口的百分之十五；「低種姓」的首陀羅（平民、農民、僕人）則被歸類為「其他落後階層」，是沒有人身自由的奴隸，占總人口的百分之四十二；處於社會結構最底層的「達利特」約占總人口的百分之十六點八。賤民只能從事清潔工，或負責理髮、打掃廁所、清理下水道等工作。因為印度教的種姓制度不僅主張人非生而平等，並宣揚潔淨與不潔觀念，因而以職業、生活習俗，將人群區分為潔淨與不潔之人，其中的賤民被認為骯髒、會污染他人，應該加以隔離，成為不可接觸者。

「達利特」備受種姓制度的荼毒與壓迫，事實上跟宗教歧視有關。僧護居士（原名：丹尼斯．林伍德，Dennis Lingwood）在描述印度「憲法之父」、出身賤民的安貝卡博士生平經歷的《安貝卡博士與印度佛教復興運動：佛教救印度，解放種姓制度、解救印度民主》一書中，向我們娓娓道來原來「賤民」的起源，竟與佛教有關！他們因為堅持不改對佛教的忠誠，屢受印度教教徒迫害與污衊，最終背負「賤民」的污名與忍受非人道的待遇。

當歧視私刑不絕，法律之外還需更多反思的人

電影虛構了一個年輕、出身婆羅門、在歐洲生活過的高級警司（相當於分局長）阿彥蘭贊（Ayaan Ranjan）的角色，他被派往拉爾貢任職。當他從首都德里動身，路過賤民社區，因為口渴，要求司機停車買水時，卻被部屬告知種姓社會賴以建立的某些法則：「高種姓」的人不喝賤民碰過的水，不能碰觸到他們，甚至不能被他們的影子掃過。難怪賤民會被稱為「不可觸摸者」！既然種姓階級低的人或賤民不被當人看待，強暴她們又有什麼不可以！這是印度性侵害案件頻傳的主因之一。

二〇二一年四月間國際特赦組織發布《二〇二〇年度人權報告》指出：「在印度

和尼泊爾，達利特婦女的強暴案引起了強烈憤怒。二〇二〇年五月，一名十二歲的達利特女孩被迫與她的強暴犯結婚，這名男子為優勢種姓，來自尼泊爾Rupandehi地區。九月，另一名十二歲的達利特女孩在Bajhang地區被強暴並殺害，據稱這名男子一個月前強暴了一名十四歲的女孩但躲避了起訴。同樣在九月，來自印度北方邦哈斯拉斯（Hathras）優勢種姓的一群男子強暴和謀殺了一名達利特婦女。警察未經家人同意便火化了她的遺體，只有在全國各地爆發示威、要求正義和究責之後，這些人才遭到逮捕。」

這種將達利特蔑視為「不可觸摸者」的場景，與我在〈《幸福綠皮書》：面對種族歧視，唯有勇氣才能改變人心〉一文中所提及：「裝修公司委派兩位黑人前來東尼的住家整修地板時，不僅其家族親友將之視為瘟疫，東尼甚至不假思索地將太太請兩位黑人喝飲料用的玻璃杯，直接丟進垃圾桶」的情況多雷同啊！

身為世界上第一、第二大民主國家（依人口數排名）的印度與美國，儘管都制定有人民權利保障書的憲法（巧合的是：《印度憲法》與《美國憲法》分別是世界上篇幅最長和最短的成文憲法），達利特、非洲裔美國人卻都被以種種宗教和科學的「想像的現實」，甚至成為社會運作的一種「法則」，被認定天生懶惰、污穢，「達利特」、「黑人」成了一種不可磨滅的印記。看來人類還真有著許多共同的劣根性！

回到本片，話說當阿彥蘭贊抵達拉爾貢之時，兩個「賤民」出身的少女早已失蹤多日，阿彥蘭贊所管領的警局卻吃案、不願意啟動調查。當阿彥蘭贊指示受理時，副局長再三勸阻，並對外放話，將本事件導向「榮譽處決」，希望就此平息風波。至於副局長究竟幹了什麼齷齪事，以致於極力阻擋此事，讀者看完影片自會知曉。

什麼是「榮譽處決」？這是一種發生在印度、孟加拉、巴基斯坦或信奉伊斯蘭教的中東地區的社會習俗。一般而言，除了前述「逆婚」之外，其他像是：通姦、女方要求離婚、婚前懷孕、不道德的行為等，都可能因為被家庭成員認為違反印度教的傳統價值觀，將使家族聲望受損，而被動用私刑、「清理門戶」。（注9）

雖然印度最高法院已於二〇一八年的裁判中，禁止村莊聯合委員會或宗族長老會等組織，干預成年人的婚姻，還制定防止「榮譽處決」和干涉婚姻的準則，並指示警察機構負責人，應格外關注跨種姓或宗教問題；但正如一九五〇年開始施行的《印度憲法》早已明文廢除「賤民制」，政府不斷地透過各種平權措施的法案來提升其地位時，最低階種姓的首陀羅與「賤民」想要翻身，仍是比登天還難，「榮譽處決」顯然不是靠一份法院裁判即禁絕得了。

阿彥蘭贊原本在德里或歐洲過著富足、幸福的生活，對自己的祖國充滿著美好的想像，但他奉派前來不到兩天，卻感覺自己彷彿來到了火星、異世界，並引發他對種姓、壓迫、正義和身分認同等一連串問題的思考。如果說美國有「黑人的命也是命（Black Lives Matter）」的群眾抗爭活動，印度更應該公開倡議「達利特的命也是命」訴求，而不只是影片中婆羅門、達利特人一起公開用餐的選舉造勢活動。

《白老虎》：失學童工不擇手段踏上成功，呈現印度文化的光與影

二〇二一年Netflix上映的電影《白老虎》，主題同樣攸關印度的種姓制度。它改編自亞拉文・雅迪嘉（Aravind Adiga）同名原著，小說不僅曾榮登英國泰晤士報與紐約時報暢銷排行榜，更獲得英語文壇最高榮耀的小說獎——布克獎（Booker Prize）。評審主席稱讚：「全書以幽默的生花妙筆處理貧富懸殊及窮人難以跨越社會鴻溝等社會議題，令人手不釋卷。」電影拍得同樣精彩，由於編導功力深厚，該片入圍二〇二一年奧斯卡金像獎最佳改編劇本獎。

劇情講述最低種姓階級的男孩巴蘭哈生（Balram Halwai），如何從茶館工作，進入一直壓榨著自己村里、族人的地主家庭擔任僕人，之後又如何透過欺騙、霸凌乃至於謀財害命，獲得「人生第一桶金」。最後，不僅成為在班加羅爾靠著計程車公司致富的老闆，甚至還向當時準備到印度參訪的中國國務院總理溫家寶（任職期間：

2003-2013）詳述自己的「企業家人生」。

白老虎源於基因突變，是虎的特殊變異色型。原著、電影取名「白老虎」的原因，在於當巴蘭哈生就讀於家鄉小學時，在一群學力低落的同學之中，他聰穎好學、能讀能寫的能力，被督學形容有如一隻在「黑暗叢林裡的白老虎」，充滿上進的野心，與其他無法正確讀寫、「留在黑暗叢林」裡的學生，不可同日而語。然而，卻因為家庭經濟的困頓，他只讀了兩、三年的書便失學。

本片藉由受迫於種姓窠臼的巴蘭哈生、掙扎於傳統與現代的地主兒子及其成功跳脫種姓束縛的妻子等三個主要角色，在電影中不斷地衝突、對話，引領觀眾思考其中的意義，並呈現不同的印度文化樣貌。而對巴蘭哈生來說，印度分為兩國，一國是「光明印度」，一國是「黑暗印度」。**流傳幾千年的種姓體制與貧富差距，對低種姓貧民的壓迫，就像是雞舍一般：關在籠內的雞隻們，眼睜睜地看著同類被屠殺，卻無法、無膽或無意去改變現實，逃出那座雞舍的牢籠；雞隻充滿了巴蘭哈生所謂的奴性：「只想安於現況，服侍主人，卻不敢反抗體制與主人們的暴力。」**

《白老虎》的「雞籠」比喻，傳神地描繪了「種姓制度」下的人民，宛若活在「牢籠」，甘於命運的不平，安於現狀的不公。巴蘭哈生直到被主人指派一件不公不義的任務，才充滿憤怒，並開始思考「沒有主人的僕人，算什麼？」然後想到像「白老虎」一樣逃離被奴役現實的方法。他殺掉主人，拿走主人原本打算用來賄賂權貴的款項；接著，他成功逃到班加羅爾，將部分強盜來的錢拿去賄賂警察，讓對方打擊無照經營的計程車公司；之後，他自行設立計程車公司，並以平等對待、不壓榨司機而大獲成功。由於該片深切地觸及階級和貧富的鬥爭，因而被某些人稱為印度版的《寄生上流》。（注10）

在種姓制度的影響下，印度社會中的工作、財富都被高種姓階層把持，生而為低種姓或賤民的人，自小就被剝奪了夢想。因而，印度社會每天發生的這些歧視和壓迫，已經深刻地根著在法制、習俗等日常生活中，許多印度人已經習慣並選擇無視。而這也成了《印度憲法第十五條》導演阿努巴夫辛哈電影創作的初衷。他在接受訪問時，即對社會的冷漠和麻木感到非常憤慨，希望藉由電影，引起社會對於所有國民平等權利的重視。

「印度製造」美夢下，台灣政府與企業不可迴避的人權責任

台灣人主要信仰之一的佛教，雖發軔於印度，但印度社會信奉佛教之人少之又少。台灣人與印度人既非血濃於水，又沒有共同的信仰，彼此更相隔千里，我們何必

關心印度的種姓問題？從每個人負有維護人權的義務或台商積極搶進印度設廠來看，這當然是我們該關注的。

首先，從人權的普遍性來看，聯合國倡議制定國際人權文件時，取名《世界人權宣言》（*Universal Declaration of human rights*）而非「國際人權宣言」（International Declaration of human rights）**的理由，在於維護人權是每一個人的責任，而非只有簽署這份文件的政府須要負擔**。它清楚明確地揭示：法西斯主義、種族主義、宗教歧視、專制主義、奴隸制、種族隔離或其他形式發起的壓迫，都是人權的敵人。《世界人權宣言》在「宣告」中載明：

> 這一世界人權宣言，作為所有人民和所有國家努力實現的共同標準，以期每一個人和社會機構經常銘念本宣言，努力通過教誨和教育，促進對權利和自由的尊重，並通過國家的和國際的漸進措施，使這些權利和自由在各會員國本身人民及在其管轄下領土的人民中，得到普遍和有效的承認和遵行。

傳統觀念認為，一個主權國家與其公民之間的關係屬於內政，但《世界人權宣言》則提出：人權具有普遍性，屬於「人類家庭所有成員」，每個人、每個社會組織都應為這一標準而奮鬥，這無疑是上述傳統觀念的挑戰。（注11）**世人正是體認到「自掃門前雪，莫管他人瓦上霜」的文化，才會發生第二次世界大戰種族屠殺的慘劇，為了確保「永不重蹈覆轍」，因而有必要課予每個人捍衛人權的義務，作為所有人民和所有國家努力實現的共同標準。**（注12）

再者，繼「中國製造」之後，台灣又倡議「印度製造」，許多上市櫃公司紛紛前往印度設廠。本文一開始所提發生工人暴動的緯創公司，其廠區位於卡納塔卡邦南部的戈拉爾市。該邦是印度的高科技產業重鎮，有「印度矽谷」之稱的班加羅爾就是此邦的首都，離緯創廠區所在地的戈拉爾市不遠，說不定緯創公司有運輸需求時，就是外包給類似《白老虎》中的巴蘭哈生這種賤民出身的人所開設的公司。

該廠區是緯創公司在印度設立的第三座工廠，既非新手，何以仍發生這種管理問題？其原因或許在於緯創公司不清楚種姓制度迄今仍深遠地影響著印度社會。何況作為國際產業鏈一環的台灣產業界，也有必要認識並實踐企業的人權責任，因為這已是國際社會公認的準則。

二〇二一年三月間，歐洲議會以懸殊比數，通過一項立法提案，敦促歐盟委員會儘快就跨國集團的企業倫理道德問題制定法案。該提案旨在促使跨國集團對其貨物供應鏈進行徹底的監督，監督商品從原物料到最終產品的整個生產過程中，是否存在違背人權、破壞環境等現象。除非企業能夠證明已經採取了一切可能的措施，否則一旦出現違背謹慎規則的行為，企業將被追究責任。

為落實《聯合國工商企業與人權指導原則》（UNGPs），台灣也不遑多讓。行政院於二〇二〇年訂定《台灣企業與人權國家行動計畫》，明示台灣政府、企業與人民共同體認工商業發展與尊重人權應當齊頭並進。因而，台灣已在與他國簽訂的經貿投資協定中，納入「企業社會責任條款」、「投資、環境及勞工條款」；同時，將環境、氣候變遷、社會及公司治理風險評估納入上市櫃公司的揭露規範，以強化非財務資訊的關鍵績效指標與管理連結，用實際行動促進人權保障。

由此可知，企業的工商活動不僅不應造成或助長人權侵犯，並應採取行動，防止侵犯人權行為。而對照當年台商大舉前進中國，讓中國成為「世界工廠」的繁榮景象，如今台商力催「印度製造」的美夢，或許不該輕忽自己在改變印度種姓制度文化的影響力。

因而，台灣企業在印度經商時，除了在雇用員工時需力行公平與包容、提供適當的薪酬與工作環境外，也應該藉由獎掖措施，建立平等對待的企業文化（禁絕對首陀羅、達利特的歧視），更應要求供應商、外包廠商不得壓榨勞工。因為法制與經濟地位的提升不是問題，不因種姓而被歧視的社會文化的提升，才是真正進步的指標。唯有歧視與偏見不再是法律與（社會安定）秩序的維穩力量，種姓制度的桎梏才有解套的可能。

注釋：

1 參閱蔡仰定，〈印度種姓制度下榮譽處決之研究〉，私立東吳大學人權碩士論文，二〇一五年七月，第15-22頁。

2 參閱法蘭西斯．福山著，黃中憲、林錦慧譯，《政治秩序的起源（上卷）——從史前到法國大革命》，二〇一五年十月，第200-201頁。

3 《印度憲法》第十五條第一項規定：「國家不得僅以宗教、種族、種姓、性別、出生地或其中之一為由而對公民有所歧視。」

4 《印度憲法》第十七條規定：「廢止賤民制並禁止以任何形式實行賤民制。任何以賤民制剝奪他人權利的行為均構成犯罪行為。」

5 《美國憲法第十三條修正案》規定：「苦役或強迫勞役，除用以懲罰依法判刑的罪犯之外，不得在合眾國境內或受合眾國管轄之任何地方存在。國會有權以適當立法實施本條。」依照《元照英美法辭典》的說明，該修正案於一八六五年一月三十一日由國會提出，同年十二月六日獲批准。該修正案廢除了全美各地原本施行的奴隸和強迫勞役制；它具有自行強制力，無需國會支持性立法，因而是唯一一條可直接作用人民和各州的修正案。它規定除懲罰犯罪外，禁止使用苦役，也禁止允許和實施奴役的法律。修正案也授予國會執行這些規定的權力，這是《美國憲法》自一七八九年施行後，首次擴充國會的權力。國會很快於一八六六年通過了《民權法》（*Civil Rights Act*），將公民權擴展到先前的奴隸，並禁止任何形式的種族歧視。

6 雅利安人種是在十九晚期至二十世紀中期劃分出的一個人種，屬於高加索人種。必須說明的是，如今這種分類已經被認為是過時，尤其因為希特勒借用「雅利安人」和「北歐人種」是純淨種族的概念，進行種族清洗和屠殺，而被認為帶有種族歧視色彩。

7 參閱哈拉瑞著，林俊宏譯，《人類大歷史：從野獸到扮演上帝》，二〇一九年六月，第160-162頁。

8 參閱哈拉瑞著，林俊宏譯，《人類大歷史：從野獸到扮演上帝》，二〇一九年六月，第160頁。

9 參閱蔡仰定，〈印度種姓制度下榮譽處決之研究〉，私立東吳大學人權碩士論文，二〇一五年七月，第90-91頁。

10《寄生上流》是韓國黑色幽默驚悚電影，於二〇二〇年第九十二屆奧斯卡中，獲得最佳影片獎和最佳導演獎。

11 參閱瑪麗．安．葛蘭頓著，劉鐵聖譯，《美麗新世界：世界人權宣言誕生記》，二〇一六年十月，第64-65頁。

12 參閱陳瑤華，《人權不是舶來品：跨文化哲學的人權探究》，二〇一〇年六月，第64-65頁。

第四部

正義

第十四章

《月薪嬌妻》：摒棄性別刻板印象與偏見，追尋最大幸福的人生

日劇《月薪嬌妻》講述個性開朗、樂觀的森山美栗，因求職時接連碰壁，只好暫時到個性謹慎、沒有戀愛經驗的IT工程師津崎平匡家擔任派遣幫傭。兩位沒有感情基礎的男、女主角，先締結一份「契約結婚」的商業契約；後來逐漸對彼此產生好感，有了心靈倚賴、親密肢體接觸等愛戀關係，成了「事實上夫妻」。兩人因日本的「夫婦同姓」制度，本不打算登記「法律婚」，但同居三年後美栗懷孕了，面臨孩子命名、申報戶口等事宜，得面對是否辦理結婚登記的現實。這部戲劇除了傳達婚姻家庭的多樣性及其存在價值、日本職場女性的難為、同志應受祝福並被平等對待之外，也觸及主婦社經地位與勞動貢獻不成正比、單身女性的負面標籤、性別偏見與刻板印象等社會議題。

二〇二一年五月間，日本女星新垣結衣宣布將與星野源結婚，全亞洲數以萬計的男性粉絲瞬間心碎，直呼：「星野源一天內搶走幾億人的老婆！」

兩人因演出《月薪嬌妻》中的螢幕情侶，而大受歡迎，尤其新垣結衣更贏得「國民老婆」的美稱。而二〇二一年推出的《月薪嬌妻特別篇》，劇中還讓她們正式結婚、當新手爸媽，難怪網友們在得知兩人喜訊後，笑稱：「原來這是一部紀錄片。」

《月薪嬌妻》改編自海野綱彌創作的漫畫作品《逃げるは恥だが役に立つ》（逃避雖可恥但有用）。女主角是心理學研究所畢業、二十五歲的森山美栗（新垣結衣飾），她個性開朗、樂觀，求職時卻接連碰壁，只好在父親的介紹下，暫時到ＩＴ工程師、三十五歲的津崎平匡（星野源飾）家擔任派遣幫傭。平匡個性謹慎，沒有戀愛經驗，自認不受別人喜愛，也絕不輕易流露自己的情感，是所謂的「草食男」。（注1）

美栗幫傭沒多久，她的父母臨時決定搬到鄉下享受退休生活。美栗無意搬遷，在無計可施之下，向平匡提出「契約結婚」的請求，希望受雇成為平匡的全職主婦，負責他的所有生活起居，平匡則應給付薪資、福利與提供住所。也就是說，兩位沒有感情基礎的男、女主角，將對外謊稱「結婚」，實則簽訂了一份商業契約，清楚明訂並合理安排了雇主與雇員的權利義務關係。平匡盤算，不論從經濟角度或生活便利性來看都划算，兩人因而展開了「同居」生活。

《月薪嬌妻》的熱播在網路上引發熱議，不僅從心理學、經濟學、社會學觀點討論，甚至也有從法律角度分析。不過，有些人驟然以「事實上夫妻」或「事實婚」概念，描繪美栗、平匡一開始所成立的「契約結婚」關係，其實是不夠精確的。縱使後來兩人發展成戀人關係、有以夫妻關係共同生活的意思，其同居可視為「事實婚」，但外界誤認台灣並無類似法制的看法，也不正確。

事實婚可以類推適用夫妻身分、財產上的法律關係

事實上，台灣引領亞洲之先，於一九九八年制定通過的《家庭暴力防治法》，早已將「事實上夫妻」列入保護範圍。當時在立法定義何謂「家庭成員」時，即含括「現有或曾有事實上之夫妻關係、家長家屬或家屬間關係者」；二〇〇七年修法時，為了將社會各界重視的同志納入本法保護，才改為「現有或曾有同居關係、家長家屬或家屬間關係者」。因此，無論修法前後，「事實上夫妻」均一體適用該法，只要其中一方遭另一方實施家庭暴力，均得向法院聲請保護令。

其後，大法官針對《遺產及贈與稅法》第二十條配偶間贈與免稅，不及於事實上夫妻是否有違平等原則的釋憲聲請案，於二〇〇八年做出的司法院釋字第六四七號解釋，雖認定：「因欠缺婚姻之法定要件，而未成立法律上婚姻關係之異性伴侶未能享有相同之待遇，係因首揭規定為維護法律上婚姻關係之考量，目的正當，手段並有助於婚姻制度之維護，自難認與憲法第七條之平等原則有違」；卻也在理由書中表示：

無配偶之人相互間主觀上具有如婚姻之共同生活意思，客觀上亦有共同生活事實之異性伴侶，雖不具法律上婚姻關係，但既與法律上婚姻關係之配偶極為相似，

如亦有長期共同家計之事實……立法機關自得本於憲法保障人民基本權利之意旨，斟酌社會之變遷及文化之發展等情，在無損於婚姻制度或其他相關公益之前提下，分別情形給予適度之法律保障。

由於並未宣告違憲，台灣迄今對於「事實婚」法制仍處於真空狀態，但為貫徹聯合國《公民與政治權利國際公約》（以下簡稱《公政公約》）第二十三條保障婚姻與家庭的意旨，（注2）司法實務肯認「事實婚」的存在及法效果。例如，最高法院魏大喨法官主筆的判決即指出：「**所謂事實上夫妻與男女同居關係不同，前者，男女共同生活雖欠缺婚姻要件，但有以發生夫妻身分關係之意思，且對外以夫妻形式經營婚姻共同生活之結合關係，而得以類推適用夫妻身分上及財產上法律關係之規定**。」（注3）

事實上夫妻可以類推適用哪些有關夫妻身分上及財產上法律關係的規定？夫妻間的日常家務代理、家庭生活費用、扶養義務，以及離婚後的贍養費、剩餘財產分配請求權、繼承權等權利義務關係，是否都可以主張？法無明文。（注4）日常家務代理、家庭生活費用、扶養義務一向為司法實務所肯認；而在前述大法官解釋、最高法院判決作成前，台北地方法院在原告楊○富訴請被告黃○玉及其子女遷讓返還房屋一案中，亦表示：

民法關於婚姻制度雖採一夫一妻制，但鑑於社會上男女關係之多樣化，為落實現代憲政主義國家保障人權之意旨，以尊重人民之自主決定權，對於未有婚姻關係但實質上男女（包括同性者）雙方已有婚姻之合意，且已營共同生活者，以及與配偶外之男女已有長期共同生活之事實者（即重婚之事實上關係），如雙方間因此產生權利義務之衝突者，除法律必須因應社會變遷而隨時檢討修正外……基於「司法為正義的最後一道防線」之理念，在不違背現行婚姻制度之本質下，對於事實上已營夫妻共同生活之男女因權益衝突而涉訟時，應得類推適用民法夫妻關係之相關規定以資解決。（注5）

該案起因於楊〇富在日本有元配，楊〇富認識黃〇玉後，雙方情投意合，不久即在日本同居，日後返台一起居住。在台灣的友人均稱黃〇玉為「楊太太」，且黃〇玉還照顧楊〇富生病行動不便的母親長達五年。楊母去世後，更以媳婦身分全權處理喪葬事宜。多年後，楊〇富拋棄黃〇玉並訴請遷讓返還房屋。

黃〇玉辯稱：該房屋是楊〇富許諾照顧她一生所提供，如今她尚健在，楊〇富不得任意終止雙方之間的使用借貸關係等情，雖不獲法院採納（「愛妳一萬年」的誓言不能成為法律上義務，因為縱使是登記在案的夫妻，都有可能離異），而被判敗訴確定；但她另案訴請楊○富給付贍養費一案，台灣高等法院在九十四年度家上字第一○五號民事判決中，即援引最高法院判例的要旨，（注6）判決無正當理由而終止事實上夫妻關係的楊○富，應給付贍養費新臺幣五十萬元給生活陷於困難的黃○玉。黃○玉不服法院判決給付的金額而提起上訴，但最高法院予以駁回而確定。本案可算是在揚棄傳統中國法的「妾」的觀念後，為事實上夫妻得請求贍養費一事，開了先例。

台灣《民法》關於結婚的形式要件，過去並不要求辦理結婚登記，僅公開儀式及兩人以上證人已足，故「事實婚」問題並不嚴重。但依照二○○八年五月二十三日修正施行的《民法》第九八二條規定，一如日本法制，已改採「登記婚」制。這意味著要成立有效的婚姻關係，就必須向戶政機關辦理結婚登記。而因為「我愛你」的諧音關係，每年台灣有不少新人選擇在五月二十日這天登記結婚。

不過，有許多交往多年的情侶或不願被婚姻束縛，或因為日本法制仍不允許「夫妻別姓」制度（詳如下所述），雖然選擇同居，並過著與一般夫妻沒有差別的生活，不僅有情感上的親密互動、日常起居的相互扶助並一起分擔生活費，對內對外也都以夫妻形式活動，但因為沒有依法辦理結婚登記，終究不能成為法律上的夫妻。這種沒有到戶政機關正式登記的「未婚夫妻」，就稱為「事實上夫妻」。至於沒有以夫妻關係共同生活的意思，對外也沒有公開以夫妻形式活動，而只是情侶間單純同居的情況時，仍不能視為「事實上夫妻」。

由此觀之，美栗、平匡一開始在締結「契約結婚」時，兩人只是單純的雇主與雇員關係，彼此並沒有「結婚」的真意，在客觀上也沒有社會通念所認為夫妻共同生活的事實與內容存在，自不屬於「事實婚」。而依照劇情來看，必須直到美栗以她真誠坦率的態度，讓平匡心中拒人於千里之外的那道高牆漸次崩塌，兩人逐漸對彼此產生好感，有了心靈倚賴、親密肢體接觸等愛戀關係時，才算是一般所稱的「事實上夫妻」。

同性伴侶也屬事實婚，卻仍有諸多保障落差

雖然《月薪嬌妻》主軸是關於美栗、平匡情愫滋生過程中的一連串趣事，但它對於兩個人（男男、男女、女女）因情感而產生連結的各種組合，也都有相當細膩、巧妙的安排。以平匡、美栗周遭的親友而言，除了他們這對「事實上夫妻」之外，還有同事日野秀司與配偶生育兩個小孩的傳統小家庭、上司沼田賴綱與梅原夏樹組成的同性伴侶關係，以及採取不婚主義的同事風見涼太與土屋百合這對帥哥、阿姨的情侶組

合。

尤其劇情中安排美栗的阿姨土屋百合與她的高中同學在時隔幾十年後碰面時，這位女同學無意中透露自己當年可是非常愛戀著土屋百合，並表示因為社會輿論的壓力，一直不敢讓他人知道自己是個女同性戀者，更別說讓土屋百合知道。如今，她走出了「陰暗」歲月，不再在乎社會的異樣眼光，與戀人共組家庭，這可說是為社會多元樣貌建立好榜樣。

話雖如此，由於日本法制並不承認同性婚姻，即便同性伴侶也算是「事實上夫妻」，得以類推適用《民法》上有關夫妻身分上及財產上法律關係的規定；但正如梅原夏樹在劇中所說，其保障仍是不足，像同性伴侶不能代簽對方的醫療同意書、無法繼承另一半的財產等。畢竟「事實上夫妻」是一種不被法律明文保障的模式，因此在立法完備前，只能透過法院判決，逐步釐清、建構其權利義務關係。

究竟我們該怎麼看待「事實上夫妻」或同性婚姻？其實，從人類婚姻訂立方式的發展來看，依照學者的研究，大約歷經四個階段：掠奪婚（男人掠奪女子為妻）、有償婚、聘娶婚、共諾婚。所謂的「共諾婚」，乃指依配偶雙方的合意而結婚，成為近代文明國家所認可的主要方式。（注7）而傳統華人社會講究的是「父母之命，媒妁之言」，是為家、為祖先而結婚；直到清末民初在西潮影響，以及無數人的奮鬥與努力下，才有了如今自由戀愛的婚姻觀。

再者，關於人類婚姻的原始狀態，有主張是從亂婚（雜交狀態）進化為固定婚，但也有認為雖有若干民族曾有雜交狀態，卻不意味這是一切人類婚姻的原始狀態。（注8）在婚姻關係的形式方面，縱使採取的是固定婚，也有群婚（如兄弟共同以各人之妻為妻）、一夫多妻或一妻多夫、一夫一妻的不同樣態。這說明人類的婚姻制度是變動不拘的，並沒有所謂固定、標準的理想模型，而只是不斷地朝著自主、平等、謀求最大多數人的幸福的方向發展。而同性結合的婚姻關係既然可以滿足某些人的最大幸福，就沒有必要一味地排斥。

有鑑於此，台灣第一位公開出櫃的男同志祁家威因戶政機關不受理同性別結婚登記，（注9）以《民法》規定違憲為由向大法官聲請釋憲時，司法院釋字第七四八號解釋即指明：「**民法第四編親屬第二章婚姻規定，未使相同性別二人，得為經營共同生活之目的，成立具有親密性及排他性之永久結合關係，於此範圍內，與憲法第二十二條保障人民婚姻自由及第七條保障人民平等權之意旨有違。**」其後，立法院並據此於二〇一九年五月間制定《司法院釋字第七四八號解釋施行法》，成為亞洲第一個承認同性婚姻的國家。這種作法應該是較能保障人性尊嚴的，值得日本仿效。

結婚登記的劇情，凸顯日本的「夫妻別姓」之爭

另外，在《月薪嬌妻特別篇》中，美栗與平匡過了三年平實的「事實上夫妻」生活後懷孕了，劇情融入職場、育嬰，甚至是嚴重特殊傳染性肺炎（COVID-19）等人們生活中可能會遇到的大小事。其中關於COVID-19的劇情，在全球疫情仍然肆虐之際上映，特別引人共感；而兩人作為新手爸媽的慌亂，亦引發觀眾高度共鳴。至於兩人原本因日本的「夫婦同姓」制度，並不打算改成「法律婚」，但由於孩子即將誕生，勢必面臨命名、申報戶口等問題，於是不得不面對是否辦理結婚登記的現實。

所謂的「夫婦同姓」制度，是日本於明治維新後，自一八九八年以來法制上的一貫作法，並不是傳統文化的遺留。明治維新以前日本是封建社會，階級分明，一般民眾只有名沒有姓，只有占人口極少數的貴族、武士才有資格在公開場合使用自己的姓氏；一八七〇年（明治三年）為了徵兵、徵稅、製作戶籍等需要，明治天皇才頒令，准許以前不准使用姓氏的平民使用姓氏；一八七一年訂頒《戶籍法》後，更以同種形式的戶籍，對全國人民的身分及家的財產關係進行管控，採取長男單獨繼承原則；（注10）日本太政官（日本舊設機構）於一八七六年所公布的指令，則規定妻子使用娘家的姓氏，也就是採用「夫婦不同姓」制度。

不過，此時採取的是夫婦別姓，女性婚後不會從夫姓，而是保留娘家的姓氏，只有婿養子在婚後改用妻家的姓氏。其後，於一八九八年訂頒《民法》第四編親屬、第五編繼承後，將「家」置於家族法的核心，規定所有國民均以「家」的「氏」為姓氏，並與總則、物權、債權等前三編，同時於七月十六開始施行（《明治民法》），情況才有了改變，亦即夫妻屬於同一「家」，夫妻同姓制度才開始，也結束了短暫的夫婦不同姓氏時代。（注11）

二戰後基於國民主權原則制定《日本憲法》，強調個人尊嚴、夫妻平權與兩性平等，廢除《明治民法》有關「家」的制度、通姦罪、妻子無行為能力等許多舊制，但夫妻同姓制仍持續存在，只是容許夫婦可以選擇要使用夫或妻的姓氏而已。直至一九七九年十二月十八日聯合國第三十四屆大會通過《消除對婦女一切形式歧視公約》（CEDAW，日本於一九八五年批准），此公約自一九八一年九月生效，日本乃於一九八四年修正《戶籍法》。（注12）其中放寬日本人與外國人結婚時，承認可以變更為配偶的姓氏。

由此可知，縱使日本在戰後由君主立憲國家轉變為民主憲政國家，並廢除了《明治民法》中強調家戶長權威的相關制度（如妻為無行為能力人，妻需經夫的許可，才可以為一定法律行為的規定）；但根據日本《民法》第七五〇條及《戶籍法》第七十四條規定，在國內登記入籍的夫妻，雙方在結婚後仍要改為相同的姓氏，只有國際婚姻才不受此限，這意謂像台灣名模林志玲與日本歌舞團體「放浪兄弟」團員AKIRA（黑澤良平）結婚，即可以不用跟隨丈夫姓氏，變成「黑澤志玲」。

這種夫妻在結婚之後，雙方皆能維持原本姓氏的制度，被日本人稱為「夫妻別姓」。日本法務大臣上川陽子於二〇二〇年十一月在參議院預算委員會上說：「我不知道除了日本以外，還有採行夫婦同姓制度的國家。」上川並提到二〇一〇年日本法務省所做的調查顯示，全世界各國中，美國、英國、德國及俄羅斯等國讓民眾自行選擇夫婦同姓或不同姓，法國、韓國、中國等國原則上是夫婦不同姓，義大利及土耳其則是夫婦採用結合雙方姓氏的結合姓。因而，日本是世界各先進國家當中，目前唯一還要求男女婚後必須統一姓氏的國家。

結婚後夫婦必須同姓，這意味夫或妻其中一方必須更改自己的姓氏。縱使日本政府自二〇〇一年十月起，解禁國家女公務員可以在職場使用「舊姓氏」通稱，不少企業也相繼跟進。然而，由於當代人們經濟、社會生活的複雜化，結婚改姓後，戶政、駕照、護照、醫療、保險、銀行帳戶、信用卡等有關個人資料都必須一一變更；如果萬一離婚，還必須再改回來；何況過去的學經歷、論文、文件等需要署名的情況下，更改姓氏更有其難度。這說明「夫婦同姓」會給人們生活帶來極大的不便。

這種生活上的不便，自然影響人們結婚的意願。依照網路文章〈日本大調查 日本人的結婚意願〉所示，在二〇二〇年針對LINE用戶使用智慧型手機進行網路調查結果顯示，不想結婚的女性中有高達近三成比例希望採取「夫妻別姓」制度，幾乎是未婚者整體比例的兩倍，這可推測「夫妻別姓」制度可能影響她們的結婚意願。因為法律雖然容許夫或妻結婚後選擇改採對方的姓氏，形式上看似男女平等；但社會習俗、現實生活等各方面的考量，百分之九十幾以上的夫婦都是妻子改成丈夫的姓氏。這也是為什麼美栗要在辦理「法律婚」時，選擇改稱「津崎太太」的原因所在。

日本最高裁判所為「夫妻同姓」制背書

法律規定的「夫婦同姓」制度形式上看似平等，適用時卻發生實質上的不平等。這是否符合聯合國人權事務委員會針對《公政公約》第二十三條所發布的《第十九號一般意見書》中，所要傳達「**應當保障結婚男女雙方保留使用原姓，或以平等地位參與選擇一個新的姓的權利**」的普世價值，即有疑義。於是，有些人主張「夫婦同姓」制度有違《日本憲法》第十四條第一項規定「所有國民，在法律之前一律平等」的意旨，進而尋求司法救濟。

日本最高裁判所（相當於台灣的最高法院、憲法法庭的綜合體，為日本法律違憲審查的終局決定機關）於二〇一五年十二月做成的判決中，卻指出：夫婦同姓原則不存在形式上的性別不平等，有其合理性並已扎根於日本社會，因此合憲。在十五位最高裁判所法官之中，有十位支持合憲、五位持反對意見，僅有的三位女性法官均投下反對票。由此投票意向來看，這意味合憲與否，未必是法理之爭，而是性別偏見所致。可惜的是，當民眾再度挑戰時，最高裁判所於二〇二一年六月二十三日做成的判決中，以十一比四的票數，再度肯認該制度合憲，表示：「二〇一五年後雖然社會狀況與國民意識產生變化，但是本案不認為應該要改變過去判斷」。

附帶一提，雖然最高裁判所為「夫婦同姓」制背書的決定令人遺憾，但它同時判決「女性離婚後半年內禁止再婚」的規定違憲，總算讓日本的兩性平權有所進展。日本《民法》第七三三條原本規定婦女離婚後，半年內不得再婚。明治時代制定這條規定的立法意旨，認為婦女離婚後短時間內再婚，如果懷孕時會發生孩子父親究竟是誰的糾紛，因而有此再婚期間的限制。

然而，現在醫學技術發達，以DNA進行血緣鑑定並不困難，並無血統混淆之虞；即使離婚後馬上結婚、懷孕致所生子女受前、後婚雙重的婚生推定，亦可提起確定其父之訴加以救濟。而台灣繼受日本法制，《民法》第九八七條原本也有類似規定。（注13）但台灣的立法者體察時代變遷及民意，早已於一九九八年六月公布刪除該條文，日本卻遲至二〇一五年才由最高裁判所宣告該條文違憲，可見日本社會保守的一面。

其實，日本從古至今的一百二十幾代天皇之中，產生過十代女性天皇。而日本民間社會的歷史，也長期存在「贅入婚」的婚姻型態，即便江戶時代崛起的武家社會（武士占統治地位的社會）開始重視家父長制，但在庶民的家庭習俗之中，女性仍擁有較高的地位與繼承權，妻子不僅有權寫下「三行半文書」，表明離婚意願即脫離婚姻關係，女性甚至承擔家庭全體幸福的責任，妻子作為家中主婦，有權調度一切衣食住行等費用的支出。直至明治維新後，一八九〇年頒佈《教育敕語》，恢復儒家的道德觀，朱子學男尊女卑意識崛起，《民法》又規定家父長制，日本女性的地位和權利才呈現倒退的趨勢。（注14）

由這樣的社會演變看來，最高裁判所稱：夫妻同姓的「合理性並已扎根於日本社會」、反對修法的國會議員所主張「夫妻別姓會弱化家庭的牽絆」等論點，無非是「由想像建構的秩序」，說穿了只是「想像的現實」。

婚姻、家庭和人生，從來不該只有一種模樣

撇開這些法制及訴訟爭議，《月薪嬌妻》所要傳達的是：**只要能夠擁有家庭、互相扶持，並追求自己的人生幸福，就是值得被肯定的婚姻形式**。當然，這齣戲之所以有趣、好看並發人深省，除了它傳達了婚姻家庭的多樣性及其存在價值、日本職場女性的難為、同志應受祝福並被平等對待之外，更在於它觸及了許多社會議題，例如主婦社經地位與勞動貢獻不成正比、單身女性的負面標籤、性別偏見與刻板印象等。

早在美栗與平匡討論「契約結婚」，提到家庭主婦付出勞力所應得的薪資時，就讓觀眾們意識到：一般家務的付出並沒有薪資，也沒有例假，婚姻為主婦帶來極不公平的情況，一旦離婚後，女方如果因為要獨力照顧子女或其他原因而失去工作時，更可能陷入經濟困境。原本為追求自己人生最大幸福的婚姻，竟成為一種甜蜜的陷阱與制度。**既然共組家庭，家務不是該由一家人共同負擔嗎？看似人們日常生活中的小事情，攸關著如何將益處與（或）負擔公平分配給社會上的不同個人或群體，其實涉及嚴肅的分配正義問題。**（注15）

縱使女性有機會走進職場，家務、事業、育兒孰輕孰重？即便平匡願意共同分工、承擔責任，但男人不會生小孩，無從體會孕婦之苦，因而在確定愛妻懷孕時，他

還是口出：「生孩子時，我會盡力支援妳，幫助妳。」讓美栗有著：「不是要一起學習當父母嗎？為什麼抱著像別人事情的心態？」的感嘆！至於在職場上，像土屋百合所屬廣告公司這種公開以提供生理假、產假及育嬰假等福利作為訴求的，更是少數。職業婦女真是難為啊！

當然，深受傳統文化思維困擾的，並不只有女性；平匡向公司申請育嬰假、家庭照顧假所面臨的難處，即其適例。雖然平匡不想學父親大男人主義中「傳統男人的形象」，撐起所謂「一個家庭的頂梁柱」，只願意成為「自己想要的父親形象」。但在家務、工作兩頭燒而束手無策時，他仍有「必須像個男人一樣」，而不跟別人傾訴或借助周圍力量的性別刻板印象！

難能可貴的是，《月薪嬌妻》及其特別篇對這類議題都做了非常妥適的鋪排，而且趣味橫生。在我看來，這齣戲可以作為兩性平權的典範教材。在我們仍飽受傳統家庭觀念與社會文化的影響，對於婚姻關係、與他人的互動及情感表達仍備受性別偏見所左右時，大家不妨藉由觀賞、分享美栗與平匡喜樂人生的機會，一同學習成長吧！

注釋：

1 依照維基百科的說明，「草食男」一詞是由日本女作家深澤真紀於二〇〇六年所創。深澤真紀指出，她的靈感來自於觀察到日本三十歲以上的男性，因在衣食無虞的時代成長，養成了對工作事業、戀愛與人生都顯得消極抗拒的態度，甚至對性愛沒有興趣，看起來就像一頭只顧低頭吃草，無視身旁景物變化的「草食動物」。在許多方面，草食男是傳統日本男性的一種顛覆。

2 《公民與政治權利國際公約》第二十三條規定：「一、家庭為社會之自然基本團體單位，應受社會及國家之保護。二、男女已達結婚年齡者，其結婚及成立家庭之權利應予確認。三、婚姻非經婚嫁雙方自由完全同意，不得締結。四、本公約締約國應採取適當步驟，確保夫妻在婚姻方面，在婚姻關係存續期間，以及在婚姻關係消滅時，雙方權利責任平等。婚姻關係消滅時，應訂定辦法，對子女予以必要之保護。」

3 最高法院一〇四年度台上字第一三九八號民事判決。

4 關於事實婚的立法建議，主要是在《民法》中增訂「男女共同生活契約」章節，或增訂準用條文的方式。參閱王重陽，〈事實婚法制之研究〉，國立政治大學法律研究所博士論文，二〇一一年一月，第262-270頁。

5 台北地方法院九十年度訴字第四一四號民事判決。

6 最高法院三十三年上字第四四一二號民事判例要旨：「男子與女子間類似夫妻之結合關係，雙方雖得自由終止，但男子無正當理由而終止，或女子因可歸責於男子之事由而終止者，如女子因此而陷於生活困難，自得請求男子賠償相當之贍養費，此就男子與女子發生結合關係之契約解釋之，當然含有此種約定在內，不得以民法第一〇五七條之規定，於此情形無可適用，遂謂妾無贍養費給付請求權。」

7 請參閱戴炎輝、戴東雄，《中國親屬法》，一九九一年十月，第39-40頁。

8 請參閱戴炎輝、戴東雄，《中國親屬法》，一九九一年十月，第37-39頁。

9 祁家威於一九八六年前往台北地方法院公證處請求與另一名男性公證結婚遭拒後，曾以「請速立法使同性婚姻合法化」為由，向立法院請願。其後三十多年，他窮盡請願、訴願、民事訴訟、行政訴訟、聲請大法官解釋等各種管道，屢敗屢戰，極力爭取同性婚姻權益。直至二〇一七年五月，大法官公布司法院釋字第七四八號解釋文，才宣告民法未保障同性婚姻違憲。祁家威漫長的權利奮鬥史，可說等同於台灣同性婚姻合法化的進展史。

10 參閱山中永之佑著、堯嘉寧等譯，《新日本近代法論》，二〇〇八年三月，第284-290頁。

11 參閱山中永之佑著、堯嘉寧等譯，《新日本近代法論》，二〇〇八年三月，第290-302頁。

12 參閱蘆部信喜著，李鴻禧譯，《憲法》，一九九五年一月，第141-142頁。

13《民法》第九八七條：「女子自婚姻關係消滅後，非逾六個月不得再行結婚。但於六個月內已分娩者，不在此限。」

14 參閱宗澤亞，《明治維新的國度》，二〇一四年三月，第540-541頁。

15 參閱美國公民教育中心著，郭菀玲譯，〈分配正義的思考工具〉，《超級公民——正義》，二〇一九年七月，第18-25頁。

第十五章

金馬影展《判決之後》：冗長審判體系下，如何聽見受害者聲音？

菲律賓電影《判決之後》陳述被告一回到家，便因細故毆打被害人；衝突後，傷勢嚴重的被害人帶著受波及的六歲小女兒跑去報案。警察馬上將被害人送往醫院就診，並逮捕被告。在折騰十幾個小時後，被告被關押了，正義看似得到伸張。然而，被告交保後，案件進入冗長的訴訟程序，一次又一次的法庭審理，一場又一場的交互詰問。人犯短時間內被逮捕，審理一年多後卻未能審結，而且被害人還要自己尋找目擊證人。又訴訟完全由法官、檢察官、律師主導，被告、被害人及其家屬彷彿成了「路人甲」，只是配合法律人導演的法庭戲下的局外人。這齣戲對家暴事件的冗長訴訟流程提出深沉的控訴，我們得好好深思：司法是為誰存在？如何讓法庭聆聽到被害人的聲音？

「金馬獎」是台灣與華語電影業界的年度盛事之一，不僅獎勵華語電影創作發展，更舉辦國際影展，以期推廣電影藝術，並從事文化交流。二〇一九年舉辦的第五十六屆金馬獎，主辦單位與司法院合作，推出「罪與罰」國際影展活動。這是金馬獎的一項創舉，更是司法院繼二〇一八年獨力舉辦影展之後，再度走出高牆，可謂意義重大。（注1）

一場審判就是一場公共事件，而一個偉大的審判並不僅僅是一場法庭競賽，也是一場道德劇，具有教育與確定社會規範的雙重作用。美國聯邦最高法院大法官奧利弗・溫德爾・霍姆斯（Oliver Wendell Holmes, Jr., 1841-1935）早就說過：「法律是一面魔鏡。從這面鏡子裡，我們不僅能看到我們自己的生活，而且能看到我們前人的生活。」法庭戲何嘗不是，美國法學名家伯納德・施瓦茨即表示：「電影藝術更像是今日的魔鏡，我們能從中找到生活和法律的影子。」（注2）

美國律師協會因意識到法庭劇對公眾有潛移默化的啟蒙作用，為了獎勵那些幫助美國民眾理解法治與司法制度的優秀「法普」作品，還設置「銀槌獎」（Silver Gavel Award），專門頒獎給各類法律題材的電影、戲劇、廣播、電視節目、報刊文章、書籍及網站等。一九五八年首度獲得該獎的，是陪審團題材的經典電影《十二怒漢》（*12 Angry Men*）。（注3）這個獎項的地位與權威性，被認為如同法律界的諾貝爾獎＋奧斯卡金像獎＋艾美獎，其他獲得該獎項的，包括：一九六一年的《紐倫堡大審判》（*Judgment at Nuremberg*）、一九六三年的《梅崗城故事》（*To Kill a Mockingbird*）等。

人們一向過著團體生活，祈求安定與和平，破壞社會安寧秩序的重大紛爭事件，自然容易成為人們關注的焦點。於是，電影中時常出現犯罪的追訴與處罰的場景，也就順理成章。這說明一部出色的電影，不僅能善加利用影音說故事，並能透過鏡頭再現社會事件，展現人生百態與人性幽微。同時，它也向人們提供了豐富的精神糧食，使我們有機會思忖法律制度、審判程序的運作問題與缺陷。

這次「罪與罰」影展從各國挑選出來的作品，可說是多元又繽紛，包括台灣導演李家驊以三位死刑犯為主角、爬梳台灣死刑史，並在金馬影展進行世界首映的紀錄片《我的兒子是死刑犯》；因難忍子女終日遭受家暴而弒夫、服刑後歸來，並夾帶多年未解的悔恨與疑問的《那一夜》；以色列人權女律師為巴勒斯坦人爭取公平審判的《魔鬼辯護人》（*Advocate*）……總計有來自各國的七部電影。

其中對冗長官僚訴訟體系處理家暴事件提出深沉控訴的《判決之後》（Verdict），不僅榮獲二〇一九年威尼斯影展地平線評審團特別獎，更是菲律賓角逐二〇二〇年奧斯卡國際最佳影片的代表作。導演雷蒙里貝古特列茲（Raymund Ribay Gutierrez）試圖以電影手法，代替家暴被害人提出質問：用這樣的司法流程處理家暴事件，是對的嗎？（注4）

荒謬的家暴訴訟：被害人、加害者成了配合法庭演出的「路人甲」

電影一開場即是激烈的家暴場景，飲酒後的被告在晚間一回到家，便因細故毆打被害人；衝突後，傷勢嚴重的被害人帶著遭受波及的六歲小女兒跑去警察局報案。警察局受理後，一方面將被害人送往醫院就診，他方面迅速通知警網逮捕被告。在搜查被告的過程中，警察不僅沒有任何的蒐證，即便發現被告家中有毒品，也不予理會。

在導演的運鏡下，警察迅速、積極地將被害人送醫、逮捕被告，場景變換快速。在這過程中，為了完成犯罪偵查流程、建立完整的案卷，被害人及她的女兒被帶往一個又一個的部門：醫院就診取得臨時診斷證明、分局問案取得口供、警察局立案、檢察官確立提告意願、法院拘留被告。

在折騰十幾個小時後，被告被關押了，結果看似完美、正義得以彰顯。然而，隨著被告的交保候傳，案件進入一場冗長的訴訟程序中，一次又一次的法庭審理，一場又一場的交互詰問。對照十幾個小時內的人犯逮捕、拘留，一年多的訴訟審理流程何其冗長！

這當然不是最荒謬之處！隨著案件進入訴訟程序，開始由法律專業人士主導，法官、檢察官、律師才是「局內人」；未來的人生勢必因為這個「Verdict」（判決）而留下重要「印記」的被告、被害人及他們的家屬，彷彿成了「路人甲」，他們只是配合法律人「導演」法庭戲下的「局外人」。

因而，當被告表示聽不懂被起訴的內容時，法庭才臨時找了通譯；（注5）由於在法庭上都是由律師代為回答，被告誤以為事不關己，還詢問下次庭期要不要到庭；朋友在法庭外詢問時，被告茫然地表示不清楚法庭在進行什麼；甚至某次被告穿著短褲到庭時，被庭務員以不符旁聽規定為由，阻擋於法庭安全門外。

另外，當家人透過親友介紹，以為獲得優惠，實仍花費大筆款項為被告聘請律師後，這位律師雖然讓被告「贏得」保外就醫，但並未向被告分析訴訟利害，也未告以如何息訟止爭，以取得被害人的諒解並挽回家庭（按：是否為賺取每次出庭的「出場費」，不得而知），更教唆被告找證人作偽證。甚至在被告及家人百般努力仍無法籌足後續的律師費後，隨即拋棄了被告，讓被告自生自滅！

走調的正義：證人串證顛倒是非，受害者孤立無援

被害人的情況也不遑多讓！由於菲律賓是以天主教為主要信仰的國家，（注6）除有極特殊事由之外，一般並不容許離婚，因而即便曾經多次隱忍被告的暴力行為，被害人這次所能尋求的公理，也只是讓被告定罪服刑，而不是離婚訴訟。可預見的是，平時沒有工作的她對被告奮勇提告後，除了需開始面對生計問題之外，也會不時受到被告的糾纏、以人情攻勢希望撤告。

當檢察官確認被害人提告意願後，開始成為國家指派給她的委任律師。這位女檢察官為了實現被害人的正義，固然在法庭上努力盡責；但或許是制度使然，也或許是案件負荷壓力所致，她要求被害人自己去找三位有利於自己的證人。

由於被害人、被告要各自去找證人出庭作證，被害人不僅要擔心與被告狹路相逢，更要擔心證人因被告的威脅利誘而受影響。果然，法庭外的串證、法庭上的顛倒是非，一一呈現在我們眼前。眾所公認是惡棍的被告，在利誘來的證人口中，反而成了一位熱心公益的「好人」！

在審判過程中，擁擠的法庭、悶熱的空氣、一連串的待審案件，人人都成為被害人、被告家暴事件進行簿的見證者。坐在法檯下的兩人，(注7)也像其他旁聽群眾一樣，觀看著檢察官、律師「導演」在審判過程中，大秀詰問技巧。本該是發現真實、實現正義場域的庭審主持人——法官，為了確保中立，成了冷眼旁觀者，指揮訴訟不帶一絲感情，缺乏人性關懷的溫度，最終的判決結果可想而知。

以上種種，正凸顯現代刑事訴訟制度的問題所在。美國 Stephanos Bibas 教授在他所撰寫的《刑事司法機器》一書中，提到：過去二個世紀刑事司法的職業化，檢察官、律師及其他運行刑事司法制度的專業人士等「局內人」開始在審判中起主導作用，被害人被忽視，被告選擇沉默，專業化、機械化的程序取代傳統道德劇式的審判，道德價值開始逐步退出刑事審判的舞台。（注8）「局內人」因為是法院內的常客，是有著強烈和諧相處動機的重複玩家，遂運用其知識與權力加快認罪協商體制的運行，將認罪率最大化，但最小化時間與成本，渴望正義的被告、被害人與一般社會大眾成為被排出刑事司法制度的「局外人」，訴訟不透明、判決遠離正義。（注9）

尋求真相、尊重、修復與實現正義

在當代的刑罰觀念中，國家之所以成為國家，很重要原因是因為國家保障「內部安全」，即打擊刑事犯罪、有效保護法益及克制私人暴力。刑事案件的偵破、行為人的追查、行為人罪責的確認與處罰，都屬於國家應履行的任務。**自古以來，經由刑罰事務來保障法的和平性，乃國家權力的重要任務。何況憑藉法庭公開審判的過程，公示行為人違反刑法規範的事實，並就其犯罪事實加以公正、適度（罪刑相當）的刑罰制裁，不僅可以發揮社會譴責與懲罰的作用，促使犯罪行為人再社會化，也可滿足社會大眾對於正義感的需求。**

然而，在人類仍集體於部落共同生活時，排解紛爭大都倚賴和解、調解，透過對話，營造信任與互相接納的氛圍，達成賠償、道歉方式修復關係，以平息憎恨、減少犯罪；（注10）台灣許多的原住民部落，原本亦都是採取類似的思維模式。（注11）至於採取「應報正義」，讓加害者受到應得的刑事制裁，乃是後來才開展的紛爭解決模式。國家、社會採取應報正義，固然是維護社會秩序的正義基礎，只是，社會及被害人所受損害未經修復前，是否已達衡平正義的目的，恐怕未然。

直至一九七〇年代，歐美社會開始基於「和平創建」（peace-making）的思維，主張處理犯罪事件不應只從法律觀點，也應從「社會衝突」、「人際關係間的衝突」觀點來解決犯罪事件，這就是「修復式司法（正義）」（Restorative Justice）的基本理念。相對於以刑罰為中心的刑事司法制度，**修復式司法關注的重點不在懲罰或報復，而是國家如何在犯罪發生之後，療癒創傷、恢復平衡、復原破裂的關係，並賦予「司法」一種新的意涵，即在尋求真相、尊重、撫慰、負責與復原中實現正義。**

聯合國經濟與社會委員會於二〇〇二年研擬公布的《刑事案件中使用修復式司法方案之基本原則》（*Basic principles on the use of restorative justice programmes in criminal matters*）中，指出「修復式司法方案」是指採用修復式程序，或旨在實現修復式結果的任何方案。而所謂「修復式程序」，是指在公正第三者幫助下，受害者、罪犯／或受犯罪影響的任何其他個人、社區成員，共同積極參與解決由犯罪造成的問題與程序，例如調解、會議等。而家庭暴力的雙方當事人，原本即是具有配偶或家長

家屬關係，論罪科刑亦非審判的重點所在。（注12）

在電影放映後的座談會上，坐在左右的法院同仁異口同聲地指稱菲律賓的審判制度好落伍！該場座談會與談人、當時的司法院少年與家事廳廳長謝靜慧也告訴與會觀眾：這部電影的場景如果發生在台灣，法院的重點會放在「轉向」而非判刑，除了提供被害人及目睹家暴子女相關協助外，保護令也會設法制止下一次家暴行為發生；必要時，提供加害人處遇計畫，（注13）協助其走出酒精物質濫用，以期翻轉家庭可能因此走向的分崩解離。

的確，自一九九三年發生鄧如雯殺夫案，催生出亞洲第一部《家庭暴力防治法》後，台灣已建立相對完善的機制處理類似問題。只是，《判決之後》所控訴的問題，在台灣審判實務上也常出現。例如，原有的相關法律對於被害人在訴訟中閱覽卷宗、在場及陳述意見等權利的保護不足。因為未能集中審理、開庭斷斷續續，加上最高法院一再地撤銷發回，案件的久懸未結也備受詬病。（注14）而法官究竟應該只是扮演中立的聽訟者，還是應依職權調查證據，以期發現真實，依舊是意見分歧。（注15）

司法是為誰存在的？法律專業人士應各盡其職

當刑事訴訟引進檢察官，並改採控訴制後，原則上是由檢察官代表被害人（家屬）的聲音，但檢察官同時又是公義的代表人，因而制度上就預設檢察官是一個強而有力、客觀又與被害人保持距離的公務人員；加上檢察官對於雙方溝通的方式，偏好客觀冷靜的文書作業（請被害人有意見寫書狀進來），或藉由中介人即告訴代理人（律師）作為溝通橋樑，法言法語，被害人自然不容易感受國家的疼惜與照顧。

更甚者，清末民初繼受西方法制引進檢察官之制時，我們自始走上與法國、德國、日本等歐陸法系國家不同的立法例——無預審法官之設，檢察官同時扮演預審法官的角色，在偵查階段擁有強制處分權。因而，**台灣有舉世罕見所謂「檢察官開偵查庭」的情況，亦即檢察官不僅在不公開的「偵查庭」，高高在上地「訊問」被告，甚至對於前來協助釐清案情的證人、被害人，亦以同樣方式對待**。如此的座位高低、空間距離、人別訊問流程，被害人更難有被照顧、被關懷的感受。對照之下，德國檢察署並無「偵查庭」的設置，檢察官原則上也沒有開庭的必要，如真有必要訊問被告或相關證人，則在各檢察官辦公室內為之；而日本實務的作法，也是大同小異，例如《HERO》劇中的久利生公平檢察官，都是與被告平起平坐地在他的辦公室討論案

情。（注16）

「被害人是一朵剛剛被風吹雨打的花朵，國家想要把他重新植入土壤，但刑事訴訟程序之本質，在最初期，對於被害人復原必然是有害的。」（注17）法庭原本的設計，不是用來安慰人的，因為法庭進行的是詰問與懷疑，並不是從受害者的角度看問題；倘若在法庭裡受審的這個人證據不足，法官唯一能做的就是讓他自由離去，這是它的本質，它的限制。（注18）雖然如此，制度設計時仍應以最好的情況作為典範，而不是容忍最糟的境遇。又有鑑於被害人在面對刑事司法程序的「孤立無援」，僅能「暗夜哭泣」，二〇一七年司改國是會議在「保護犯罪被害人」議題中，作成下列決議：一、保障隱私「維護尊嚴」；二、訴訟資訊「適時掌握」；三、法庭保留「被害人席」；四、紛爭解決「一次性」；五、扶助律師「一路相伴」等。

其後，二〇二〇年修訂《刑事訴訟法》時，不僅正式將修復式正義予以明文化，（注19）並新增「第七編之三被害人訴訟參與」專章，明定特定犯罪的被害人可以向法院聲請參與審判。依照新制，被害人經法院准許而成為訴訟參與人後，得隨時選任代理人，代理人於審判中得檢閱卷宗及證物並得抄錄、重製或攝影；法院於進行準備程序與審理時，都應通知訴訟參與人及其代理人到場；於調查證據時，審判長應詢問訴訟參與人及其代理人有無意見；於進行科刑程序前，應予訴訟參與人及其代理人、陪同人就科刑範圍表示意見的機會等。希望新制的施行，讓被害人的「局外人」處境得以緩解。

另外，考量被害人受害後，心理、生理、工作等急待重建的特殊性，在未獲重建前需獨自面對被告，恐有二度傷害之虞，刑事訴訟新制遂明定被害人於偵查中受訊問或詢問時，其法定代理人、配偶、直系或三親等內旁系血親、家長、家屬、醫師、心理師、輔導人員、社工人員或其信賴之人，經被害人同意後，得陪同在場，並得陳述意見；而為協助被害人於審判中到場時維持情緒穩定，經被害人同意後，前述具一定資格或關係之人亦得陪同在場。（注20）

有了相對健全的訴訟制度，今後在犯罪的追訴與審判中參與「演出」的各專業人士，自應善盡各角色的核心目的。其中，**「辯護人追尋被告，其人的生理、心理、社會形象及脈絡，重新定義人的責任與價值；檢察官追尋犯罪的成因，藉以確認被告墮落的原因，之後協助犯罪滅絕；法官追尋刑事訴訟目的如何達成，藉以撫平社會；告訴代理人追尋被害人的逐漸重生，藉以真正脫離被害。」**（注21）法律人秉同理心，各守其分，各盡其職，唯有如此，富有人性尊嚴的司法環境，庶幾不遠矣！

總之，《判決之後》不僅戲劇張力十足，更對冗長官僚的訴訟體系提出深沉的控訴：司法非關真相、非關正義，並提出一個大哉問：「司法是為誰而存在的？」這不只是菲律賓的問題，也是自詡為文明社會的當代人所必須共同深思的課題。而在第五十六屆金馬獎播映完《判決之後》，不久台灣隨即立法通過「被害人訴訟參與」的訴訟新制，無論是機緣湊巧還是受影片影響，人們都樂見台灣走向更文明的道路，也期盼有更多這類的文化交流。

注釋：

1 因為司法的專業高牆，許多民眾對於法院有很多的誤解。為了增進民眾對司法體系的理解，司法院於二〇一七年成立「司法與社會對話小組」，運用社群網路新傳媒、融入影視傳播、分眾法治教育等；翌年，嘗試將戲劇結合司法，設置「法律戲劇諮詢平台」，替有心接觸司法題材的編劇、導演，媒介合適的司法人員，針對劇本內容提供專業諮詢，並進而舉辦「金馬×司法影展」。參閱陳偉周，〈從拿法槌到執筆改劇本　鄭昱仁用寫實電影改革司法〉，今周刊第一二六二期，二〇二一年二月，第42-46頁。

2 參閱伯納德．施瓦茨著，周杰譯，《民主的進程：影響美國法律的十宗最》，二〇一五年九月，第421-423頁。

3 參閱何帆，〈律政偶像與法律文化傳播〉，《大法官說了算：美國司法觀察筆記》，二〇一六年十月，第67-72頁。

4 家庭暴力的現象，早已存在於人類社會，並非華人或儒家社會所獨有，只是礙於「家醜不可外揚」、

「家庭隱私」、「法不入家門」、「清官難斷家務事」等因素，向往並未受到各國的重視。一九九三年十月二十七日發生的鄧如雯殺夫案，震驚整個台灣社會，人們才驚覺家庭暴力問題的嚴重性，因而催生台灣於一九九八年制定通過《家庭暴力防治法》，成為亞洲第一個有類似法律與民事保護令的國家。因而，如果這類案件發生在台灣，會一併適用《家庭暴力防治法》相關規定（如民事保護令的申請與核發）。關於鄧如雯殺夫案及其後續效應的分析，參閱高鳳仙，《家庭暴力防治法規專論》，一九九八年十月，第183-201頁。

5 依據維基百科的說明，菲律賓有兩種官方語言（英語和菲律賓語）。依據不同的分類方法，菲律賓有一百二十到一百七十五種的語言和方言，截至二〇一七年，有十九種官方輔助語言（地區語言）。在此情況下，如果檢警偵查、法院開庭前沒有事先詢問被告通曉的語言，確實可能發生劇情中所示被告聽不懂被起訴的內容，法庭才臨時找通譯的情況。

6 菲律賓的信史缺乏，直至一五二一年麥哲倫率領西班牙人抵達後，才有較為明確的歷史記載。西班牙殖民統治期間，採行「政教合一」政策，劍與十字架逐漸征服菲律賓北部與中部，原本祭拜祖靈的土著逐漸改信天主教，南部信仰穆斯林的人則與之對抗，此種對抗局面延續至今。目前該國有超過百分八十的人民信奉天主教，乃是亞洲地區最大的天主教國家。參閱陳鴻瑜，《菲律賓史——東西文明交會的島國》，增訂三版，二〇一六年十月，第23-26、31-33、160頁。

7 台灣的《家庭暴力防治法》第十九條第一項規定：「法院應提供被害人或證人安全出庭之環境與措施。」而《家庭暴力防治法施行細則》第十條規定：「本法第十九條第一項所定提供被害人或證人安全出庭之環境及措施，包括下列事項之全部或一部：一、提供視訊或單面鏡審理空間。二、規劃或安排其到庭時使用不同之入出路線。三、其他相關措施。被害人或證人出庭時，需法院提供前項措施者，於開庭前或開庭時，向法院陳明。」因而，本案如發生在台灣，被害人有可能在「隔離法庭」（設有單面鏡）聆聽審訊，未必會與被告一同在法庭上。

8 參閱斯蒂芬諾斯．畢貝斯著、姜敏譯，《刑事司法機器》，二〇一五年八月，第31-55頁。

9 參閱斯蒂芬諾斯．畢貝斯著、姜敏譯，《刑事司法機器》，二〇一五年八月，第56-75頁。

10 參閱楊崇森，〈修復式正義理論與運作之再探討（上）〉，全國律師雜誌第二十四卷第一期，二〇二〇年一月，第45-46頁。

11 台灣司法實務上曾發生過這樣的案例：在某個原住民部落裡，少年A受色情影片影響，性侵同部落小二B，學校發現通報後，A被移送少年法庭審理，B則緊急安置於寄養家庭，家人幾乎無法會面。學校保密通報的作法，引起部落族人的強烈抗議，揚言讓學生集體轉學，學校當局深感不解。在傳統部落裡，性侵害事件的當事人及其家族，可以透過頭目長老們仲裁調解的方式，以賠罪儀式修復雙方關係。一方面加害人真誠道歉及賠償物品，並且接受族人的監督約束；另一方面經由當事者的對話，被害人接受對方的歉意與賠償，原諒對方行為，以撫平被害人的創傷。這種讓雙方及早復原破壞關係，並再次融入部落生活，而懲罰踰矩行為的特殊文化習俗，其實與當代社會倡議的修復式正義的作法及精神，不謀而合。參閱廖文忠，〈部落賠罪習俗與性侵法制之啟動——從修復式正義觀點出發〉，收錄於《第四屆原住民族傳統習慣規範與國家法制研討會論文集》，二〇一三年十月，第83-89頁。

12 不過，考量家庭暴力的當事人雙方通常不具有對等的談判能力，必須有確保被害人安全的方式始能進行調解，《家庭暴力防治法》第四十七條規定：「法院於訴訟或調解程序中如認為有家庭暴力之情事時，不得進行和解或調解。但有下列情形之一者，不在此限：一、行和解或調解之人曾受家庭暴力防治之訓練並以確保被害人安全之方式進行和解或調解。二、准許被害人選定輔助人參與和解或調解。三、其他行和解或調解之人認為能使被害人免受加害人脅迫之程序。」

13 依照《家庭暴力防治法》第二條規定，「加害人處遇計畫」是指對於加害人實施的認知教育輔導、親職教育輔導、心理輔導、精神治療、戒癮治療或其他輔導、治療。

14 參閱林孟皇，〈司法改革從改革最高法院開始〉，《找回法官失落的審判靈魂》，二〇一三年六月，第

91-113頁。

15 參閱林孟皇，〈一〇七八位檢察官連署為哪樁？〉，《找回法官失落的審判靈魂》，二〇一三年六月，第115-129頁。

16 參閱林孟皇，〈有感司改 讓檢察官走下偵查庭〉，自由時報，二〇一七年三月二十日，A14版。

17 參閱李宣毅，〈死刑案件中的告訴代理人〉，收錄於《死刑的重量—重大刑事案件的量刑辯護與挑戰》，二〇二〇年十月，第241頁。

18 參閱張娟芬，《無彩青春》，二〇一三年八月，第313頁。

19 新修正《刑事訴訟法》第二四八條之二第一項規定：「檢察官於偵查中得將案件移付調解；或依被告及被害人之聲請，轉介適當機關、機構或團體進行修復。」第二七一條之四第一項亦規定：「法院於言詞辯論終結前，得將案件移付調解；或依被告及被害人之聲請，於聽取檢察官、代理人、辯護人及輔佐人之意見後，轉介適當機關、機構或團體進行修復。」亦即，為貫徹修復式司法的精神並提升其成效，明文規定將部分案件轉介適當機關、機構或團體，而由專業修復促進者以更充分的時間及更完整的資源來進行修復式司法程序。

20 被害人陪同新制分別規定於《刑事訴訟法》第二四八條之一第一項、第二七一條之三第一項。

21 參閱李宣毅，〈死刑案件中的告訴代理人〉，收錄於《死刑的重量：重大刑事案件的量刑辯護與挑戰》，二〇二〇年十月，第251頁。

第十六章

同理與仁慈之心，讓我們遠離《不完美的正義》

美國電影《不完美的正義》以律師布萊恩救援被誤判的黑人華特事件為主軸，並穿插他為未成年犯、其他死囚案辯護的故事。華特在一九八七年被控謀殺一名年輕女子，儘管有多項證據都可以證明他是無辜的，但為了平息民情激憤，僅憑一名有說謊動機的罪犯證詞，就被判處無期徒刑。受屈者要獲得救援，險阻重重，這除了制度缺失以外，也跟人類自身的缺陷有關。這些受冤枉者的生命故事，無一不在質問我們每個人秉持、相信的永恆價值與人性追求。我們是否為了破案，容任檢警不擇手段、違反偵查不公開？是否為了平息騷動，允許執法者速審速結、治亂世用重典？是否為了莫名的恐慌，指指點點並阻擋已經平反的受冤者的回家之路？這些都在考驗著「我們與惡的距離」。

當非洲裔、哈佛法學院畢業的律師布萊恩．史蒂文森（Bryan Stevenson，麥可．B．喬丹飾）於一九九〇年代初期，前來監獄律見死囚華特．麥米利（Walter McMillian，傑米．福克斯飾）時，獄警要求布萊恩先脫光衣服。布萊恩以為自己聽錯了，告以：「我是華特的律師，我來律見，依規定沒有必要。」

獄警告訴布萊恩：「我管它什麼鳥規定，你在我值勤時要踏進這座監獄，就只能照著我的意思做！」布萊恩思忖再三，想到自己大老遠開了好幾個小時的車過來，想到華特命懸一線，只好含辱脫衣受檢，然後在獄警的鄙視下走進監獄。（注1）

以上是電影《不完美的正義》（*Just Mercy*）裡最令我詫異的一幕。這部電影改編自布萊恩撰寫的《不完美的正義：司法審判中的苦難與救贖》（*Just Mercy: A Story of Justice and Redemption*）一書，書中介紹他在美國南方阿拉巴馬州開始他的「司法平等倡議組織」（Equal Justice Initiative）事業，目的在幫助可能受有冤抑的被告能夠得到重新審判的機會。

改編的電影以布萊恩救援非洲裔、被誤判死刑的華特故事為主軸，並穿插他為未成年犯罪者、其他冤案或死囚案辯護的故事。華特在一九八七年被控謀殺一名十八歲的年輕女子，儘管有多項證據可以證明他是無辜的，但為了平息民情激憤，陪審團竟僅憑一名有說謊動機的罪犯證詞，就將他判處無期徒刑，主審法官甚至予以改判死刑確定。

法官為何能推翻陪審團決定？

在美國，聯邦憲法保護因重罪被起訴的被告有接受陪審團審判的權利，無非是希望將公民的常識與價值觀直接體現於司法個案中，並可發揮對公權力或體制的限制。既然如此，為何華特案的主審法官可以推翻陪審團的決定？

美國是一聯邦國家，各州有其司法主權。死刑或終身監禁且不得假釋的判決，每個州幾乎都是由陪審團決定，不論陪審團決定處以死刑與否，都以此作為最後判決。只有在佛羅里達州及阿拉巴馬州，法官擁有優先於陪審團的權力；亦即法官可以動用「優先權」改變判決結果，甚至自行改判為死刑。而自一九七六年以來，在可能判處死刑的案例中，阿拉巴馬州的法官動用這項權力更改陪審團量刑決議的次數，截至二〇一一年為止，三十五年間計有一百一十餘次，其中有高達百分之九十一的案件是將無期徒刑改判為死刑。（注2）

法官為何偏好加重徒刑？這涉及法官的選任制度。美國聯邦法院法官是由總統提名、參議院同意後，只要忠於職守，便可以終身任職；（注3）然而，雖然有些州的法官是由州長任命（有時還必須經過州議會認可），但大多數州法官是經選舉產生，其理由就跟州長、民意代表由選舉產生一樣，目的是要使法官對民意負責。（注4）三十九個州法官經由選舉產生，面對大眾希望檢警「嚴厲打擊犯罪」的「政治現實」，法官害怕自己被貼上「對犯罪軟弱」的標籤，便會積極地配合當地的檢察官，以彰顯自己嚴厲執法的一面。（注5）阿拉巴馬州法官正是採取選舉方式，且該州多數選民教育程度不高，法官候選人競選口號聚焦在犯罪及刑罰，在刑罰上裁決得愈重的人，愈能獲得選民青睞，因此，法官「優先權」便成為一項強而有力的政治工具。

民選執法官員如何面對社會輿論壓力

然而，只有法官會因為民意好惡處理刑事案件？當然不是！背負維護社會治安、破案或起訴定罪等輿論壓力的執法官員如警長、檢察長，各州也大都是經由選舉產生，這就帶來結案、逮捕與定罪的壓力。例如，美國有四十三個州的總檢察長（司法部長）由選舉產生，州總檢察長是一個全州性的檢察官，大多數專注在消費者保護、反壟斷與相關事務，極少參與追訴普通街頭犯罪。而百分之九十五以上的郡、市檢察官是選舉產生，這些職位的政治性很強，常常以寬泛的「嚴打犯罪」作為競選主題。新聞媒體過度報導犯罪事件，會給人一種犯罪比實際更多的印象，它還會在公眾間造成不必要的恐慌。這種恐慌將影響公眾要求檢察官履行其職責的程度。當民眾受到引導時，他們會從另外一面看待檢察官的不端行為——即便是故意的不端行為——只要檢察官們能夠成功地抓獲罪犯，民眾便願意忽視檢察官的不法行為。（注6）

由於選舉制度並不能有效地使檢察官或警長為他們所服務的選民負責，檢察官把官司的輸贏當作是自己價值的象徵，警察們由於長期共同執法的關係，私人情誼與同儕壓力也很容易導致順從的結果，聽到或看到別的警察的不當行為時，最好都閉上嘴巴。（注7）也就是說，檢警不僅背負民意壓力，必須對犯罪不假辭色，而且為了迅速平息因凶殺案件懸而未決所生的紛亂騷動，並卸免自己可能遭受的「無能」指責，無不希望盡快將歹徒繩之以法，則執法時使用一些違法手段，也可預期。因為沒有檢警同僚的舉發，違法濫權之舉很少遭到究責；何況公眾基於「安定與秩序」，往往傾向於寬縱執法人員的違失行為。

只有執法人員會因為民情激憤處理刑事案件？也不盡然！媒體、記者或為了閱報率、點閱率，或因為個人的利害考量、意識形態作祟，接受執法人員的餵養，對於凶殺案鉅細靡遺地報導，往往對冤案的助成提供一種輿論氛圍；更甚者，藉由炒作被害人家屬與加害人之間的對立爭鬥，不僅可能影響案件的判決結果，更可能造成受屈者日後獲得救援、平反後復歸原生社區生活的種種困難。

受屈者要獲得救援險阻重重，劇情中華特案的地區檢察官與法官無視拉爾夫．梅耶斯（Ralph Myers）在聽證會上翻供，自陳當年作證指控華特涉犯本案乃是偽證後，仍駁回重新審判的類似事例，在司法實務上不勝枚舉。這其中除了制度的缺陷外，跟人類自身的缺陷也有關。其中的制度缺陷，主因在於美國各州法官、檢察官、警長主要經由選舉產生，背負龐大的民意壓力。因為要平反冤案，意味要開啟再審、重新審判，則犯罪後好不容易因判刑確定而「癒合」的傷口（社會紛擾），勢必再度撕裂、令人難堪。至於何謂「人類自身的缺陷」？從美國聯邦檢察官轉任冤案救援律師的馬克．戈西（Mark Godsey）為我們做了最好的說明。他表示：**當認知失調、行政之惡、去人格化這三個心理因素結合起來，就會導致刑事司法制度中的「好人」執法人員有這些「邪惡之舉」**。

所謂「認知失調」是一種心理現象，當我們聽到一些與內心深植的信念相衝突的資訊時，往往傾向抗拒，或者對這些資訊置之不理；我們會合理化自己深信的事物，認為它絕對正確，因此當信念初次遇到挑戰時，為了減緩心中的不安，就會出現補償現象，過度用力打擊對方，以維持自己信念的合理性。而「行政之惡」是指一個人時，內心的道德準則是行動的唯一指引，好人即便獨自行動時，也會表現出良善的一面；但官僚體制中的行動者受制於政策和秩序，團體的作法與程序會成為行為指引，取代個人內心的道德準則，於是有了德國人像機器上的齒輪一般參與對猶太人的大屠殺。至於「去人格化」指的則是一種心理過程，對立雙方在此過程中都不會把對方當人看待，尤其刑事被告常被類型化為「邪惡」、「罪有應得」，執法者把自己所懲罰的對象視為「敵人」，甚至當作一個物品看待，有助於緩和認知失調，因而也不認為

對方值得關注。（注8）

然而，**人類社會源於不同的宗教信仰、風土民情、法律禮俗，或許有不同的價值觀、生活習慣，但在發生紛爭事件，有人的生命、自由、財產遭受侵害，或無端遭逮捕、拘禁時，卻大都有一共通的目標：尋求真相、取得正義。當正義與公道無法獲得伸張，冤抑即因此產生。華人社會盛行清官「包青天」的司法故事，蘊含其間的便是冤抑的釋放與平反。**而造成冤抑的主要原因，其一是受到他人不公正的對待，輕則辱罵毆打，重則剝奪生命；其二是受到司法官吏的不公正審判，如無辜判成有罪，或者有罪判成無罪。（注9）

因而，人民真正期待的司法正義，其實是司法體系的各項制度，在具備專業能力和正當動機的司法工作者協作下，可以實現個案正義（毋枉毋縱）；同時，萬一司法體系在實現個案正義的過程中失靈犯錯時，無辜者可以獲得適當的賠償，包括回復名譽及復歸社會的必要支持。（注10）以台灣司法史上首件經國家元首特赦後又再審改判無罪的蘇炳坤案為例，他原本是家具行老闆，於一九八六年因涉嫌結夥搶劫被警方逮捕。雖然他矢口否認犯行，卻換來無情的刑求，最後被法院判處十五年徒刑確定。為了證明自己的清白，他「在家逃亡」十年，每天四處寄陳情書，直到一九九七年意外被捕為止。雖然二〇〇〇年已獲得總統特赦，但蘇炳坤認為司法體制並沒有真正還他公道，二〇一七年他聲請再審，台灣高等法院在裁准再審時，於裁定中揭示：

中華民國為一憲政民主國家，強調所有權力都源自人民，政府應當是為公共利益，為保護人民或共同體的安全而設立，自應保障並實現人民的生命、自由、財產或追尋幸福的權利。司法作為政府體制的一環，自然是為人民而存在；尤其司法權核心的審判機制，更是為保障人權而存在。一個服膺人權保障、憲政民主的司法，不是去滿足任何人當下對於司法個案的偏好與情感反應，也不是去迎合輿論的一時風向，而是要為正義服務。（注11）

《梅岡城故事》的觀光勝地卻是種族歧視最嚴重之處

當然，僅僅破案壓力並不足以使華特蒙冤受屈。華特之所以在凶案發生數個月後被鎖定，在於他與當地的白人女性有一段婚外情，這引起地方居民的騷動。因為在種族歧視嚴重的南方各州，對於跨種族的性與婚姻關係的恐懼深植人心，有超過一個世紀的時間，南方一帶的執法人員將調查並懲罰與白人女性有親密關係的黑人男性這件事，視為自身職責的一部分；一八八二年阿拉巴馬州最高法院針對某個跨種族有關性的刑事案件中，不僅肯定這項有罪判決，還表明：「**兩個不同種族的人交換誓言，將助長犯罪（通姦或亂倫）的邪惡傾向……結果可能導致種族融合，產生雜種人口，導致文明退化，這種預防措施需要藉由良好政策的制定，以收社會及政府最高利益的成效。**」字句中便明顯地透露出對於跨種族戀情的鄙視。（注12）

直到一九六七年，美國聯邦最高法院在「洛文訴維吉尼亞州案」（*Loving v Virginia*），（注13）才判決維吉尼亞州及其他十六州禁止不同族裔通婚的《反異族通婚法》（Anti-miscegenation laws）違憲。但這個具有里程碑意義的案件判決後，美國跨種族婚姻限制依然存在。以華特發生婚外情的一九八〇年代為例，《阿拉巴馬州憲法》第一〇二條規定：「立法機關永遠不會通過任何法律，以授權或讓任何白人及黑人或其後代之間的婚姻關係合法化。」明文禁止白人與黑人的通婚。如果讀者們知道一八六〇年代美國南北戰爭期間，阿拉巴馬州首府蒙哥馬利市曾一度作為南方的美利堅聯盟國（簡稱「邦聯」，Confederate）首都，（注14）又是一九五〇年代馬丁・路德・金牧師領導的公車罷車事件發生地，也就不會意外。

諷刺的是，華特案發生地，正是因小說《梅岡城故事》（*To Kill a Mockingbird*，另有譯為《殺死一隻知更鳥》）而聞名的小鎮。這本由哈波・李（Harper Lee）寫作的小說，涉及種族歧視與濫判無辜，不僅獲得了普立茲文學獎，還被改編成同名電影。在英語系國家，《梅岡城故事》常被納入學校教材中，傳遞寬恕和反偏見的信息；電影中法律人為弱勢者爭取權益而奮鬥，為惡法亦法、惡法非法辯論的故事，當時甚至飄洋過海，感染了類似許宗力（自二〇一六年十一月起擔任台灣的司法院長）這樣的年輕學子，使他們立志成為法律人。

電影《梅岡城故事》中主角阿提克斯．芬奇被認為是律師的完美形象，是電影對律師完美描寫的頂峰。劇情以種族不公為描寫主軸，當孩子們眼見他們的父親阿提克斯冒著極大風險，為一個被錯誤指控強姦白人婦女（在阿拉巴馬州可判處死刑）的黑人辯護時，阿提克斯教會孩子們辨別對錯、正義與不公，也教會他們面對真實世界的勇氣。（注15）我們且看小說中他與女兒間的一段對話：

「絲考特……總之我現在只能說，當你和傑姆長大後再回顧這件事，也許會多一點同情，也會多少覺得我沒有丟你們的臉。這個案子，湯姆．羅賓森的案子，涉及了人的良知本質……絲考特，如果我不試著幫助那個人，就沒有辦法再去教會禮拜上帝了。」

「阿提克斯，你一定弄錯了……。」

「怎麼說？」

「因為好像大部分的人都覺得他們是對的，你是錯的……。」「他們當然有權利這麼想，而他們的想法也應該得到充分的尊重，」阿提克斯說：「可是在我通過別人那一關之前，得先過得了自己這一關。世上只有一件事不能少數服從多數，那就是人的良知。」（注16）

由於書籍、電影大賣又獲獎無數，哈波．李出生地的門羅郡跟著沾光，甚至有旅遊業者規畫了套裝行程，為讀者導覽與《梅崗城故事》裡相對應的每一處真實場景。在電影中，當布萊恩初抵門羅郡時，當地居民熱切地建議他去參觀與《梅崗城故事》有關的博物館。但當阿拉巴馬州因該書大賺觀光財之際，卻始終是美國種族歧視最嚴重、死囚占人口比例最高的州之一。阿拉巴馬州有著全美最高的人均死刑執行率，而且大多數是非裔美國人。

恐懼讓我們變得殘暴，美國重刑化政策的省思

另外，民選政府決策者為迎合民眾對「犯罪」恐懼的需求，各州政府不斷地創設新的犯罪項目，進行更嚴厲的審判；私人監獄的建造者與監獄服務公司每年花費大筆

公關費用遊說地方政府創設新的犯罪名目，進行更嚴厲的審判，將更多人送進監牢好讓自己賺入大把鈔票。（注17）由於錯誤的藥物管制政策與刑事政策（如過度量刑），監獄不僅監禁著許多精神疾病患者，美國甚至是全世界唯一容許對兒童判處終身監禁且不得假釋的國家。電影中有一位被關押在成人監獄，卻遭到其他受刑人性虐待的少年，在真實社會中即是全美超過兩千五百名遭判處終身監禁且不得假釋的兒童之一。

更甚者，基於少年尚未成熟，責任感還沒發展完全，較易衝動行事，且少年較脆弱，易受負面影響，尤其不易抵抗同儕壓力，常集體尋樂起鬨做壞事，可責性低於成年人，舉世公認不能對少年處以最嚴厲的刑罰。但美國卻直至聯邦最高法院於二〇〇五年在*Roper v. Simmons*案中，宣告少年犯死刑制度違憲後，才廢除十八歲以下少年犯得判處死刑的制度，成為全世界最後一個廢除少年犯死刑的國家；（注18）於二〇一〇年*Graham v. Florida*案中，宣告判處未犯命案的青少年終身監禁、不得假釋的規定違憲，又是全世界殿後的國家。（注19）對照之下，台灣繼受德、日法制，在一九三五年公布的《中華民國刑法》中，第六十三條已禁止對未滿十八歲的人犯判處死刑或無期徒刑。

以上種種，說明美國刑罰規定的嚴厲性。美國雖然號稱人權法治國家，但其每十萬人中的被監禁數高居世界第一。依照維基百科「各國監禁率列表」所示，以二〇〇八年為例，美國每十萬人的監禁人數為七百六十人、台灣兩百七十七人、韓國九十七人、德國八十八人、日本六十三人。其中德國、日本都是台灣法律的主要仿效對象，而且這兩個國家的民主法治、社會治安評價普遍良好，這說明美國的重刑化、高監禁政策值得省思。

民主普遍、法律完善不一定能引導社會進步。冤案就像社會觀測器，它不只是執法者、訴訟參與者一連串錯誤形成的產物，更是特定社會共同形塑的合成品。我們該深切瞭解的是，迄今沒有一個國家敢保證絕對沒有冤案，甚至絕大多數的冤案看來都有相似之處：審判者偏見、刑求逼供、錯誤指認、科學證據錯誤等，都是常見的冤案成因。

蘇建和、劉秉郎、莊林勳、徐自強等人，是許多台灣人費盡千辛萬苦從死牢中救出的受冤者；柯芳澤、蘇炳坤、陳龍琦還有其他不計其數的司法冤抑者，在歷經生命的磨難、摧毀後，或獲得平反，或苦難依舊。社團法人冤獄平反協會（以下簡稱「平冤會」）由大學教授、律師、醫師、宗教師與其他相關領域的專業人士於二〇一一年發起，其理念源自美國的「無辜計畫（The Innocence Project），迄今成功救援蒙冤的人超過十位，其中鄭性澤、謝志宏原本已經死刑定讞，在他們的群策群力下，才得以沉冤昭雪。其他像是民間司法改革基金會、台灣人權促進會、廢死聯盟等民間團體也一直致力於平反冤案。

這些生命故事無一不在質問我們每個人秉持、相信的永恆價值與人性追求。**我們是否為了破案，容任檢警不擇手段、違反偵查不公開？是否為了平息騷動，允許執法者速審速結、治亂世用重典？是否為了莫名的恐慌，指指點點並阻擋已經平反的受冤者回家之路？這些都在考驗「我們與惡的距離」**。

再者，如果探求真相是實現正義的基本要務，被害人及其家屬與被告之間，就不必然是記者筆下所描繪的兩極對立。二〇一九年模擬亞洲人權法院審理死囚邱和順控告中華民國政府一案時，（注20）被害人陸正的弟弟陸定在法庭上所言：「要檢視我們自己，需要相當的勇氣，因為有時候這個過程也是一種痛苦」、「我只是希望……去了解這個事件深層的真相，以及我們可以做什麼事情」等陳述，讓我們看見在摒棄成見後的人性之光。

另外，《認錯：性侵受害人與被冤者的告白》一書述說的故事，也展現出寬恕的力量。這件冤案起因於一九八四年的某個夏夜，年僅二十二歲的珍妮佛・湯姆森（Jennifer Thompson）在自家床上熟睡時，遭到一名陌生黑人男子持刀挾持並加以性侵。她努力集中精神，將犯人的特徵烙印在腦海中，並設法成功逃脫，十一天後，在警察局的拘留室裡，七名黑人男子列隊站在珍妮佛面前，她告訴警方，同樣年僅二十二歲的羅納德．卡頓（Ronald Cotton）就是強暴她的犯人。卡頓雖然不斷地堅稱自己清白無辜，但充滿瑕疵的指認程序與蒐證過程，以及偏頗的司法審判制度，仍在物證極度薄弱的情況下將他定罪。

摒棄成見、傾聽理解，展現寬恕的力量

一九九四年，辛普森案讓DNA鑑定技術聲名大噪，羅納德請求律師協助聲請DNA鑑定，加上真凶的自白，藉此證明了他的清白。遭無辜關押將近十一年後，羅納德終於獲釋，珍妮佛發現自己當年的指認錯誤，令她震驚不已，她被罪惡感與可能遭到報復的恐懼日夜折磨。在羅納德出獄兩年後，珍妮佛終於鼓起勇氣與羅納德相見，親自向羅納德道歉，並獲得寬恕。兩人之後建立超乎想像的友誼，並攜手踏上修復、寬恕之路。該書第十六章描寫珍妮佛當面向羅納德道歉的情節如下：

「卡頓先生，我甚至不知道該如何稱呼你，羅恩？羅納德？卡頓先生？就算我用盡我剩下的生命來告訴你我有多抱歉，那也沒辦法表達我真正感覺的萬分之一。」珍妮佛說，「你會有原諒我的一天嗎？」

> 有的時候，人們並不需要言語。如果你直接看進他們眼裡，所有的一切都在那裡，人們的眼睛會說話，我在監獄裡學會如此閱讀人們。所以能出現在那裡，聽見她的聲音和看見她臉上的表情是好的，我能看出她是真的很抱歉，這再明瞭不過：如果可以回到過去、扭轉時間以改變當初發生的事，她一定會這麼做。
>
> 「我原諒妳，」我告訴她，「我並不生你的氣，我不要妳剩下的人生都戰戰兢兢地擔心我可能會來找妳麻煩，或傷害妳的家人。若你四處張望，我一定不會在那裡伺機而動。我想要的只是我們都能繼續往前，擁有快樂的人生。」(注21)

《認錯：性侵受害人與被冤者的告白》是依珍妮佛和羅納德的記憶，並輔以筆記、信件和其他個人文件等資料發展而成。珍妮佛和羅納德透過親筆文字抽絲剝繭，細膩呈現出他們所遭遇的悲劇，挑戰我們對「記憶」和「評斷」的理解，同時也展現出寬恕的力量。正如布萊恩在《不完美的正義：司法審判中的苦難與救贖》書中所說：**「同理心的喪失足以摧毀一個社會、一個國家、一個民族的尊嚴；恐懼讓我們變得好鬥、殘暴、不公和不義；若失去仁慈之心，我們終將因此備受折磨，我們傷害人有多深，自己就得承受多少譴責。」**

最後要說明的是，電影中獄警要求布萊恩脫衣受檢一幕，在真實事件中，布萊恩是前去律見一位自小在幾十個寄養家庭流浪、被虐待並罹患思覺失調症的非裔死囚艾弗利・詹金斯，獄警則是駕著貼有「邦聯旗」標誌的貨車、典型種族主義者的白人，並負責押解艾弗利前去法庭參加布萊恩為他爭取來的重審聽證會。

當這位獄警在法庭上聆聽布萊恩詰問精神科專家有關艾弗利的成長與精神狀況後，不僅於返回監獄的途中，購贈艾弗利夢寐以求的巧克力奶昔（這在一般人看來可能是再尋常不過的飲料，但長期被關押的受刑人感受到的則是最大的關愛與尊重），並在布萊恩再度律見時，一改先前的敵視態度，向他表示：「我也是在寄養家庭長大的，我以前總以為世界上沒有人像我這樣慘了」、「但聽了艾弗利的故事，我明白有其他人跟我的經歷一樣慘，或許比我還更糟」、「我只是想要說，我覺得你在做的事很好」。

這告訴我們：人只要保有良知，敞開心胸，同理關懷周遭的人事物，並仔細思辨社會輿論的真實性，便能不再因莫名的恐慌，而急於排擠、隔離他人。唯有如此，我們或許才能遠離不完美的正義。

注釋：

1 「律見」指的是律師前去看守所或監獄接見刑事被告、受刑人，與家屬的接見並不相同，因為有些被法院裁定羈押禁見的刑事被告，只能律見，家屬不能會面。以台灣而言，並沒有制定相關的法令予以規範，而僅有各監所自行訂頒的「接見須知」，例如《法務部矯正署台中看守所律師辦理接見須知》；而主管機關也僅發布類似二〇二〇年七月二十九日函文所示「法務部矯正署提示各矯正機關辦理律師接見應注意事項」。因為法務部矯正署未重視矯正機關律見業務，致實際作業與法規不符，監察院於二〇二〇年十月提案糾正，要求法務部矯正署檢討改善。由此可知，在封閉的監所體系發生類似電影中的濫權事件，或許不會令人意外。

2 參閱布萊恩·史蒂文森著，王秋月譯，《不完美的正義：司法審判中的苦難與救贖》，二〇二〇年一月，第102頁。

3 《美國憲法》第三條第一項規定：「美國之司法權，屬於一最高法院及國會隨時制定與設立之下級法院。最高法院與下級法院之法官忠於職守者接受保障，按期領受俸金，繼續服務期中並不得減少之。」

4 參閱勞倫斯·傅利曼著，楊嘉陵譯，《美國法導論》，二〇〇四年三月，第106頁。

5 參閱馬克·戈西著，堯嘉寧譯，《審判的人性弱點：美國前聯邦檢察官從心理學與政治學角度解讀冤案成因》，二〇二一年二月，第137-149頁。

6 參閱安吉娜·J·戴維斯著，李昌林、陳川陵譯，《專橫的正義：美國檢察官的權力》，二〇一二年十月，第175-176、183-185頁。

7 參閱馬克·戈西著，堯嘉寧譯，《審判的人性弱點：美國前聯邦檢察官從心理學與政治學角度解讀冤案成因》，二〇二一年二月，第150-162頁。

8 參閱馬克·戈西著，堯嘉寧譯，《審判的人性弱點：美國前聯邦檢察官從心理學與政治學角度解讀冤案成因》，二〇二一年二月，第55-93頁。

9 參閱徐忠明，《案例、故事與明清時期的司法文化》，二〇〇六年七月，第157-158頁。

10 參閱謝世民，〈期待司法正義與正義司法〉，蘋果日報，二〇一七年八月十五日，A13版。

11 台灣高等法院一〇六年聲再字第二二五號刑事裁定。

12 參閱布萊恩·史蒂文森著，王秋月譯，《不完美的正義：司法審判中的苦難與救贖》，二〇二〇年一月，第49-52頁。

13 一九五八年，白人男性理查·洛文（Richard Loving）和黑人女性米爾德里德（Mildred Loving）相戀結婚，兩人卻在成婚數週後被捕，只因這段異族婚姻違反了維吉尼亞州的《種族完整法案》（Racial Integrity Act），最後洛文夫婦被迫以離開維州二十五年的代價，來換取避免一整年的牢獄之災。他們上訴後，維吉尼亞州的最高上訴法院判決禁止跨種族通婚的法律沒有違憲；他們聲請聯邦最高法院調卷受理此案，最高法院才於一九六七年裁定禁止異族婚姻的法律違反了《美國憲法第十四條修正案》中的平等保護與正當程序條款。該案故事於二〇一六年被翻拍成電影《愛侶》（Loving，中國大陸譯《愛戀》，香港譯《相愛很難》）。

14 《不完美的正義》電影中出現的「邦聯旗」，是美利堅聯盟國於一八六一至六五年間採用的國旗。一百多年來，許多南方白人仍以類似的邦聯標誌，用以反對黑人民權運動在南方的進展，而「邦聯紀念日」迄今仍然是阿拉巴馬州的州定假日。參閱布萊恩·史蒂文森著，王秋月譯，《不完美的正義：司法審判中的苦難與救贖》，二〇二〇年一月，第253-255頁。二〇二〇年美國發生非裔男子佛洛伊德（George Floyd）因白人員警不當執法致死案件，震撼全美，引發種族議題的廣泛討論。美國國防部經過研議後，採「正面表列」的方式，明定美軍可以懸掛的旗幟，才藉這種方式排除了邦聯旗。

15 參閱伯納德·施瓦茨著，周杰譯，〈殺死一隻知更鳥〉，《民主的進程——影響美國法律的十宗最》，二〇一五年九月，第404-406頁。

16 參閱哈波·李著，顏湘如譯，《梅岡城故事》，二〇一八年八月，第152-153頁。

17 參閱布萊恩·史蒂文森著，王秋月譯，《不完美的正義：司法審判中的苦難與救贖》，二〇二〇年一月，第35頁。

18 參閱王玉葉，〈美國少年犯處置制度的演進：*Roper v. Simmons*案廢除少年犯死刑之意義〉，歐美研究季刊第三十九卷第四期，二〇〇九年十二月，第571-614頁。

19 參閱何帆，〈誰有權利剝奪孩子的未來？格雷厄姆訴佛羅里達案〉，《大法官說了算：美國司法觀察筆記》，二〇一六年十月，第369-373頁。

20 二〇一九年間，前司法院大法官許玉秀倡議發起、台灣法學界與律師們共同舉辦了「模擬亞洲人權法院」（簡稱「模亞」），邀請香港、新加坡、日本、孟加拉等國內外學者專家組成合議庭，審理涉及國家違反人權的案件。模亞於二〇一九年七月二十六日至二十八日，在台北針對「邱和順訴中華民國案」進行審理，被害人陸正的弟弟陸定獲邀出席。該案起因是邱和順等人遭指控先後犯下「業務員柯洪玉蘭殺人案」與「國小學生陸正綁架案」兩案，法院合併審理之，因「陸正案」知名度較高，故世人多以此稱之；該案是台灣司法史上全程羈押期間最長的刑事案件（邱和順於一九八八年九月因本案遭羈押，二〇一一年七月底定讞）。模亞於二〇一九年十月十七日作出判決，宣告中華民國政府違反《公民與政治權利公約》第七條及第十四條關於國家應保障人民公平審判權利，以及免於酷刑及不人道待遇的義務。模亞法官一致認定：由於顯而易見的法庭程序失靈、法律與事實認定的重大錯誤、程序過度延遲，以及上訴程序案件往返耗費大量時間，使邱和順受到嚴重的不法侵害。

21 參閱珍妮佛·湯姆森、羅納德·卡頓、艾琳·托尼歐著，蔡惟方、蔡惟安譯，《認錯：性侵受害人與被冤者的告白》，二〇一九年九月，第274頁。

第十七章

從《謊言迷宮》到《罪人的控訴》：轉型正義能成為「集體罪惡」的疫苗嗎？

德國電影《謊言迷宮》敘述檢察官萊德曼在黑森邦總檢察長鮑爾的授命下，歷經數年鍥而不捨地追查，終於在一九六三年啓動了著名的「奧斯威辛集中營大審判」，總計有二十二名納粹黨羽遭到起訴；《罪人的控訴》則講述一位年高德劭的大企業家遭人謀殺，加害人始終不願意吐露殺人動機，辯護律師多方訪查後，知道其背後隱藏著德國二戰後的轉型不正義，加害人才憤而於二〇〇一年採行私刑正義。在許多人看來，這些納粹親衛隊當年只是奉命行事，重新審訊這些下屬無疑是毒藥。鮑爾、萊德曼則認為隱瞞真相才是毒藥，毒害德國人尚待成長的民主。如果沒有藉由這場審判，如何迫使德國人一同直視當年曾犯下的集體罪惡？如何證明這不是政治清算，而只是要共犯們為自己參與的惡行負責？

「今天是大日子。十二點時BBC宣布：今天盟軍開始登陸反攻了！」、「BBC在一點用英語廣播：一萬一千架飛機來回穿梭，或準備越過敵方陣線空降部隊執行轟炸；四千艘登陸艇與小船陸續抵達瑚堡和勒阿佛爾之間的地區，英軍與美軍已經跟敵人劇烈交戰」、「密室一陣騷動！長久等待的解放，真的開始了嗎？解放？大家談了這麼久，這一刻依然太美好，太像童話，似乎永遠不會成真。這一年，一九四四年將會為我們帶來勝利嗎？我們還不知道。但有希望，就有生命。這股希望讓我們重新鼓起勇氣，讓我們再度堅強。」（注1）

每年的六月六日是許多人稱的「六月六日斷腸時」。因為一九四四年的此時，同盟國盟軍發動人類歷史上規模最大、人數最多的海上兩棲登陸作戰，在法國的諾曼地登陸。當日，年僅十五歲的安妮·法蘭克（Anne Frank, 1929-1945）在她的日記中所寫下的上面這段話，最足以代表當時人們的心聲。

法蘭克一家是猶太人，原本居住在美茵河畔的法蘭克福。一九三三年國家社會主義德國工人黨（通稱納粹黨，納粹來自德文中的Nazi）執政後，為了逃避納粹的迫害，避居到荷蘭的阿姆斯特丹。其後，希特勒揮軍入侵波蘭、荷蘭，並於一九四〇年在波蘭建立奧斯威辛（Auschwitz）集中營，幾乎所有波蘭裔猶太人都住在隔離區或集中營中。

六月六日斷腸時，勿忘猶太大屠殺

一九四一年奧斯威辛集中營以毒氣「奇克隆B」進行大屠殺實驗。一九四二年一月二十日，十五位德國納粹黨內高層與政府高官於柏林近郊的萬湖別墅召開會議，會議目的在於確保所有相關部門皆切實執行計畫，將德國於歐洲佔領區內大部分的猶太人遣送到波蘭處決。出席者在長達九十分鐘的會議擬定縝密計畫並留下紀錄，共同議定執行「猶太人問題的最終解決方案」。這份《萬湖會議議定書》詳述了根除歐洲地區約一千一百萬名猶太人的階段性計畫，戰後在一九四五年的紐倫堡國際軍事法庭（俗稱「紐倫堡大審」或「紐倫堡審判」〔Nuremberg Trials〕）中，(注2)這份文件成為納粹有計畫地展開滅絕猶太種族的鐵證，成為「一槍斃命」的決定性證據。(注3)

萬湖會議確定方針後，開始強制遷移猶太人。一九四二年七月五日安妮的姐姐瑪歌收到驅逐至德國的召集令，隔日法蘭克一家人進入密室躲避，不久另四名友人也避居密室。從藏匿開始到一九四四年八月四日被查獲時為止，安妮在兩年多時間內寫下舉世聞名的《安妮日記》（*Het Achterhuis*，荷蘭文直譯「密室」）。

密室八名成員被捕後，被移送至荷蘭北部的中繼猶太集中營；同年九月三日被送往奧斯威辛集中營，一名室友被毒氣毒死，而安妮的媽媽因為飢餓與過勞病死，其餘人等則被分別處置。安妮、瑪歌被送往卑爾根伯森，一個靠近德國漢諾瓦的集中營，其後因為衛生條件極其惡劣，集中營爆發斑疹傷寒，安妮與瑪歌等數千名囚犯都病死在該集中營。最後，安妮的父親成為八名成員之中唯一的倖存者。

納粹在自認只有日耳曼人才是優秀、純種「雅利安」人種的偏見下，除了迫害猶太人之外，也包括羅姆人（或稱吉普賽人）、波蘭人、俄羅斯人及同性戀者。一九四五年一月二十七日奧斯威辛集中營被解放，才結束納粹在這裡的暴行。這裡曾關押超過五百六十萬人，超過一百一十萬人在這裡失去生命，其中百萬人是猶太人，聯合國因此指定這一天為「國際大屠殺紀念日」。

上述事件發生在二次世界大戰，已經是相隔數十幾年的陳年往事了，何必舊事重提？不是該如同電影《返校》中威權象徵的學校軍訓教官白國峰所說：「事情都過去了，就當一切沒發生過，不好嗎？」（注4）對此質疑，誠如某些人所形容的：人類又面臨著「第三次世界大戰」，而「軸心國」敵人只有一個，那就是「冠狀病毒」！或許我們可以借用防疫的科學觀點，省思推動轉型正義的價值所在。

二〇二〇年，注定會成為人類歷史上永遠被深刻記憶的年代，因為嚴重特殊傳染性肺炎（COVID-19）的傳染、肆虐，已迅速擴散成一場全球性大瘟疫，不僅造成無數死亡，更大大地改變人類的日常生活與交流互動，每日確診、死亡人數不斷攀升，迄未止歇。人們無不殷切期盼早日發明疫苗，疫苗接種似乎成為人們心中可能回復正常生活的唯一解方。

疫苗接種是利用免疫系統的運作原理，使注入接受者體內的物質類似或等同於異物，而引發相似的生理功能，以便於日後較具毒性的相似物質侵入體內時，能夠回憶起類似的狀況，加快對付病原的反應。因為人們的免疫系統在第一次碰到病原時，需要較長的時間才能誘發免疫反應，而且反應強度不高，因此常在第一次遇到病原時生病。但是免疫系統具有記憶的能力，在第二次碰到相同病原時，於很短的時間內就能誘發很強的免疫反應。

疫苗接種這種「引起免疫反應和免疫記憶，產生抗體，達到預防保護力」的科學原理及作用，也可以援引作為人類確保集體罪惡不再發生的最佳解方。因為唯有當人們深切瞭解：納粹大屠殺為什麼會發生？本該是自由奔放的校園，威權統治時期的台灣社會為何有數量龐大的學生間諜（依促進轉型正義委員會的統計，以一九八三年為例，全國各大專院校的「抓耙子」人數高達五千餘人）？不義遺址處處可見又是怎麼來的？或許我們才能被植入「平庸邪惡」的「免疫記憶」。

凶手的匕首是藏在法律人的法袍下

關於納粹時代犯行的訴追，二〇二〇年五月底有一部德國電影《罪人的控訴》在台灣上映，這是改編自德國作家費迪南．馮．席拉赫（Ferdinand von Schirach）的長篇小說《誰無罪》（*Der Fall Collini*）。劇情講述一位年高德劭的大企業家遭人謀殺，凶手是一位義大利人。這位加害人在接受審訊時，始終不願吐露殺人動機。辯護律師多方訪查，才知其背後隱藏著德國二戰之後的轉型不正義，也就是納粹被害人家屬（凶手）雖然於一九六八年對加害者（大企業家）追訴，卻因納粹幫凶透過立法，讓其無法繼續追訴，才憤而於二〇〇一年採行私刑正義。

由高慧玲在網路上發表〈《誰無罪》的啟示——找尋台灣的「羅森堡計畫」〉一文說明，可知一九六八年主導起草《德國秩序違反法施行法》的學者艾德瓦．德雷爾（Eduard Dreher），在納粹時期擔任檢察官，經手不少判處死刑的案件。西德建國後，他於一九五一至六九年間在德國聯邦司法部擔任刑事法部門主管，負責該法的修正。二〇一一年《誰無罪》一書出版後，在各界要求下，德國聯邦司法部宣布將組成委員會進行研究，最後於二〇一六年十月十日以《羅森堡檔案：司法部與納粹時期》（*Die Akte Rosenburg*）為名公開發表，社會各界才得知納粹法律人對德國刑事法產生的負面影響。

依照邵允鍾博士在網路上發表〈法律中的不正義與超越法律的正義—德國的納粹轉型正義〉一文的解說，可知這次修法表面上只是修正參與犯（如教唆犯、幫助犯）的刑度，但追訴期取決於法定刑。依照當時法院的主流見解，納粹罪行的正犯只限於包括希特勒在內的少數納粹最高層，唯有這些少數人具有大屠殺的直接犯罪動機。而納粹政權的其餘成員，包括執行「猶太人最終解決方案」的公務員、實際開槍與施放毒氣的集中營看守員等，原則上都只是幫助犯，依據新法必須減輕其刑。此一見解導致謀殺罪以外的大量案件（例如傷害致死罪）在一九六〇年代初期就已超過法定犯罪追訴期限，使得不少在納粹時期參與國家不法罪行的行為人，都因此躲過刑事追訴。

這真是高明的法律技術與文字遊戲啊！這種情況，正如美國在「紐倫堡大審」後，另外在紐倫堡進行的十二場軍事審判，其中一場以十六名德國高級司法官員為審判對象，檢察官指控這些被告利用法律，以「種族純潔」迫害猶太人和納粹黨反對派。法院在判決中強調，這些法律人被告並非因「謀殺或侵害特定人而遭受控訴」，而是因其「有意識地參與範圍擴及全國，由政府所組織的殘酷與不義的體系結構」，因而宣判被告們有罪。判決中提到「**凶手的匕首是藏在法律人的法袍下**」，後來成為常被引用的經典名言。（注5）

因控訴走入迷宮：追訴納粹罪行的漫長路途

對此，我建議讀者搭配觀看《罪人的控訴》及《謊言迷宮》（*Labyrinth Of Lies*）。後者也是一部德國電影，對戰後追訴納粹罪行有更全面的觀照。劇情從一九五八年開始，敘述年輕（一九三〇年出生）的約翰·萊德曼剛上任為黑森邦第一大城市法蘭克福（正巧是《安妮日記》主人的出生地）的檢察官，被指派負責枯燥的交通違規案件，還遇到無照駕駛又刁蠻的女孩瑪蓮找他麻煩。

某日，記者聶卡大鬧檢察署，指控一名曾在奧斯威辛集中營工作的守衛，如今竟安然在小學教書！此舉雖引發檢察署騷動，卻沒人想介入調查。萊德曼跟所有年輕人一樣，對奧斯威辛集中營一無所知，他誤以為「那不是受保護的居住區嗎？」其他知情的人或是三緘其口，或是指稱：「那是戰勝者編撰的政令宣導，何必再回去追究這些呢？」

在黑森邦總檢察長弗里茲·鮑爾（Fritz Bauer）的授命下，萊德曼決定追根究柢，與聶卡展開合作。在法蘭克福總檢察署所屬檢察官抽絲剝繭、鍥而不捨地追查下，偵訊大約一千名嫌疑犯，傳喚約八百名證人，歷經數年，終於在一九六三年啟動了歷史上有名的「奧斯威辛集中營大審判」（der 1. Frankfurter Auschwitz-Prozess

1963-1965，世人通稱為「法蘭克福大審判」），「奧斯威辛」在德國成了家喻戶曉的名詞，當時有二十二名納粹黨羽遭到起訴的大審判在法蘭克福市政府廳展開。

為什麼要花這麼久的時間追查？因為鮑爾堅信，起訴那些共犯結構不是為了為個人復仇，而是要讓德國社會學到關於正義的一課，這無關私人，而是公益。（注6）因而，世人都將此歸功於鮑爾，他被認為是德國轉型正義的代表人物，電影《大審判家》及許多書籍都持相同看法。

的確如此！如果沒有鮑爾的堅持、無畏與鬥爭，就不會有這場大審判。誠如《大審判家弗里茲．鮑爾：看檢察總長如何翻轉德國的歷史》一書作者羅南．史坦格在中文版序中所說：「**他在一九五〇與六〇年代迫使德國人去回憶了那段不堪回首的過往。他讓真相得以被說出來。他在德國社會引爆了激烈的論辯。所有截至當時為止，人們避而不談的事情，全被弗里茲．鮑爾攤在陽光底下。他也因此為自己樹立了許多敵人**」、「**弗里茲．鮑爾所要傳遞的訊息就是：沒有人有權順從；如果一項法律或軍事命令是犯罪的，那麼每個人都有義務去反抗它**」。（注7）

然而，鮑爾作為一位領導者，只是堅持理念、指引方向，不可能親自捲起袖口調查，更不可能來到電影封面照中所呈現、由美國人管理、資料堆疊滿庫的檔案室中，逐一爬梳勾勒可能的線索、傳訊數百位可能的證人。而承擔這項繁雜沉重查證基本功的，自然落在萊德曼等檢察官身上（真實身分是尤金．庫格勒、格奧爾格．弗里德里希．沃格爾等人）。

鮑爾放著一堆辦案老手不用，啟用萊德曼這樣的「菜鳥」檢察官，當然有他的「戰略」考量。只因為他們是清白的，既未受納粹黨國意識形態的薰陶，也不曾摻和納粹的集體罪惡，才能較客觀、更有人性地看待，甚至追訴父祖輩們的惡行。

電影《謊言迷宮》值得推介之處，在於其劇情重點不是側重在卓爾不群的鮑爾身上，而是年輕世代的萊德曼等人在面對父祖輩做盡骯髒齷齪事，自己身陷罪犯與謊言編織而成的迷宮時，如何滿懷赤誠、保持初衷、奮鬥不懈地探究真相的心路轉折。

隱瞞真相才是民主的毒藥，讓一切謊言到此為止

在電影中，當萊德曼一心一意要追出迫害者，尤其是人稱「死亡天使」的約瑟夫．門格勒醫生（負責裁決將囚犯送進毒氣室殺死，或者成為強制勞動勞工，並且對集中營的人進行殘酷的「改良人種」活體實驗）時，即便總檢察長已下命偵辦，多數檢察官同僚或負有協助義務的警察卻不想調查，選擇敷衍了事。因為在許多人看來，這些納粹親衛隊是軍人，當年只是奉命行事，元凶早就被「紐倫堡大審」審判及處絞

了，重新審訊這些下屬無疑是「毒藥」。

其實，對於納粹惡行，連當時的法官、檢察官等司法人員也辯稱是奉命行事。一九六一年發行的電影《紐倫堡大審判》（*Judgment at Nuremberg*），描繪了一九四七年紐倫堡後續審判期間，其中一個美國軍事法庭審判德國司法部長楊寧博士與三位法官、檢察官（實際的審判共十六名被告）因參與納粹政權下的暴行，被指控涉犯危害人類罪。當時身為被告的哈斯德勒法官在法庭辯稱：「以法律的最高原則與精神做事，（為了國家需要）所以犧牲自身判斷以配合最高司法命令，只問法律，不問是否公正」等內容，（注8）採取的即是類似的論點。

然而，在鮑爾、萊德曼等人的眼中，則認為「紐倫堡大審」只有審判主要戰犯，並不包括共犯。畢竟沒有警衛、技術官僚、醫生等人的參與，不可能系統性地執行大屠殺任務。在《紐倫堡大審判》電影中，楊寧博士一開始雖辯稱為了服膺政策，以求國家富強，因此不計後果地簽署了不當的法令，他不知道事情會有這樣的演變；但他熬不過良心的譴責，在備受折磨的同時，不能忘記死去的六百萬人，乃是自己參與的政府一手造成，最後終於在法庭上自承應負責任，不讓他的律師以所謂的「責任分攤推卸」理論為其脫罪。（注9）

這正如蔡慶樺在《邪惡的見證者：走出過往、銘記傷痛，德國的轉型正義思考》

一書中所提：「**細讀歷史，從來沒有什麼極權主義政體可以自行運作，那些國家機器的每一個環節，固然有邪惡者主導，但都缺少不了那些平凡的、單純的、甚至心地善良的小螺絲釘，如果不是他們，還有誰讓極權主義運作呢？**」（注10）

再者，鮑爾、萊德曼認為隱瞞真相才是毒藥，毒害德國人尚待成長的民主。因為「紐倫堡大審」是由同盟國追訴，不是德國的司法系統啟動。如果沒有藉由這場審判，如何迫使德國人一同直視當年曾犯下的集體罪惡？如何證明這不是政治清算，而只是要共犯們為自己參與的惡行負責？鮑爾表示：

如果德國人民能夠自己完成清算，如果並非只是當個或多或少好學的學生，而是親自用正義之劍與戰爭之劍交鋒，那會更好。一個誠實的、德國的「我控訴」並「不會污染自己的窩」（它已經受到了污染，聲援罪犯則會更進一步地污染它）。相反地，這將是表明相信一個新的德國世界……

在那些駭人聽聞的事情發生了十五至二十年後，一場全面性的刑事追訴雖然受到了侷限，然而卻沒有盡可能完整的發掘與認識真相。我們應該竭盡所能地去探求它們。光憑它們，就足以遏制貪圖安逸的遺忘潮流、就足以澄清法律上的善與惡、就足以讓所有的公民對發生在自己國家裡的那些政治與人類事件過去和未來

所負有的責任，形成某種公共的意識。（注11）

當然，這種自揭民族「恥辱」的行徑，顯然不是多數人所樂見的。因而，萊德曼只能孤軍奮戰、不眠不休地工作，直到後來鮑爾才指派他人協助。在此期間，萊德曼既要不斷地聆聽被害人所遭受的各種慘絕人寰的悲情，又要審訊可能的加害人，不時還要面對周遭同僚的冷言冷語、怒目相向。

當萊德曼面對：「你要讓所有小孩去質疑自己父親是殺人犯嗎？」的質問時，他堅定地表示：「是！我要一切謊言到此為止。」但是，當他發現與自己滋生愛苗的瑪蓮父親涉及其中，甚至失聯多年、自己一直景仰的父親也是納粹黨員時，他崩潰了！尤其當他知悉與自己一直並肩作戰的聶卡竟然也曾在奧斯威辛負責看守囚犯時，更是徬徨失措。

天人交戰的萊德曼，不僅與周遭的人漸行漸遠，就連最愛他的瑪蓮，也越來越不瞭解他。於是，他向鮑爾遞出了辭呈，應聘為前途大好的智慧財產權律師。但是，當事務所老闆要他為明明有罪的權貴作無罪辯護，更需與之前審訊某位納粹親衛隊員的魔鬼辯護人一起合作時，正氣凜然的萊德曼義無反顧地回任檢察官。

受難有了真相、罪惡有了審判，德國才踏上和解思辨之路

萊德曼與同伴歷經多年奮鬥，終於起訴了一幫共犯。而經由這場審判所揭示的真相，改變了整個德國，促使這個國家拋開傷痛，重啟追緝納粹與思辨之路。（注12）如果沒有這場公開法庭的審判，將類似安妮一家人這樣的猶太人所遭遇的慘劇，赤裸裸地攤開在公眾面前，不知將有多少無知的德國人繼續被「奧斯威辛是受保護的居住區」這類謊言所蒙蔽！

即使公開審訊向世人揭露這個天理不容、令人髮指的真相，德國政治高層卻依然對納粹的罪惡過往噤聲不語，而且當年那些為納粹德國工作的人如今依然身居高位（像類似《羅森堡檔案》中艾德瓦．德雷爾這種本該被追究法律責任的人，竟可以主導起草《德國秩序違反法施行法》的修正，讓包括自己在內的納粹幫凶因此躲過刑事追訴的，不知有多少），加上對一九五〇年代保守且虛偽的性道德的反動等因素，引發了德國大學生們的激烈抗議，最終釀成為時超過十年的「六八學運」。（注13）

由於政治氛圍的改變，才有一九七〇年十二月七日時任西德總理威利．勃蘭特（Willy Brandt）在波蘭華沙猶太區的陣亡將士紀念碑前自發下跪，並且為在納粹德國侵略期間被殺害的死難者默哀之舉。**這場「華沙之跪」後，西德政府才扭轉戰後**

一整個世代為了營造民主社會，刻意遺忘納粹邪惡的作法，讓「道歉認錯」成為不變的政策方針，並堅定地概括承受納粹的罪責。（注14）**拒絕遺忘、承擔喚起歷史記憶的責任，讓德國堅決地走上轉型正義之路；加害的故事、受難的故事、悔罪的故事及和解的故事，一直被挖掘、述說，至今仍持續著。**

相較之下，執政者在台灣威權統治時期為打壓異己，藉由《中華民國刑法》一百條、《懲治叛亂條例》等法律，任意冠上意圖顛覆政權的罪名，並施以軍事審判，造成大量的冤案。迄今卻不曾推動司法體系的轉型正義或清查加害人，也不曾有過類似的「法蘭克福大審判」，以致台灣社會不能經由公開審判、媒體報導，將這類歷史記憶注入生活文化中，因此只要聽聞轉型正義議題，不少人仍會連結到「清算」、「東廠」，（注15）更遑論徹底拋棄過去高壓政權所賴以支撐的政治意識型態。

更令人遺憾的是，以國族認同強行區分我者與他者、殘暴地對待異己等行徑，一直在人類社會不斷地上演。盧安達或蘇丹的種族屠殺、伊斯蘭國（The Islamic State，縮寫IS）恐怖攻擊一度橫行、緬甸佛教徒迫害羅興亞人、中國關押維吾爾族人等，歷歷在目；目前更因戰亂導致大批難民、飢民不斷在國境之間流動，使世界各地又興起了民族偏激主義。

自二〇一五年以來，因為非洲、中東戰亂的持續，難民源源不斷地北上，歐洲各國面臨這波二戰以來規模最大的難民潮時，在一片防堵聲浪中，不僅許多德國人張開雙臂歡迎難民，德國政府也接受其庇護申請。這其中的關鍵，除了當時的總理梅克爾具有「自由的祕密是勇氣」的堅定信念外，很大原因與德國掀開自己歷史傷口、不斷地歷史反省，被植入國家暴力、種族歧視的免疫記憶有關。

每個人都該不斷地捫心自問：我想成為什麼樣的人？

一九四五年十一月二十日，國際軍事法庭對納粹戰犯的大審判在德國紐倫堡啟動。大部分戰犯都辯稱軍人應服從命令，自己只是「恪守職責」，殺害猶太人只是在執行國家法律，不算犯罪。二〇二〇年十一月間，時值「紐倫堡大審」七十五周年之際，德國隆重舉辦紀念活動，除了總統施泰因邁爾（Frank-Walter Steinmeier）親自發表講話，美國國務卿蓬佩奧（Mike Pompeo）與唯一仍在世、在該次大審判擔任檢察官、一〇一歲高齡的費倫茨（Benjamin Ferencz）也透過視訊發表致辭。

費倫茨檢察官在當年大審判的開幕詞中指出：「**這與報仇無關，而是通過人性訴諸法律，目的是通過法律手段保護全人類**」、「我們起訴二十二名被告冷血謀殺超過一百萬人，所有被告均不認罪，也沒有絲毫的悔過。我想給予孫後代傳遞的一個信息就是，希望下一代不會再看到這樣的謀殺情景」。七十五年過去了，施泰因邁爾總統仍坦率的表達：「**政府高級官員不能躲藏在國際法豁免權下，不為其下達的犯罪命令負責；執行命令者也不能躲藏在『執行命令的緊急情況』背後來為自己開脫。**」德國人真是勇於不斷地歷史反省。

二〇二〇年開始肆虐的新型冠狀病毒，雖然在全球造成數百萬人喪命；但對照諸如納粹的種族屠殺、中國文化大革命迫害異己所造成數百、上千萬人的死亡，可見人類的集體罪惡毒性更強、危害更大。我們唯有不斷地捫心自問：我們是誰？我們想成為什麼樣的人？如果我們是安妮一家人，是否願意接受這樣的對待？這意味我們對待難民、不同族群或異議人士的方式，將顯現出我們有多認真看待自身的基本價值，亦即尊重、包容，以及所有人享有平等的權利。

注釋：

1 參閱安妮．法蘭克著、李玉嬋譯，《安妮日記（七十週年紀念典藏版）》，二〇一六年四月，第288-289頁。

2 第二次世界大戰後，盟軍依據一九四五年八月八日的「倫敦協定」，籌組歐洲國際軍事法庭，負責納粹德國政治、軍事、司法與經濟領域領導人員在策劃、執行，或以其他方式參與了大屠殺等方面可能涉及的戰爭罪行，後來起訴了二十四名主要戰犯及六個組織，審判在一九四五年十一月二十日至一九四六年十月一日期間舉行，由於審判主要在德國紐倫堡市舉行，俗稱「紐倫堡大審」或「紐倫堡審判」。

3 參閱史考特·克里斯汀生著，王翎譯，〈萬湖會議議定書〉，《改變世界的一百份文件：從奠基現代科學的牛頓手稿到扭轉通訊結構的第一則推特》，二〇一六年十一月，第168-169頁。

4 關於電影《返校》的評析，參閱筆者所寫〈白色恐怖是必要之惡？從國際人權憲章角度看《返校》〉一文。

5 參閱Horst Dreier著，江嘉琪譯，〈憲法國家對歷史過往的克服〉，收錄於《德國聯邦憲法法院五十周年紀念論文集》，上冊，二〇一〇年六月，第205-206頁。

6 參閱蔡慶樺，〈一場為德國社會而上的正義課——法蘭克福大審〉，《美茵河畔思索德國——從法蘭克福看見得意志的文明與哀愁》，二〇一九年一月，第361-370頁。

7 參閱羅南·史坦格著、王榮輝譯，《大審判家弗里茲·鮑爾：看檢察總長如何翻轉德國的歷史》，二〇二〇年二月，第23-24頁。

8 參閱熊美惠，〈紐倫堡大審〉，收錄於民間司法改革基金會主編《看電影學法律》，二〇〇二年十二月，第195-210頁。

9 參閱熊美惠，〈紐倫堡大審〉，收錄於民間司法改革基金會主編《看電影學法律》，二〇〇二年十二月，第198-200、207頁。

10 參閱蔡慶樺，《邪惡的見證者：走出過往、銘記傷痛，德國的轉型正義思考》，二〇二〇年三月，第150頁。

11 參閱羅南·史坦格著、王榮輝譯，《大審判家弗里茲·鮑爾：看檢察總長如何翻轉德國的歷史》，二〇二〇年二月，第257、277頁。

12 嗣後，德國總共對超過六萬人進行程序，其中有超過八千個德國人因戰爭或納粹罪行而被定罪。參閱Horst Dreier著，江嘉琪譯，〈憲法國家對歷史過往的克服〉，收錄於《德國聯邦憲法法院五十周年紀念論文集》，上冊，二〇一〇年六月，第207頁。

13 依照維基百科的說明，「六八學運」指的是一場於二十世紀五、六十年代，在聯邦德國（西德）發生的一系列激進的批判與帶有複雜政治因素的抗議活動。它是同時期美國國際學運的一部分，受影響於法蘭克福學派。學運的首要目標在於人的解放，帶有反權威色彩，乃是對統治關係的反對。

14 參閱花亦芬，《在歷史上的傷口上重生：德國走過的轉型正義之路》，二〇一六年八月，第73-77頁。

15 依照維基百科的說明，「東廠」是中國明朝時期由宦官執掌的特權監察、情治機構，主要負責偵查異議人士，以鎮壓反對力量為主，是明朝「特務治國」的象徵。東廠對官吏、士大夫甚至於一般庶民製造了大量冤案，在當時頗受世人反感。

第十八章

白色恐怖是必要之惡？從國際人權憲章角度看《返校》

台灣電影《返校》講述一九六二年翠華中學女學生方芮欣與張明暉發生師生戀，並得知他與女老師殷翠涵、學弟魏仲廷等人組讀書會、閱讀禁書。張明暉擔心戀情及讀書會如果曝光，會連累方芮欣，遂提出分手。方芮欣誤認殷翠涵是第三者，一怒之下，向學校軍訓教官檢舉。張明暉及讀書會成員因此或被依叛亂罪槍決，或遭到刑求、判刑。方芮欣為此懊悔萬分，不僅救出魏仲廷，並尋求解脫。劇情中，校園為何有這麼多的厲鬼陰魂不散？「鬼」其實只是憾恨與恐懼的變形而已。為何憾恨、恐懼？只因為在當時的威權統治下，許多人遭到誣陷，也未經正當的法律程序審判，冤死、受屈者不計其數，不僅被害人或其家屬處於無盡的怨恨與悲傷，加害者也陷入漫長的追悔中。

二〇一九年，先有一部講述隨機殺人案引發風波的《我們與惡的距離》電視劇播映，不僅收視率超高、話題性十足，更一舉入圍十四個金鐘獎項。接著，改編自同名電玩遊戲的校園驚悚電影《返校》，成為年度賣座冠軍。之後，兩年前熱映、講述宮廟文化的《通靈少女》第二季，緊接著上檔。這些暴力、鬼神片盛行的背後，意謂著什麼？

二〇一九年教師節當天，外頭下著滂沱大雨，我與太太冒雨趕去看早場的《返校》。電影一開始便出現許多詭異、魔幻的畫面，加上暴風雨、溪水暴漲的場景，呼應現實的天候狀況，令人驚嚇！太太被嚇得幾次伸手握著我，我也一度起了雞皮疙瘩。

坦白說，我從不愛聽鬼故事，也不喜歡看驚悚電影。雖然觀影前已聽同仁說《返校》前半段很恐怖，但這部電影不是靈異片，而是改編自冒險解謎遊戲，其原始構想是反烏托邦題材、台灣版的《一九八四》，最後被發展成一部以戒嚴時期為背景、關於「白色恐怖」的歷史記事。

一部關於「被失蹤」的解謎之作

《返校》英文片名*Detention*，意指：拘留，關押。劇情講述一九六二年翠華中學的校園裡，高三女學生方芮欣（王淨飾）和學弟魏仲廷（曾敬驊飾）從課堂上醒來後，發現教室裡空無一人。兩人試圖離開學校時，發現學校裡有許多詭異的場景，他們被許多鬼魅困住，逐漸從鬼魂身上了解這些人因為涉及政治案件而「被失蹤」。

觀眾隨著劇情的發展，慢慢瞭解方芮欣成績優異，但由於父親方道勤（夏靖庭飾）疑似婚外情和家庭暴力，導致雙親婚姻破碎，她心情受影響而得到輔導老師張明暉（傅孟柏飾）的關注。青年才俊的張明暉使方芮欣為之傾倒，兩人萌生師生戀。爾後，方芮欣得知張明暉與女教師殷翠涵（蔡思韵飾）、魏仲廷等人組織讀書會，閱讀政府不允許的禁書。

張明暉苦於師生戀為社會所不容許，又擔心讀書會一事如遭發覺，會連累方芮欣，遂提出分手。方芮欣誤以為殷翠涵是第三者，一怒之下向學校軍訓教官白國峰（朱宏章飾）檢舉。張明暉因此遭到軍警逮捕，被依叛亂罪槍決；讀書會成員也分別遭到刑求、判刑，並株連到一向忠黨愛國的外省籍校工，只因為他出借場所給讀書會使用。方芮欣因舉報有功，受到讚揚，但後來卻對自己的行為懊悔萬分，因此不僅救出游移生死邊緣的魏仲廷，還上吊自殺，尋求解脫。

為何會創作這樣的電玩遊戲？二〇二〇年七月間促進轉型正義委員會（以下簡稱促轉會）在舉辦「彼時影・未來光」活動時，特別安排電玩《返校》的製作人姚舜庭先生擔任主講人，暢談他的製作歷程。姚先生提到，他本身就住在台北市大同區（以前的建成區）。日治時代蔣渭水經營的大安醫院、二二八事件衝突地點—天馬茶房，都在他從小生活環境的區域內，加上長輩們的口傳言說，即便他不曾刻意去了解，也自然地成為生活記憶的一部分。

他表示，創作的本質是奢侈的，遊戲推出後引起的轉型正義熱潮，雖不是創作時的考量，卻是頗有意義的發展。他特別提到欠缺有所本的歷史記憶與認知，就容易受到影響。而溝通、重新建構認知，有實際上困難，他以「基於事實的正常化社會」與大家共勉。

在回答觀眾時，他很坦誠地說有些歷史記憶，是引發熱潮後才補的功課。另外，他也提到他們這個團隊開發者功課的表層，其實是：屬於在地的恐怖＞生活文化＞民俗宗教禁忌＞探究歷史＞戒嚴白色恐怖。而記憶傳遞，成為故事事件有所本的基礎；他們沒有直接貼著當年威權統治時期真實事件，是基於創作自由度的考量。

我沒有玩過遊戲，但同意某位影評人所說：《返校》成功的理由，在於保留遊戲中驚悚及推理的有趣元素，再去包裹台灣歷史，撩撥年輕人對於那段恐怖記事的好奇心。因為「檢舉匪諜，人人有責」廣播、（注1）反共標語、倒吊刑求等黨國威權痕跡，是多數身歷其境的台灣人不願憶起的黑暗過往，因而形成「只有被害人，而沒有加害人」的歷史荒謬。《返校》的出現，正好讓年輕人與過去的歷史接軌。

「清除匪諜」是必要之惡嗎？

雖然有人質疑《返校》對白色恐怖的處理是不是單薄了些？電影台詞「**事情到底為什麼會變成這個樣子啊？不就只是看幾本書而已嗎？**」事實真的如此簡單嗎？其實

當時的情況更複雜！尤其有不少辦讀書會的人，是真的想要推翻政府，甚至也有地下組織從事革命者加入。

例如，以台灣威權統治時期株連最廣的中國共產黨「台灣省工作委員會」（以下簡稱「省工委會」）案為例，其中的李媽兜（1898-1953）於一九四六年六月加入中國共產黨，同年十月與陳福星等人成立了台南市工委會，李媽兜自任委員兼書記，並受省工委會書記蔡孝乾的領導；（注2）二二八事件爆發後，李媽兜曾與他人籌組台灣自治聯軍，在嘉南地區抗擊國民政府派來的軍隊。

一九四八年五月李媽兜赴香港參加「台灣省工作研究會」，返台後根據工作會議的決議，在台南、嘉義及高雄等地建立地下組織，當一個地方組織的人際關係逐漸成形，便指派成員組織讀書會，閱讀書籍包括《群眾》、《文萃》等左傾書籍；一九五〇年一月，蔡孝乾被逮捕並「自新」後，李媽兜與女友陳淑端展開逃亡生活；一九五二年二月十六日李媽兜在台南市安平港擬偷渡時遭到逮捕，依《懲治叛亂條例》第十條規定，（注3）交付軍法審判，其後被依《懲治叛亂條例》第二條第一項規定，（注4）判處死刑，並於一九五三年七月十八日遭到槍決。（注5）

綜合上述，可知李媽兜是與中華民國敵對的中共省工委會的高級成員，直接接受中共方面的指示，先在二二八事件中成立武裝抗擊國軍，在政府遷台後又成立了為數眾多的中共分支單位，對中華民國在台灣的存續不斷地進行敵意行為，以期與渡海登陸的解放軍配合解放台灣。由此可知，台灣在威權統治時期許多被政治整肅的讀書會，或許正如《返校》劇情中所述，只是單純基於理想、對左派社會主義有憧憬而看了幾本書；但也有如李媽兜所屬地下組織的讀書會，其目的有高度可能是要推翻政府。

在一九四九年國共內戰失敗後，中華民國政府撤退來台，中共確實在福建集中兵力，為渡海攻台做準備。面對戰爭威脅，有人為當年的政權辯護，表示在彼時國共對峙的情況下，國民黨政府急欲「清除匪諜」甚至管制言論，是可以理解的「必要之惡」。

然而，**國民黨戰敗退守台灣初期，在中共宣稱要武力解放台灣的情況下，「清除匪諜」或許有其急迫性與必要性；但在一九五〇年六月韓戰爆發，美國下令第七艦隊通過台海，嚇阻中共軍隊，接著美蘇兩大集團「冷戰」發生後，其急迫性早已不再。統治當局卻藉由《懲治叛亂條例》、《動員戡亂時期檢肅匪諜條例》等「特別刑法」，加上蜘蛛網般的特務系統（如警備總部、調查局、情報局），對於反對威權統治、持不同政見者（如主張台灣獨立、左翼等等）進行整肅迫害，任意冠上意圖顛覆政權的罪名，在全國各地濫捕、刑求、濫殺及沒收財產，造成大量的冤、錯、假案，形成了白色恐怖的氛圍。**（注6）

眾所周知的孫立人案、雷震案（《自由中國》雜誌）、蘇東啟案、柏楊案與美麗島事件，都是以司法包裝的政治案件。綜觀在戒嚴時期的政治案件，可約略分為以下幾種類型：對親中共或左翼言行的打擊、對台灣獨立運動及主張者的整肅、對原住民精英的整肅、對民主運動的壓制、政治權力的鬥爭、文字獄、情治特務單位的內部鬥爭、特務人員為了爭功領獎製造的冤錯假案等。（注7）

從國際公約角度看白色恐怖

處理威權統治時期國家不法行為的審查標準為何？如何減少甚至避免言人人殊？**新興民主國家所追求的轉型正義，與前近代國家在政權更迭後新政權對舊政權之政治報復的最大區別，在於對法治國原則的堅持。唯有在法治國的規範理念下，轉型正義才能不被貶抑成「勝利者的正義」，其實踐也才能真正促成一個尊重人性尊嚴的理性法律文化的重建與發展。**（注8）面對這些紛擾，我們遵從國際社會經由許多國際公約所建立的普世價值，是最經得起檢驗且可行的一條路。

其中各國於一九四九年八月十二日在日內瓦重新締結的《日內瓦公約》（*Les quatre Conventions de Genève*），包括四部基本的國際人道法，為國際法中的人道主義定下了標準。（注9）它們主要關於戰爭受難者、戰俘和戰時平民的待遇。而當時中華民國還是聯合國會員國，已於一九四九年十二月十日簽署，只是尚未批准而已。（注10）依照《日內瓦公約》的規定，即使是在戰時，也應以人道原則對待敵軍戰俘，不得施予虐待或酷刑，並必須由獨立公正的法庭進行審判。

再者，一九四八年頒佈的《世界人權宣言》及一九六六年通過的《公民及政治權利國際公約》（以下簡稱《公政公約》）與《經濟、社會及文化權利國際公約》等三份重要的人權文件，已被定義為「國際人權憲章」，其表明聯合國認為這三份文件為國際上最基礎、最重要的人權標準，是當代被普遍接受的最低人權標準的最權威表達。其中《公政公約》也明定縱使社會緊急狀態威脅到國家存亡時，禁止酷刑、思想與良心自由的保障，都屬於國家不得予以減縮的權利。而中華民國當時是聯合國一員，自應遵守這些規範。何況罪刑法定、無罪推定、證據裁判等原則，早已是台灣法制所明定。重點是這些被黨國體制指控為叛亂的人，究竟是否曾經有機會，依據國際公認的法定程序，接受公平公正的審判，還是遭到國家司法不法的報復？

實際上，依省工委會與台盟相關案件呈核過程的卷判資料來看，戒嚴時期所謂的軍法審判，蔣介石才是最後裁決者。立基於獎金利誘下的逮捕及造案，刑求逼供下的自白與口供而成的判決書雖然是卷證的原始內容，但各案件罪刑的最終判定，多決定於國防部參謀總長及總統府參軍長因揣摩上意後的改判，以及蔣介石「寧可錯殺一百，不可錯放一人」的最後裁奪，這些都與所謂的事實或證據關係不大，而是繫乎個人的主觀想法。因此，判輕判重、判生判死，其實只繫乎當權者一念之間。當時執政者因為處於自中國大陸敗退撤台的極端「恐共」氛圍中，視人命如草芥的情形可見一斑。（注11）這當然不是特例，在整個威權黨國體制中，強人意志在政治案件中被發揮得淋漓盡致，被告人權無法獲得應有的保障。（注12）

基督教文明的國家很早就認識：不能讓權力集中在一個人手上，權力導致腐敗，絕對的權力導致絕對的腐敗，在此基礎上產生權力分立與制衡的理念，以及民主、共和的價值。反之，儒家認為人性本善，堅信人人可以成為聖賢，把皇帝當作聖賢看待，皇帝可以占有所有的權力，沒有人可以監督、約束皇帝的胡作非為，東方專制主義由此出現。

當然，這並非意味華人社會不重視人權。**華人講人權，是由義務與責任開始，義務的對象就是具有權利的人，西方人講自然的權利，華人講的是「天理」。因此，華人的天理，便是中國式人權觀念的表現。**（注13）而因為君主專制貪污腐敗，民不聊生，人們對於正義反而有更強烈的渴求慾。例如，向來被批評有行政與司法不分、動輒使用刑求方法辦案、違反無罪推定等問題，用來描寫清官「包青天」的司法故事，蘊含其間的是「冤抑」的釋放與平反，而訴諸「天道」與「報應」的敘事，人們通過報應機制，可以得到一種心理補償。也就是說，「報應」是在人間法律「缺席」甚至製造「罪惡」的情況下，人們可以憑藉的最後一點希望。（注14）

二〇一五年上映的中國古裝歷史電視劇《琅琊榜》，改編自作家海宴的同名小說。該劇敘述帝制中國南梁時代的赤焰軍少帥、名滿天下的麒麟才子林殊（化名梅長蘇，胡歌飾）為赤焰軍復仇雪冤的故事，引起廣大的熱議與迴響。雖然該劇是虛構故事，但除了缺乏民主轉型、正當法律程序等要素外，其餘追求真相、道歉、平反、回復名譽等劇情，正是今日倡議的轉型正義工程的核心精神。其他社會或國家的發展歷程中，亦不乏類似的經驗。這說明轉型正義是人類社會原有的文化底蘊，並不是當代社會才發展出來的。

在《返校》中，校園為何有這麼多的厲鬼陰魂不散？「鬼」其實只是憾恨與恐懼的變形而已。為何憾恨？恐懼什麼？因為在當時的威權統治中，許多人遭到誣陷，也未經正當法律程序審判，冤獄或冤死者不勝其數，不僅被害人或其家屬被困於無盡的怨恨與悲傷，加害者（如方芮欣這樣的告密者）同樣陷入漫長的追悔中。

推動轉型正義不是清算，而是撫慰與和解

如何還這些受害者與家屬公道？從人性上來講，一個人無端被逮捕、刑求與長期拘禁，或其家屬被強迫失蹤、慘遭殺害，初民、氏族社會大都採取復仇、自力救濟的方式，這是人們對正義的原始渴望。而當現代國家出現，國家獨占刑罰權後，人們自然求諸政府部門，希望尋得真相、要求處罰、獲得道歉與賠償。當正義與公道無法獲得伸張，「冤抑」則因此產生。而如果加害行為出於國家暴力，以保障人權為存在正當性基礎的立憲主義的現代民主法治國家，更負有補救、回復義務。

關於這類問題，《公政公約》第二條訂有「獲得有效補救權利」規定。（注15）大多數案件中，聯合國人權事務委員會在認定侵犯人權的事實之後，會向被認定侵犯人權的政府當局，指出它認為應向受害者提供救濟的最佳方法。通過有效補救所獲得的補償，應與所受到的侵害及其後果的嚴重程度相稱，並應包括恢復原狀（包括政府應退還任意沒收的財產、釋放被關押者、重新審理錯判的案件）、賠償、康復、安慰（包括公開揭露真相、由當局進行道歉、追悼與紀念）與保證此類侵犯不再發生。（注16）這告訴我們：推動轉型正義不是清算，而是落實國際人權憲章的要求。

由於傳統儒家社會的「忠恕之道」思維強調「和諧」文化，又一向缺乏憲政民主

與人權尊重的信仰，加上台灣的主要政經變遷都有外國勢力的介入，以及在過去的威權政權——國民黨政府任內啟動民主轉型工程等因素，以致台灣社會並未如同「第三波民主化」國家般，積極戮力地推動轉型正義作為。（注17）而由下面附表中財團法人戒嚴時期不當叛亂暨匪諜審判案件補償基金會的審查結果，（注18）就可以知道論者為何會如此感嘆：**在台灣至少有一萬多個受害者，可是沒有任何一個加害者；迄今我們還不知道到底誰該為這一萬多件侵害人權、凌虐生命的案件負責。**（注19）

附表：審查結果統計表（資料日期：2014.03.08）（注20）

	審查結果	案件數	百分比
1	要件不符	1,940	19.15%
2	不予補償	96	0.95%
3	予以補償 （已辦理回復名譽證書）	7,965 （4,055）	79.9%
	合計	10,065	100%

有鑑於此，為促進轉型正義及落實自由民主憲政秩序，台灣於二〇一七年十二月制定公布《促進轉型正義條例》，並於行政院轄下成立二級獨立機關促轉會，負責推

動威權統治時期（指自一九四五年八月十五日起至一九九二年十一月六日止的時期）所生下列事項：「一、**開放政治檔案。二、清除威權象徵、保存不義遺址。三、平復司法不法、還原歷史真相，並促進社會和解。四、不當黨產之處理及運用。五、其他轉型正義事項。**」而關於設置促轉會的必要性，威權統治時期也曾遭情治系統監控、作品散見各中、小學教科書的鄉土文學作家吳晟作了最好的說明：

我們也想要控訴
或僅只是陳情
僅只是求救
但我們沒有公關
替我們穿梭府衙
沒有現金，好讓我們遊說政客
沒有工會組織，替我們爭取權益
沒有選票，候選人不會來關心
我們沒有任何勢力
無法對誰施壓

只好寄望新成立的機構
促進轉型正義委員會
替我們清查這塊土地
被凌虐的詳情
一五一十地公布、究責（注21）

目前推動的情形，以省工委會案中的黃添才為例，他被控於一九四六年十二月間經李媽兜介紹，參加匪幫組織，並任台南支部書記，不僅代李媽兜向他人募集經費，亦先後吸收他人加入組織，台灣省保安司令部乃於一九五三年五月間，以黃添才意圖以非法的方法顛覆政府為由，判處死刑。

只是，本件判決將加入組織、擔任職務、介紹他人加入組織解釋為著手實行叛亂，已屬擴張解釋或類推適用當時的刑法第一百條第一項規定，違反自由民主憲政秩序；而且，黃添才否認吸收他人參加組織，軍事法庭不僅未予詳加調查，且將他的供述作為有罪判決的基礎，違反證據裁判原則，侵害他受公平審判的權利。因此，促轉會於重新調查後，作成下列決定：「黃添才之台灣省保安司令部四十二年五月二十一日（42）安度字第〇七三八號及（42）安度字第〇九四六號刑事有罪判決暨其刑、褫

奪公權及沒收之宣告，於一〇六年十二月二十九日即促進轉型正義條例施行之日視為撤銷。」（注22）

絕不能忘記我們的自由是犧牲換來的

撇開法律規範，人是社會性動物，會思考、有情緒，因為獨特語言而有共同的想像。在《通靈少女》中，純真的少女謝雅真（郭書瑤飾）因為天生具有陰陽眼，成為「宮廟的靈媒」，要為芸芸眾生指點迷津。但實際上令她費心處理的，不是鬼神，而是人心。該劇導演陳和榆提到：關於鬼神，「信念」比「事實」更重要，你身邊的人才是重要的，人與人之間的連結，以及你怎麼對待一個人，才是宮廟題材要處理的重點。

我們該怎麼對待一個人？《我們與惡的距離》描述青年李曉明因不明原因在電影院隨機殺人後，在社會上引發的風波與傷害，以及患有思覺失調症的應思聰作為可能的犯罪者，與親友之間的相處過程。該片讓人們體認到：「每個人都有小奸小惡」、「這個世界沒有那麼簡單、沒有那麼善惡分明，了解這個過程後，就會有種好像自己變好的療癒感」、「互相的理解、再往前走，這是療癒」。因該劇而得到金鐘獎的編劇呂蒔媛亦表示：

> 我只是希望這齣戲能讓大家試著了解跟我們不一樣的人，不能認同他的行為，但是我們可以試著去了解背後的原因，我相信任何人都不願意看到這些傷痛在周邊發生。如果不願探索原因，我們是真的無法預防這樣的悲劇再度發生。（注23）

如果隨機殺人事件都該互相理解、道歉與安慰，威權統治時期國家暴力對數萬民眾的殘殺、迫害，被害人或其家屬長期活在恐懼當中、在暗夜裡哭泣，屈辱、正義數十年來無從伸張，我們不是更該以誠摯的態度面對，又怎會被理解成「清算」？

誠如精神分析學家、中央研究院民族所副研究員彭仁郁所說，不論是對於加害者或是受害者（含家屬），回憶創傷場景都可能引發極大的焦慮和恐懼，因而可能抗拒回憶；只是，**掩埋過去向前（錢）看，並不是最好的解方，只要不被記得、銘印，被潛抑的過去，將不斷如鬼魅般復返，縈繞生者，無法安寧。唯有揭露、訴說和面對，傷痛和罪惡感才有獲得轉化的機會**。

《返校》最後，當垂垂老矣的魏仲廷回到學校，彷彿看到了方芮欣；在那個冤抑不斷的年代，他卻活下來，其用意就是要他記住這一切發生的事情。正如導演徐漢強所說：

我們必須記住過去在這片土地上發生過什麼樣的事情，然後去面對這個傷口，才能夠療傷，並避免再遭受同樣的劫難；應謹記我們現在所認知的自由與生活，其實是經過非常長久的痛苦與掙扎，以及很多人的犧牲所換來的，這絕對是不能忘記的事情。

注釋：

1 《動員戡亂時期檢肅匪諜條例》第二條規定：「本條例稱匪諜者，指懲治叛亂條例所稱之叛徒，或與叛徒通謀勾結之人。」第四條規定：「發現匪諜或有匪諜嫌疑者，無論何人均應向當地政府或治安機關告密檢舉。主管機關對於告密檢舉人應保守其祕密。」第五條規定：「人民居住處所有無匪諜潛伏，該管保甲長或里鄰長應隨時嚴密清查。各機關、部隊、學校工廠或其他團體所有人員，應取具二人以上之連保切結，如有發現匪諜潛伏，連保人與該管直屬主管人員應受嚴厲處分，其處分辦法另定之。」第九條規定：「明知為匪諜而不告密檢舉或縱容之者，處一年以上七年以下有期徒刑。」由此可知，在台灣威權統治（白色恐怖）時期，「檢舉匪諜，人人有責」、「知匪不報，與匪同罪」等標語，並不只是政治口號、道德訴求，而是直接連結著法律上的責任。

2 蔡孝乾是台灣彰化人，一九二八年參加謝雪紅等人在上海創立的「台灣共產黨」，一九三四年當選中華蘇維埃中央委員，隨紅軍深入延安，是唯一參與過「兩萬五千里長征」的台灣人。一九四五年被中共中央指派回台灣發展組織，擔任中共省工委會書記。一九五〇年被捕後，在國民黨政府酷刑逼迫下，蔡孝乾發表「懺悔」廣播，寫就《告匪諜書》，並供出大量在逃黨員。國民黨政府經由蔡孝乾的手「瓜蔓抄般的殲滅了大部分的知識份子」，省工委相關案件共一百七十五件，涉及二一三八人，五〇六人遭判死刑。參閱林正慧，〈蔡孝乾案：投降的中共地下黨領袖〉，收錄於《政治檔案會說話：自由時代公民指南》，二〇二一年五月，第213-240頁。

3 《懲治叛亂條例》第十條規定：「犯本條例之罪者，軍人由軍事機關審判，非軍人由司法機關審判，其在戒嚴區域犯之者，不論身分概由軍事機關審判之。」

4 《懲治叛亂條例》第十條規定：「犯刑法第一百條第一項、第一〇一條第一項、第一〇三條第一項、第一〇四條第一項之罪者，處死刑。」《中華民國刑法》第一百條第一項規定：「意圖破壞國體，竊據國土，或以非法之方法變更國憲，顛覆政府，而以強暴或脅迫著手實行者，處七年以上有期徒刑；首謀者，處無期徒刑。」威權統治時期，主張台灣獨立與親共者的言論、思想，很多被以觸犯此條文起訴、判刑，而間接造成白色恐怖，被視為侵犯民主、干涉人權、妨礙自由的爭議違憲法條，在台灣民主轉型、解除戒嚴後，《懲治叛亂條例》、《中華民國刑法》第一百條第一項已先後遭到廢除。

5 關於這部分史實，參閱第三屆模擬憲法法庭，〈模憲字第四、五號判決〉，收錄於台北律師公會主編《平反之路：記憶裂痕與轉型正義》電子書，二〇一六年十二月，第29-30頁。

6 參閱侯坤宏，〈戰後台灣白色恐怖論析〉，國史館學術集刊第十二期，二〇〇七年六月，第139-203頁。

7 參閱李筱峰，〈台灣戒嚴時期政治案件的類型〉，收錄於財團法人戒嚴時期不當叛亂暨匪諜審判案件補償基金會主編《戒嚴時期政治案件之法律與歷史探討》，二〇〇一年五月，第119-137頁。

8 參閱蘇俊雄，〈轉型正義與刑法正義〉，中研院法學期刊創刊號，二〇〇七年三月，第70頁。

9 《日內瓦公約》包括四個部分，分別是第一公約《改善戰地武裝部隊傷者病者境遇之日內瓦公約》、第二公約《改善海上武裝部隊傷者病者及遇船難者境遇之日內瓦公約》、第三公約《關於戰俘待遇之日內瓦公約》、第四公約《關於戰時保護平民之日內瓦公約》。

10 參閱廖福特，〈引進國際人權準則——比較分析與台灣借鏡〉，《國際人權法：議題分析與國內實踐》，二〇〇五年四月，第33-36、83頁。

11 參閱林正慧，〈一九五〇年代左翼政治案件探討：以省工委會及臺盟相關案件為中心〉，台灣文獻第六十卷第一期，二〇〇九年三月，第440-446頁。

12 參閱蘇瑞鏘，《白色恐怖在台灣——戰後台灣政治案件之處置》，二〇一四年十一月，第325-356頁。

13 參閱余英時，〈中國近代個人觀的改變〉，《中國文化與現代變遷》，二版，二〇一七年五月，第194頁。

14 參閱徐忠明，〈罪與罰：包公故事的法律文化研究〉，《案例、故事與明清時期的司法文化》，二〇〇六年七月，第142-193頁。

15 《公政公約》第二條第三項明定：「本公約每一締約國承擔：（甲）保證任何一個被侵犯了本公約所承認的權利或自由的人，能得到有效的補救，儘管此種侵犯是以官方資格行事的人所為；（乙）保證任何要求此種補救的人能由合格的司法、行政或立法當局或由國家法律制度規定的任何其他合格當局斷定其在這方面的權利；並發展司法補救的可能性；（丙）保證合格當局在准予此等補救時，確能付諸實施」。而針對人民遭受公權力非依照法律所確定的根據與程序，任意被逮捕或拘禁而被剝奪自由的情形，《公政公約》第九條第五項也明定：「任何遭受非法逮捕或拘禁的受害者，有得到賠償的權利。」

16 參閱Manfred Nowak著，孫世彥、華小青譯，《公民權利和政治權利國際公約》評注，修訂第二版，二〇〇八年十二月，第63-64頁。

17 參閱林孟皇，〈台灣的轉型正義與司法改革——從大法官被推薦人選的爭議談起〉，《轉型正義與司法改革》，二〇一五年十一月，第291頁以下。

18 民主轉型後的台灣，早期為處理戒嚴時期的轉型正義工程（比較侷限在真相調查、賠償及回復被害者資格等事宜），於一九九〇年代先後制定《二二八事件處理及補償條例》、《戒嚴時期不當叛亂暨匪諜審判案件補償條例》、《戒嚴時期人民受損權利回復條例》等法律。其中「財團法人戒嚴時期不當叛亂暨匪諜審判案件補償基金會」是為處理不當叛亂暨匪諜審判案件的受裁判者的補償事宜而設置，因主要任務結束，該基金會已於二〇一四年九月間解散，其後續業務改由二二八事件紀念基金會接手。

19 參閱吳乃德，〈轉型正義和歷史記憶：台灣民主化的未竟之業〉，思想季刊第二期，二〇〇六年七月，第13頁。

20 參閱財團法人戒嚴時期不當叛亂暨匪諜審判案件補償基金會，《補償基金會十五週年成果紀念專輯（1998-2014）》，二〇一四年，第36頁。

21 參閱吳晟，〈轉型正義——沒有人可以改變過去，卻可以檢討、追究，進而改變未來〉，自由時報，二〇二一年七月二十三日，B7版。

22 促轉會一〇七促轉司字第四號決定書。

23 參閱呂蒔媛，〈寫劇本是每天跟自己打仗的工作〉，《我們與惡的距離創作全見：完整十集劇本》，二〇一九年四月，第19頁。

國家圖書館出版品預行編目資料

劇透人性：法官跳脫藍色高牆的正義追尋
林孟皇 著
初版. -- 台北市：商周出版：家庭傳媒城邦分公司發行
2021.11 面； 公分

ISBN 978-626-318-003-1 （平裝）

1. 法律教育 2. 法學素養

580.3 110015249

劇透人性：法官跳脫藍色高牆的正義追尋

作 者／林孟皇
責任編輯／陳玳妮
版 權／黃淑敏

行銷業務／周丹蘋、賴正祐
總 編 輯／楊如玉
總 經 理／彭之琬
事業群總經理／黃淑貞
發 行 人／何飛鵬
法律顧問／元禾法律事務所 王子文律師
出 版／商周出版 城邦文化事業股份有限公司
台北市中山區民生東路二段 141 號 4 樓
電話：(02) 25007008 傳眞：(02)25007759
E-mail：bwp.service@cite.com.tw
Blog：http://bwp25007008.pixnet.net/blog
發 行／英屬蓋曼群島商家庭傳媒股份有限公司城邦分公司
台北市中山區民生東路二段 141 號 2 樓
書虫客服服務專線：(02)25007718；(02)25007719
服務時間：週一至週五上午 09:30-12:00；下午 13:30-17:00
24 小時傳眞專線：(02)25001990；(02)25001991
劃撥帳號：19863813；戶名：書虫股份有限公司
讀者服務信箱：service@readingclub.com.tw
歡迎光臨城邦讀書花園 網址：www.cite.com.tw
香港發行所／城邦（香港）出版集團有限公司
香港灣仔駱克道 193 號東超商業中心 1 樓
E-mail：hkcite@biznetvigator.com
電話：(852) 25086231 傳眞：(852) 25789337
馬新發行所／城邦（馬新）出版集團【Cite (M) Sdn. Bhd.】
41, Jalan Radin Anum, Bandar Baru Sri Petaling,
57000 Kuala Lumpur, Malaysia.
Tel: (603) 90578822 Fax: (603) 90576622
Email: cite@cite.com.my

封面設計／獨立設計
排 版／極翔企業有限公司
印 刷／韋懋實業有限公司
經 銷 商／聯合發行股份有限公司
電話：(02)2917-8022 傳眞：(02)2911-0053
地址：新北市 231 新店區寶橋路 235 巷 6 弄 6 號 2 樓

■ 2021 年 11 月 02 日初版

Printed in Taiwan

定價 480 元

ISBN 978-626-318-003-1

城邦讀書花園
www.cite.com.tw

商周出版

廣　告　回　函
北區郵政管理登記證
北臺字第000791號
郵資已付，免貼郵票

104　台北市民生東路二段141號2樓

英屬蓋曼群島商家庭傳媒股份有限公司城邦分公司　收

請沿虛線對摺，謝謝！

商周出版

書號：BJ0085	書名：劇透人性	編碼：

請於此處用膠水黏貼

商周出版

讀者回函卡

線上版讀者回函卡

感謝您購買我們出版的書籍！請費心填寫此回函卡，我們將不定期寄上城邦集團最新的出版訊息。

姓名：＿＿＿＿＿＿＿＿＿＿ 性別：□男 □女

生日：西元＿＿＿＿年＿＿＿＿月＿＿＿＿日

地址：＿＿＿＿＿＿＿＿＿＿

聯絡電話：＿＿＿＿＿＿＿＿ 傳真：＿＿＿＿＿＿＿＿

E-mail ：

學歷：□ 1. 小學 □ 2. 國中 □ 3. 高中 □ 4. 大學 □ 5. 研究所以上

職業：□ 1. 學生 □ 2. 軍公教 □ 3. 服務 □ 4. 金融 □ 5. 製造 □ 6. 資訊

□ 7. 傳播 □ 8. 自由業 □ 9. 農漁牧 □ 10. 家管 □ 11. 退休

□ 12. 其他＿＿＿＿＿＿＿＿

您從何種方式得知本書消息？

□ 1. 書店 □ 2. 網路 □ 3. 報紙 □ 4. 雜誌 □ 5. 廣播 □ 6. 電視

□ 7. 親友推薦 □ 8. 其他＿＿＿＿＿＿＿＿

您通常以何種方式購書？

□ 1. 書店 □ 2. 網路 □ 3. 傳真訂購 □ 4. 郵局劃撥 □ 5. 其他＿＿＿＿

您喜歡閱讀那些類別的書籍？

□ 1. 財經商業 □ 2. 自然科學 □ 3. 歷史 □ 4. 法律 □ 5. 文學

□ 6. 休閒旅遊 □ 7. 小說 □ 8. 人物傳記 □ 9. 生活、勵志 □ 10. 其他

對我們的建議：＿＿＿＿＿＿＿＿＿＿

＿＿＿＿＿＿＿＿＿＿

＿＿＿＿＿＿＿＿＿＿

請於此處用膠水黏貼